記号と再帰
新装版

記号論の形式・プログラムの必然

田中久美子

東京大学出版会

Semiotics of Programming
Kumiko Tanaka-Ishii
Japanese Edition Published by University of Tokyo Press, 2010
Revised Edition, 2017
Copyright ©2010 & 2017 by Kumiko Tanaka-Ishii
ISBN 978-4-13-080256-7
World rights are reserved by Cambridge University Press,
first published the English edition of the book in 2010.

M. C. エッシャー「プリントギャラリー」

本書は，2010年刊行の初版に，文章の一部改訂をくわえて新装版として刊行されるものである（235頁「新装版へのあとがき」参照）．

目 次

- 第1章　人工言語と記号論 ……………………………………… 1
  - 1.1　本書の目的 ………………………………………………… 1
  - 1.2　記号論の形式化 …………………………………………… 3
  - 1.3　人工言語の必然性 ………………………………………… 5
  - 1.4　関連研究 …………………………………………………… 6
  - 1.5　本書の構成 ………………………………………………… 8
- 第2章　情報記号 …………………………………………………… 13
  - 2.1　導　入 ……………………………………………………… 13
  - 2.2　二つのプログラム例 ……………………………………… 14
  - 2.3　識別子 ……………………………………………………… 21
  - 2.4　識別子の解釈層 …………………………………………… 23
    - 2.4.1　ハードウエアの層 ………………………………… 23
    - 2.4.2　プログラミング言語の層 ………………………… 24
    - 2.4.3　自然言語の層 ……………………………………… 25
  - 2.5　汎記号主義 ………………………………………………… 26

第I部　記号のモデル

- 第3章　バビロンの混乱 …………………………………………… 31
  - 3.1　二元論と三元論 …………………………………………… 31
  - 3.2　二つの仮説 ………………………………………………… 36
    - 3.2.1　既存の仮説 ………………………………………… 37

		3.2.2 新仮説	38
	3.3	二つのパラダイムと記号モデル	42
		3.3.1 二元的識別子・三元的識別子	44
		3.3.2 関数型パラダイムと二元論	45
		3.3.3 オブジェクト指向パラダイムと三元論	46
	3.4	二元論・三元論の対応	48
	3.5	まとめ	50

第4章	記号が一体化する時	55
4.1	記号の基本的性質	55
4.2	ラムダ計算	59
4.3	ラムダ項と記号のモデル	64
4.4	記号の再帰的定義	70
4.5	記号のモデルと再帰	78
4.6	ソシュールの差異	80
4.7	まとめ	81

第5章	「である」と「する」	83
5.1	「である」と「する」	83
5.2	クラスと抽象データ型	86
5.3	「である」に基づく構成	89
5.4	「する」に基づく構成	94
5.5	「である」「する」と記号モデル	98
5.6	「である」と「する」の融合	102
5.7	まとめ	104

第 II 部　記号の種類

第6章	文 $x := x + 1$	109
6.1	三つの異なる記号	109

6.2	指示の曖昧性	113
6.3	イェルムスレウの記号の分類	119
6.4	パースの記号の分類	123
6.5	二つの記号分類の対応	126
6.6	まとめ	128

第 7 章 三種類の項 ... 131
- 7.1 三次性 ... 131
- 7.2 定義文と式 ... 136
- 7.3 カリー化 ... 138
- 7.4 チャーチの変換 ... 140
- 7.5 プログラム中の三次性 ... 143
- 7.6 まとめ ... 149

第 8 章 ある■・その■ ... 151
- 8.1 是 態 ... 151
- 8.2 語りの自動化——ある実例 ... 154
- 8.3 是態の種類 ... 157
- 8.4 是態の復旧 ... 159
    - 8.4.1 最適化 ... 159
    - 8.4.2 インタラクション ... 161
    - 8.4.3 是態と再帰 ... 163
- 8.5 その■の種類 ... 164
- 8.6 まとめ ... 167

第 III 部　記号のシステム

第 9 章 構造的・構成的 ... 171
- 9.1 暴走する機械 ... 171
- 9.2 記号と再帰 ... 174

- 9.3 自然言語：構造的な記号系 176
- 9.4 情報記号系：構成的な記号系 179
- 9.5 構造的・構成的 182
- 9.6 まとめ 185

第 10 章 記号と時間 187
- 10.1 インタラクション 187
- 10.2 状態遷移機械 190
- 10.3 参照透明性 192
- 10.4 副作用 194
- 10.5 記号の時間性 200
- 10.6 副作用と記号系 202
- 10.7 まとめ 205

第 11 章 系の再帰と進化 207
- 11.1 自然言語系の再帰性 207
- 11.2 記号系の再帰性 210
- 11.3 言語系の再帰性の種類 215
- 11.4 情報記号系の再帰性 218
- 11.5 情報記号系の系の再帰性 222
- 11.6 まとめ 225

第 12 章 結　語 227

謝　辞 233

用語集 237
　　　記号論 (237)／プログラミング (240)

参考文献 245

索　引 255

転載図版一覧

装画・扉絵：M. C. Escher, "Print gallery." © 2010 The M.C. Escher Company-Holland. All rights reserved. www.mcescher.com

3章
Jean-Baptiste-Siméon Chardin, "The Copper Fountain." The Louvre. Réunion des Musées Nationaux/Art Resource, NY.
Lubin Baugin, "Still Life with Chessboard." The Louvre. Réunion des Musées Nationaux/Art Resource, NY.

4章
長谷川等伯「松林図屏風」. 国宝, 東京国立博物館所蔵. TMN Image Archives.
Joseph Mallord William Turner, "Norham Castle, Sunrise." Tate Gallery. Tate, London / Art Resource, NY.

5章
円山応挙「氷図」. British Museum. © Trustees of the British Museum.
Casper David Friedrich, "The Polar Sea." Hamburger Kunsthalle. Bildarchiv Preussischer Kulturbesitz/Art Resource, NY.
Lucio Fontana, "Spatial Concepts." Fondazione Lucio Fontana. © 2009 Artists Rights Society (ARS), New York / SIAE, Rome. CNAC/MNAM/Réunion des Musées Nationaux/Art Resource, NY.

6章
伊藤若冲「大鶏雌雄図」. 三の丸尚蔵館.
René Magritte, "La Grand Famille." Private Collection. © 2009 C. Herscovici, London/Artists Rights Society (ARS), New York. Banque d'Images, ADAGP / Art Resource, NY.
Constantin Brancusi, "Bird in Space." The Metropolitan Museum of Art. © 2009 Artists Rights Society (ARS), New York/ADAGP, Paris. © The Metropolitan Museum of Art/Art Resource, NY.

7章
Paul Klee, "Tale à la Hoffmann." © 2009 Artists Rights Society (ARS), New York/VG Bildkunst, Bonn. © The Metropolitan Museum of Art/Art Resource, NY.
鈴木其一「朝顔図」. © The Metropolitan Museum of Art.
Rembrandt Harmensz van Rijn, "Self-Portrait." Wallraf-Richartz-Museum. Bildarchiv Preussischer Kulturbesiz/Art resource, NY.

8章

Marcel Duchamp, "The Fountain." © 2009 Artists Rights Society (ARS), New York/ADAGP, Paris/Succession Marcel Duchamp. Photo by Jerry L. Thompson/Art Resource, NY.

9章

Victor Vasarely, "Globe with Spheres." Musée Vasarely. © 2009 Artists Rights Society (ARS), New York/ADAGP, Paris. Photo by Erich Lessing/Art resource, NY.

Kazimir Malevich, "Suprematist Painting." Stedelijk Museum, Amsterdam/Art Resource, NY.

10章

副島種臣「帰雲飛雨」額．佐賀県立美術館．

Jackson Pollock, Untitled (ca. 1950). © The Pollock-Krasner Foundation / Artists Rights Society (ARS), New York. © The Museum of Modern Art/SCALA/Art Resource, NY.

11章

David Teniers the Younger, "The Gallery of the Archduke Leopold William." Museo del Prado/SCALA/Art Resource, NY.

Johannes Vermeer, "Woman Holding a Balance." Widener Collection, Image courtesy of the National Gallery of Art. Courtesy of the Board of Trustees, National Gallery of Art, Washington, D.C.

第1章 人工言語と記号論

1.1 本書の目的

　本書の目的は記号の本質としての再帰について再考することにある．**記号**とは「意味を担う媒体」であり，自然言語の記号にとどまらず，記号は人間の知的活動の多くを担う．記号は再帰性，すなわち自身に即して自身が決まる性質を持つものである．自然言語に代表されるような自然発生的な**記号系**——本書における記号系とは記号から成る連関とその解釈を表す——では，再帰は大前提とされる性質である．

　再帰に関する言及は，歴史を通して見ることができ，その多くはパラドックスである．たとえば，ギリシャ神話のナルキッソスは，水に映る自身の姿に見とれて動けなくなってしまった．再帰は，哲学，論理学，そして言語において問題となる何かであり，記号や言語系の限界を示唆するものの一つである．自然言語など自然発生的な記号系においては，記号や言語表現が無意味になったり矛盾する時などに，有意味と無意味の境界において言語の大前提としての再帰は論じられる．一方で，人間が記号系を人工的に形式化して作る場合には，有意味な範囲を人間が規定するのであるから，有意味と無意味の境界をどう定めるのかがそもそも問題となる．つまり，人工言語において再帰性の問題を考えることは，自然発生的な記号系だけを考えているだけでは浮き彫りにしにくい，記号や記号系の大前提を捉え直すことになる．

　本書で扱う人工的な記号系とはプログラミング言語である．プログラミング言語とはいうまでもなく機械を制御するために人間が構築した人工言語である．プログラミング言語の問題の多くは再帰との関連が深いものが多く，プログラミング言語の探求の歴史の一つは再帰の扱いに関するものであるといっても過言ではない．といって，本書はそれを繰り返すわけではなく，記号

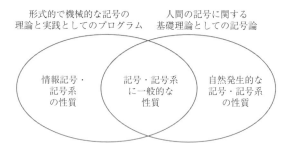

図 1.1 記号・記号系の性質

と再帰に視点を置きながらも，より広く一般の記号系の観点からこの人工言語を捉え直すことを試みる．一般の記号系の観点とは，**記号論**のことをいう．記号論とは，記号と記号系が持つ構造や性質についての基礎理論である．本書では，記号論により人工言語を捉え直し，浮かび上がる本質的な性質を見ることを通して，翻って一般の記号に関する原理や性質を考え直す（図 1.1 参照）．

　これはひいては機械と人間を記号系の観点から対比させることにも通じることになる．根本的に機械と人間は異なるのに，機械を人間に喩えたり，人間を機械に喩えることはよく行われることである．この喩えは二者のある種の類似性を示しているといえよう．その類似性の一つは，コンピュータも人間も記号に基づいて制御されるという点である．とはいえ，コンピュータと人間の言語は異なるもので，この二者がどの程度比較しうるかについて疑問に思う読者は多いであろう．確かにコンピュータ上の計算は究極的には 1 か 0 かに還元され，すべてがまさに記号の世界ではあるが，コンピュータ上の言語の記述力は人間のそれに比べ，あまりに小さく見える．一方，人間の思考がどこまでが記号といえるのかは難しい．しかし，人間の思考は記号に基づくという考え方は古えから存在する．人間の言語は複雑でコンピュータの言語は単純だと言い切ることができるほどその境界は簡単に決まるものではなく，コンピュータの言語は人間の言語と共通する側面を持っているのである．とすると，コンピュータと人間における言語を記号の系という観点で対比させることは，それほど無意味とも言い切れないであろう．その差を理解することは，人間の記号系が前提とする性質に光を当てることにつながり，そし

てその時の鍵となるのが，二つの系の再帰性の違いである．再帰を前にしたところで，それを原因として人は普通おかしくならない一方で，機械にとっての再帰は元凶の一つである．その根底には，再帰が記号系一般において避けようもないものであることがある．

以上のように本書は再帰性をキーワードに，記号論の観点からプログラミング言語を論じる．この試みは，機械と人間，工学と人文科学の分野にまたがるもので，それには，記号論，プログラミング言語それぞれについてこれまでにない異分野の視点を導入する意義が見出されるであろう．この意義について以下に述べる．

1.2 記号論の形式化

記号論の目的は，記号と記号から成る系について，その一般的な特質や構造を記述し，ある記号系が与えられたときにそれを解析するための理論的枠組みを整理することにある．その背景には記号がどのように意味を担うのか，すなわち意味の意味に関する問題が潜んでいる．記号論はソシュールとパースによって創始された体系とされるが，その考え方の根は遠くギリシャ時代にも遡る．十九世紀以前には人文科学と自然科学の峻別は顕著なものではなかったが，以来学者たちはこれらを分けるようになり，記号論は人文の分野で育まれることになった．その帰結として，記号論に関する諸論はほぼ人文の分野に属する．

このことを原因として，記号論で対象とされてきた記号系は，ほとんどが人間が解釈する系である．最近になって生物記号 [52] などの例外も見られるようになったが，これらのごく少数の例外を除いて，自然言語，芸術，手話など，人間が解釈する記号系が記号論の主たる対象とされてきた．しかし，このことにより，対象の解釈系が，対象を吟味する解釈系と同じであることになり，その峻別が明確でないまま論が進められることもあった．これを原因の一つとしてか，記号論は未だ基礎理論ですら確立したとは言い難い分野である．実際，記号とは何かという根本的な問いの答えとしての記号のモデルにおいて，二元論，三元論という二つの考え方が並立し，それぞれにおいて

各々の思想家が様々な考え方を提言し，モデル間の対応関係が整理されていないという状況にある．

プログラミング言語を記号論の対象とする時，解釈系の峻別の問題は起きない．なぜなら，プログラムは機械の上で解釈されるものであり，人間はプログラミング言語では考えないからである．プログラミング言語には，機械の上で動作する独自の解釈系があり，これは人間の脳の中の自然言語の解釈系に外在するものである．解釈系が人間の脳に外在する事態は，人工言語すべてにおいて成り立つことではなく，これこそがプログラミング言語の一つの特徴ともいえることである．これまでにも，数学，論理学，音楽，舞踏などを記述する様々な人工言語が考えられてきた．しかし，これらの記法や記述言語は，人工言語でありながら人間が解釈するものである．たとえば，最も厳密で形式的な数学においては，人間なら言われなくてもわかる証明の繰り返しについては「以下同じ」と省略されることがよくある．

この点，プログラミング言語では，解釈系が外在するがゆえに，最終的に求める計算を終えて停止するまでの一連の処理が記述されつくされなければならず，それはすべての繰り返しを含む．この意味で，プログラムの解釈は機械的で，明快であり，形式的で，厳密である．プログラミング言語以上に，機械で解釈されるという点で形式的であることを強要されている言語はない．記号論をこのような形式的な言語に適用することは，限定的であるにせよ，これまで曖昧なままにされてきた記号系に内在する性質の一部を明らかにし，記号論を形式化し，広く使われる記号論の基礎を確立する上で役に立つと考えられるのである．

この点，人間の解釈は計算ではないのだから，人間と機械の記号系を対比させることは，本質的に異なるものを比較することになると思われる読者もいるかもしれない．もちろん，人間の解釈は必ずしも計算ではないし，プログラミング言語はある意味人間の言語の一部に過ぎない．しかし，本書において先で見るように，計算とは究極的には置換操作の体系である．置換はある記号を別の記号群で置き換える基礎的で単純な操作に過ぎない．とすると，人間の記号処理のどこまでが置換ではないと言い切れるかは難しい．実際，意味における置換の役割について論じた思想家もいる．人間の記号活動のす

べてが置換とはいえなくとも，記号論で形式的な置換の系を扱おうとすることにより，そのようなアプローチをとらずには見えない記号系の何らかの性質が見えてくることが期待される．

以上，本書の意義の一つは，記号論を形式的なプログラミング言語の体系に適用することで，記号論の基礎的な枠組みを形式的に捉え直すという点にある．プログラミング言語に内在する問題を記号論の上で捉えることは，記号の本来的な性質について再度形式的に考え直すことになる．このように記号論の基礎に関して再考することは，広く記号系一般の性質を再考することにつながる．

1.3 人工言語の必然性

コンピュータは現代においては必要不可欠な機械である．多くの機械がコンピュータで制御されており，その背景にはプログラムがある．プログラミング言語は人工言語の中では最も大規模に実用化されているものであり，様々な現象がモデル化され，プログラミング言語で記述されている．プログラミング言語による記述の規模は，様々な言語の中でも抜きん出ており，この規模を凌駕するのは，自然言語だけである．プログラミング言語は人工言語の中でもこのように最も成功した言語である．

プログラムのうちの大半は人間が書くものである．同時に，プログラムは機械が解釈するものである以上，人間と機械の記号の両方の特質を反映した記号系であろう．プログラミング言語は主に技術的必要性の観点から発展してきたものであるが，そこには機械的な命令列を人間の観点から扱いやすくする工夫も含まれる．したがって，最近のよくできたプログラミング言語には，人間的な記号の自然な扱いを支援するための工夫が多く見られるはずである．

ではあるが，プログラミング言語の概念や理論は，機械を動かす工学的な必然性にその端緒があるために，記号一般の広い文脈を欠いたままになっている．たとえば，xの値に1を足すことを表す x := x + 1 というプログラム上の表現は，多くのプログラミング言語において用いられる文であるが，左右

のxの意味的な違いについては多くの議論がある．その議論はコンピュータの有り様に根ざした議論以上のものではない．ところが，記号が対象をどのように指し示すのかについての関連する議論は，記号論の枠組みにおいてすでに長く存在する．このことについては本書では第6章で論じる．別の例では，オブジェクト指向言語は60年代に発明されたと言われているが，記号論の側面からは記号に関する二つの捉え方のうちの一つであると見ることができ，この点も本書の第3章において論じる．つまり，プログラミング言語の技術的な発明のうちの一部は，記号論の中に昔からある考え方の再発見であると捉えることができる場合がある．

すなわち，記号論をプログラミング言語に適用することは，プログラミングに関する技術的な発明が何であったのか，人文科学の観点から再解釈し，その中に位置付ける意義を持ち得るであろう．プログラミング言語が記号系である以上，それも記号系一般の特質を有しており，記号系の本質的な問題はプログラミング言語の問題としても現れるはずである．それがどのようなものであるのかについて本書では論じる．本書の意義の一つは，プログラミング言語がなぜ必然的に現状のような姿をしているのかについて，一般の記号系の観点から再確認することにある．

1.4 関連研究

いうまでもなく，記号と再帰の関連については，星の数ほどの優れた著作や論があり，それらには少なくとも二つの大きな視点が見られるであろう．第一は，言語学や哲学において，自然言語に代表される自然発生的に構築された記号系に内在する再帰と，自然言語の上に成り立つ人間の知的体系の再帰性に関するものである．第二は，数学や論理学上の，形式性の高い具体的で人工的な言語系における再帰性についての理論である．ある意味前者は文系，後者は理系的なアプローチをとっており，二つの大きな学問分野において類似の考え方が並置されてきたといえる．本書も記号と再帰の問題を考えるが，形式性の高いプログラミングを人間学としての記号論で扱うことにより，この既存の二つの視点の橋渡しをしようとする試みとして位置付けられ

第 1 章　人工言語と記号論

よう．

　より学術上の流れの中の位置付けとしては以下のようになろう．昨今，情報科学の分野における記号論に基礎を置く議論，また，人文科学の分野での情報科学に関する論文や著作が増えている．情報科学と記号論に言及する最初の論文は筆者の知る限り *ACM Magazine*[1])に現れたツェマネクによる 4 ページのそれ [115] であり，記号論の観点からプログラミング言語を捉え直すことの重要性が力説されている．とはいえ，より具体的な論については，アンダーセンらによる著作 [5][6] まで実現せず，これらは情報システム上現れる様々な記号について概論的に論じるものである．その後リウによる [64] といった著作も出版され，また，情報科学の分野で記号論を基礎にユーザインターフェースについて議論を展開するデ・スーザによる著作 [38] もある．記号論の観点からの情報分野に関する個別の論文については，*Semiotica* 誌，*Applied Semiotics* 誌，*Minds and Machines* 誌などの他，Organizational Semiotics における国際会議やワークショップで論じられてきた．他にも，情報科学を人文の観点から論じる試みとしてフロリディらによる [46][47] なども挙げることができる．

　これらの著作や論文は情報技術が生活の一部として定着する中で人文科学，特に記号論の観点から情報技術の有り様を捉え直そうとする動きの一端の表れであると考えることができる．とりわけ，情報科学・技術は前述のように根本的に記号の世界であるから，それはごく自然ないきさつである．情報科学・技術上の記号と記号系の本質を論じる記号論の一分野を以降特に**情報記号論**と呼ぶ[2])．情報記号論は，昨今世の中に台頭してきている．本書はその中でもまとまった議論がこれまでにほとんどないプログラミング言語に焦点を当てて議論を展開するものである．プログラミング言語はコンピュータを制御するものである以上，それに関する記号論は情報記号論の中でも基盤としての位置を占めるであろう．

---

[1])　Association for Computing Machinery の機関誌．
[2])　本書における情報記号論は，[117] と同じ方向性を取りながらも，記号論の対象を情報科学に特化した，やや狭い意味合いを持つ．

1.5 本書の構成

記号に関する論には，三つの側面がある．第一に，記号とは何かという問いに対する答えとして記号のモデルに関するもの，第二に，記号にはどのようなものがあるかという記号の種類に関するもの，第三に，これら記号から成る系はどのような性質を持つのかという記号の系に関するものである．この三つの側面はそのまま本書の構成に反映されている．第Ⅰ部では記号のモデルに関する二つの潮流について述べ，それらの関係を論じることを通して，記号とは何かを考える．第Ⅱ部では，記号のモデルをふまえて，記号の種類や記号が表す対象の種類としてどのようなものが考えられるのか，そしてそれはどのようにプログラムにおいて表現されているのかについて論じる．第Ⅲ部では，第Ⅰ部，第Ⅱ部をふまえ，自然言語系と情報記号系の差異，ならびに外部世界の中にある記号系の持つ性質について論じる．本書の構成は，第2章と第3章で基本的な導入を終えた後に，54ページの図3.8において一望することができる．図には各章の主題の位置付けが示されている．

本書は言語に関するものでもある．通常の言語に関する著作は，形態論，構文論，意味論といった枠で構成されることが多い．一方の本書は，その論点が言語を構成する最も原初的な単位である記号とその系についてのものであり，言語学上の形態論や構文論を前提とはしない以上，言語学では一般的な構成を取るものではない．本書で**言語**とは，記号系の一種であり，言語記号の連関とその解釈を意味する．とはいえ，むろん個別の言語について論じる上では，個別言語の構文や意味解釈を吟味しなければならないこともある．これらについては，個別言語の構文論や意味論をそのまま引用し，その内容については必要な箇所で説明する．

前述のように，本書は学際的な内容となっており，記号論とプログラミングの両方の分野に深く関係するため，本書の議論の上では，それぞれの分野の基礎知識が必要となる．関連する他の書では，通常は最初に基礎知識を数章にわたってまとめ，その上で本論に入る構成となっているが，本書はそのような構成は取らない．基礎的な説明は必要なところでその都度説明する構

第1章 人工言語と記号論

成を取っている．

　記号論についてはそもそも最初に基礎知識をまとめることができない．というのも，単にある思想家の記号論の枠組みを持ってきてプログラミング言語に適用することができるほど，記号論の基礎的枠組みは十分には確立してはいないからである．論を進めるには，記号論上の問題それぞれについて記号論の枠組みを部分的に解体し，再構築することが必要であった．本書の各章では，重要と思われる記号論上の問題を一つ取り上げ，記号論の枠組みを見直しつつプログラミング言語に適用し，問題に対して仮説的な結論を与えることで終わる．その結論は，根本的にはプログラミング言語に対して適用して得られたものなので，様々な記号系の中でもプログラミングに限定される結論ではある．しかし，形式化を通して得たものである以上，ある程度の汎用性を持つことが期待される．他の記号系への適用可能性を示すためにも，各章の冒頭にその章の仮説的結論を直観的に示唆する絵画や彫刻が入れられている．これは，どうしても固くなりがちな本書をより楽しく読めるようにするささやかな工夫でもある．といって，筆者は芸術の分野に関しては全くの素人であり，アートについては単なる喩え，比喩に過ぎず，厳密な議論を展開するつもりはないことをここで断っておく．

　プログラミング言語に関しては，言語，理論，概念は本書では既存のものを用いることにとどめられ，記号論的な観点から再解釈したに過ぎない．プログラミングの分野の理論は形式性が高く厳密であり，基礎的な枠組みは確立しているので，本書では情報科学・技術の理論上は何ら新しい点はない．本書で用いる言語，理論，概念は必要に応じて適切と思われる場所で説明を示す．たとえば，次章では二つのプログラムを導入し，簡単な説明を付与しているが，その範囲は次章の目的——本書で扱う記号とは何かを定義すること——にとどめられる．次章のプログラムに関しては，第3章以降の各章で何度も見返すことになり，議論に必要な概念はその都度説明する．また，本書では複数のプログラミング言語を扱うが，必要な説明はその言語が現れる時にその都度行う．本書で何回も登場するプログラミング言語はHaskell（第3章, 第7章, 第10章）とJava（第3章, 第5章, 第6章）であるが，このほか，第4章はラムダ項と記号の関係を論じるものであり，また他の言語も本

書のあちこちに登場する．本書で論じる情報科学・技術上の言語，理論，概念に関する説明は，議論をするのに必要な範囲にとどめられる．より詳しい形式的な説明については良書が多く出版されているので，興味のある読者はそれらを参照されたい．

　記号論にもプログラミングにも共に専門用語があり，やっかいなことにその用語は（特にもととなる英語の上で）大きく重なっている．たとえば，オブジェクトはパースの対象を意味するのか，オブジェクト指向のオブジェクトを意味するのか，などである．しかも，日本語ではこれに専門用語の日本語訳の問題が加わる．本書の用語は，本書の巻末に記号論とプログラミングのそれぞれについて用語集として整理されている．

　本書で用いる他の記法は以下のとおりである．プログラムは typewriter 体で示されるのに対し，数式，英文の題，雑誌名は *italic* 体，強調は**太字**で示される．プログラムにはその構造をわかりやすくするために特に不要な場合であっても括弧を付けることがある．引用文献には，ページ，段落番号など付加情報が併せて示されることがあり，その形式は参考文献に依存する．たとえば，[80] の付加情報は 2.345 という形式で表され，最初の数（この例では 2）は，ハーバード大学出版局の *Collected Papers* 中の巻，次の三桁の数（この例では 345）は段落番号を示す．付加情報の形式は本書ではいちいち説明しないので，興味のある読者は引用文献を当たられたい．本書に随所に現れる引用については，次のとおりである．他著作からの引用は鍵括弧内に示される．外国語文献からの引用は，引用文献として和訳書が挙げられている場合には，その訳書からの引用，和訳書が挙げられていない場合には，原文を筆者が訳したものである．

　本書の大元はケンブリッジ大学出版局から出版された英語版である [101]．この大元の本の各章は，*Semiotica* 誌，*Applied Semiotics* 誌，*Minds and Machines* 誌に出版された論文が元となっている．第 I 部の各章の元論文はは第 3 章は [97]，第 4 章は [106]，第 5 章は [105] であり，第 II 部については，第 6 章は [104]，第 7 章は [103]，第 8 章は [99] である．第 III 部については，第 9 章は [98] ならびに日本語の要約版が [143]，第 11 章は [100] であ

る．本書は，これらの雑誌論文の内容を大きく改訂し，一書にまとめたものである．

第2章 情報記号

2.1 導入

　プログラミング言語は，コンピュータや機械を制御するための言語である．プログラミング言語で記述されたテキストをプログラムといい，機械はプログラムにより制御される．プログラミング言語では，文法・解釈方法は厳密に定められており，プログラマはこれに従って，望む動作をするプログラムを記述する必要がある．プログラムは記述されると，解析され，言語によっては最適化されたりコンパイルされたりし，解釈され，実行される．

　本章では次章以降本論に入る前に，プログラム中の記号を整理し，その基本的な事柄について説明する．昨今のプログラミング言語は高度に構造化されており，しかも言語ごとの機能や特性を持っており，あるプログラミング言語を一つ簡単にでも紹介するには，一冊の本の分量が必要となる．この本は通常の情報科学・技術の意味でのプログラミング言語自体に主題があるわけではないし，複数のプログラミング言語をいくつか並行して見ていくため，おのおののプログラミング言語の紹介を包括的かつ詳細に行うことはできない．このため，本章では次章以降の本論に進むのに必要な内容をプログラム例を通して簡単に説明する．プログラミング言語自体に興味がある読者は，専門書を当たってほしい．

　本章では，二つの異なる言語を用いて記述した同一内容のプログラムを説明し，プログラミング言語の導入に代えるものとする．星の数ほどもあるプログラミング言語の中から，関数型言語の代表としてHaskell[15]，またオブジェクト指向言語の代表としてJava[8]を選んだ．関数型，オブジェクト指向のパラダイムを選んだ背景には，筆者の考えでは，この二つに記号論上の興味深い対比がみられるからである．二つのプログラムの例には，次章以降

の本書での議論の要が具現化されており，他の関数型の，あるいはオブジェクト指向言語のプログラムも同様の特性を持つ．プログラムはなるべく短く単純なものとなるようにした．また，一つの言語でも同じ出力をするプログラムとして様々な記述がありうる中で，ここでの記述は今後の様々な議論や一貫性を考えて設計してある．

　この例は，少しでもプログラミング言語でプログラムを書いたことがある人には，非常に易しいものであるはずである．そのような読者は，次節の二つのプログラム例を見た後，先に進まれたい．次節の説明は，プログラムが全く初めて，という読者を想定して記述されている．といって次節に示す単純な例でも，その背景には様々な概念があり，本当に初めてプログラムを見る読者には，十分難しいものであろう．このような読者は，しばし我慢して，次節の説明と本書の最後の用語集を見ながら，プログラムのどこで何が行われているのかの大まかな感触を摑んでいただきたい．このサンプルは今後本書では何回も見返すことになるので，現時点ではだいたいのところさえわかれば，次章以降の議論には差し支えない．プログラミング言語上の重要概念や他のプログラム例は，次章以降で必要な時に徐々に説明を追加する．

2.2　二つのプログラム例

　プログラム例の内容は，平面上の三種の形——長方形，楕円，円——の面積を計算する，という単純なものである．計算を目的とする何らかの**対象**[1]を記述する上では，まず計算に必要な部分に注目して対象をモデル化，すなわち計算の目的に応じて（必要ならば）近似することを行い，プログラムとして表現する．プログラムとして表現された対象を本書では**計算対象**という．ここでは，対象として三種の形を考え，計算対象として長方形は幅と高さ，楕円は横の径と縦の径の長さ，円は半径の長さにより表現する．これらの辺や径の長さは小数で表現される．

　Haskell のプログラム例が，図 2.1 に示されている．プログラムは三つのブロックに分かれている．最初のブロックは 1〜3 行目，第二のブロックは 5〜7

---

[1] 用語集参照．

```
 1:data Shape = Rectangle Double Double
 2:            | Ellipse    Double Double
 3:            | Circle     Double
 4:
 5:area(Rectangle width height)=width*height
 6:area(Ellipse width height)=pi*width*height/4.0
 7:area(Circle radius)=area (Ellipse (radius*2.0)(radius*2.0))
 8:
 9:main = let
10:        r = Rectangle 5.0 8.0
11:        u = Ellipse 3.0 4.0
12:        v = Circle 3.0
13:        ss = [r, u, v]
14:      in
15:        for (\s -> putStr("area: "++show (area s)++"\n")) ss
```

図 2.1 Haskell による三つの形に関する単純なプログラム例

行目，第三のブロックは 9〜15 行目に示されている．

最初のブロックは，三種の形のデータ構造[2]を示しており，Rectangle と Ellipse は，小数二つ（長方形は幅と高さ，楕円は横と縦の径），Circle は小数一つ（半径）から構成される．ここで Double とは小数のことである．データやデータ構造の種類は**型**として表現される[3]．Rectangle, Ellipse, Circle は，長方形，楕円，円のデータ構造の種類を表すので，型に相当するものとして捉えることができる．データやデータ構造の種類の種類も型として考えることができ，このプログラムでは三つのデータ種を統括する型として Shape がある．この四種は，このプログラムで導入されたものであるが，Double も，データの種類を表す．これは，もともと Haskell で用意されている基本的な型（基本型）である．すなわち，型には，言語システム[4]内で準備されている基本型と，基本型の複合としてユーザが独自に導入する複合

---

[2] データ構造とは，複数のデータをひとまとめにしたデータである．
[3] Haskell では，厳密にはこのプログラム中の Rectangle, Ellipse, Circle は構成子であり，Shape は型である．ここでは次の Java プログラムとの整合性や説明の簡便さを鑑みて，Haskell における構成子を型相当とみなしている．
[4] 用語集参照．

型がある．

　第二のブロックでは，以上定義されたデータの面積を計算する関数[5]area が定義されている．データごとに面積計算の式が並んでいる．Rectangle のデータの面積計算は，積が*により表現され，幅widthと高さheightの長さの積として計算される．同様に，Ellipseのデータの面積計算は，piを円周率として，公式どおりに横の径，縦の径，円周率の積を4で割ったものとして得られる．円についても，同様に定義できるが，ここでは，楕円の計算を利用して面積計算が行われるように記述されている．円のデータは，一度半径を2倍し，楕円のデータに変換される．その上で，6行目の楕円用のareaを呼び出して，円の面積を計算する．このように，わざわざ半径を2倍して楕円の関数を用いることは，一見無駄に見えるかもしれない．実際，円の面積も半径から直接公式どおりに計算するように記述することもできる．しかし，円と楕円は類似する形であることから，このように一度定義された関数を再利用する形で表現することもできる．ここでは，次のJavaのプログラムの例との整合性の観点からこのようなプログラムとなっている．

　第三のブロックは，以上定義したデータ構造や関数を使って実際に面積を計算することが記述されている．まず9, 14行目にlet...in...という記述が見られる．これは，Haskellの中の構文の一種で，本書では**let式**といい，letとinの間の第一ブロック部分（10〜13行）の設定下で，in以降の第二ブロック部分（15行目）を計算する，ということを表す．第一ブロックには，実際に面積を計算する三種の形が一つずつ定義されている．rは幅5.0高さ8.0のRectangleのデータを表し（10行目），uは横の径3.0縦の径4.0のEllipse（11行目）のデータ，vは半径3.0のCircleのデータを表す（12行目）．この三つのデータに対して一気に面積計算を行うため，r, u, vはまとめて**リスト**という複数の要素を列表現するデータ構造に入れられ，それにはssという名前が付けられている（13行目）．この第一ブロックの設定下で15行目が実行される．ssから一つずつ形のデータを取り出してはsで表し，area関数を適用[6]し，面積を出力するのである．その際は，文

---

[5] 用語集参照．
[6] 用語集参照．

字列"area: "をまず出力し[7]，次に面積の値[8]を出力し，改行文字を出力する．15行目の構文 \s -> については，第4章でラムダ項を説明した後，第7章の141ページで説明する．

　プログラムはこのように，データや関数の**定義**とその**使用**の入れ子構造として表現される．大域的な構造としては，最初の二ブロックは Shape, Rectangle, Ellipse, Circle, area の定義を表し，第三のブロックはその使用を表す．局所的な構造としては，第三ブロックの let 式中の第一ブロックが r, u, v, ss の定義，第二ブロックが使用である．定義は記号の導入を宣言する**文**[9]として記述され，一方，使用は**式**[10]により記述される．すべての式は計算結果の値——たとえば，面積であれば面積の値——を持つ．たとえば，3, 4, 3+4, 2*(3+4), pi*width*height/4.0 (6行目)，10~15行目の let 式などはすべて式の一種である．定義文と式は互いに含み合う関係にある．文は式を=の右辺の定義内容として含んでいるし，let 式のように式中に局所定義として文が含まれることがある．

　このプログラムはコンピュータ上で実行される．その一つの方法として，Haskell インタープリタ，つまりプログラムの解釈実行を行うソフトウエアを用いることができる．このソフトウエアを立ち上げ，図2.1のプログラムを読み込み[11]，main を呼び出すことで実行される．main は，第三ブロックに定義されており，let 式の第一のブロックがまず実行される．これにより，幅5.0高さ8.0の長方形など，三つの具体的な形のデータが，1~3行目のデータ構造の定義どおりに記憶領域中に作成される．その上で，5~7行目

---

[7] ここでの小数から文字列への型変換は，15行目の関数 show が行う．
[8] 用語集参照．
[9] 用語集参照．
[10] 用語集参照．「式」の元の英語は expression である．自然言語の expression は「表現」と訳されることが多いが，プログラミング言語においては伝統的に「式」という訳語があてられてきた．
[11] 図2.1のプログラムは次の2行のプログラムを追加することで Haskell インタープリタにより実行することができる．
　　for f [] = do return ()
　　for f (s:ss) = do { (f s) ; for f ss }
この for 関数は，次の図2.2の Java プログラムとの整合性をふまえて定義されている．

```
 1: class Shape{
 2:   double width, height;
 3:   Shape(double w, double h){ width=w; height=h; }
 4:   public double area(){ return width*height; }
 5: }
 6:
 7: class Rectangle extends Shape{
 8:   Rectangle(double w, double h){ super(w,h); }
 9: }
10:
11: class Ellipse extends Shape{
12:   Ellipse(double w, double h){ super(w,h); }
13:   public double area(){ return Math.PI*width*height/4.0; }
14: }
15:
16: class Circle extends Ellipse{
17:   Circle(double r){ super(r*2.0,r*2.0); }
18: }
19:
20: void run(){
21:   Rectangle r = new Rectangle(5.0,8.0);
22:   Ellipse   u = new Ellipse(3.0,4.0);
23:   Circle    v = new Circle(3.0);
24:
25:   Shape[] ss = new Shape[]{r, u, v};
26:   for (Shape s : ss) { putStr("area: " + s.area() + "\n"); }
27: }
```

図 2.2 Java による三つの形に関する単純なプログラム例

の area の定義を参照しながら let 式の第二ブロックが実行され，面積が出力される．プログラムの出力は，次のようになる．

```
area: 40.0
area: 9.42477796076938
area: 28.2743338823081
```

それぞれの行は，幅 5.0 高さ 8.0 の長方形，横の径 3.0 縦の径 4.0 の楕円，半径 3.0 の円の面積の計算結果を示している．

次にこれを Java で記述した例を見てみよう．プログラムは図 2.2 に示され

ている．今度は5ブロックに分かれ，最初の4ブロックはclassで始まるものである．classから始まるブロックは，**クラス**としてデータと関数をひとまとめにした複合体を定義する．Javaではこのような複合体はその種類別に型として捉えられる．すなわちJavaではクラスは型を定義する[12]．最初の4ブロックはShape, Rectangle, Ellipse, Circleの4種類のクラスとして型を定義する．2行目で，Shapeには小数のwidthとheightが含められることが宣言されている．Javaでは小数はdoubleで表され，これもJavaの言語システムで事前に定義されている基本型である．Shapeには，さらにShapeとareaの二つの関数が含まれることが宣言されている．3行目のShapeは，データの初期化のための特殊な操作を表し，**構成子**と言われる．4行目の関数areaは面積計算用の関数であり，widthとheightの積として定義されている．

　Javaではクラス間の関係が表現される．たとえば，CircleはEllipseの一種でもあるが，その逆は必ずしも成り立たない．Shapeクラスは，Rectangle, Ellipse, Circleの三つのクラスのクラスである．このような形の集合の包含関係がプログラム中に記述されるのである．この点は第5章でより詳しくみていくので，ここでは，概要として簡単に説明する．A集合がB集合に包含されるとき，JavaではA extends Bと記述し，A集合はB集合の性質――データや関数――を共有するデータ型であることが宣言される．この性質の共有を**継承**と言い，クラス中の初期化関数以外[13]はすべて記述を省略することができる．たとえば，RectangleクラスはShapeクラスを継承している．すると，width, height, areaはすべてRectangleクラスで宣言されたのと同じことになる．このように，継承は性質を共有するデータを統一的に定義するのに有効である．しかしながら，この効果はEllipse, Circleにも同様に及んでしまい，幅と高さの積としての

[12) **型**は，プログラミングの分野においては一般的な概念で，データ，データ構造，関数，これらの複合体の「種類」を意味し，計算対象のある集合を表す．**クラス**とは，プログラミング言語の中でも特に，オブジェクト指向言語において，型を実現するプログラム上の一つの単位である．
13) 初期化用の関数，すなわち構成子は，Javaでは扱いが特別であるが，他のデータや関数同様に構成子を継承するオブジェクト指向言語もある．

関数 area の定義は，楕円や円の面積計算としては不適当なものである．このような場合には，area 関数を上書きし，再定義する（13 行目）必要があることもある．このように，対象が共有する性質と対象の特殊性のバランスを取りつつプログラムが記述される．

　最初の 4 ブロックの後，run 関数の中で，以上の定義が使用される．前の Haskell のプログラム同様，21〜23 行目において具体的な形のデータを局所的に定義し，26 行目で実際に面積を計算し，結果を出力する．幅 5.0 高さ 8.0 の長方形が r，横の径 3.0 縦の径 4.0 の楕円が u，半径 3.0 の円が v として 21〜23 行目において定義される．以上 3 つをまとめて扱うために ss という配列[14]——要素を列に配したデータ構造——に入れる（25 行目）．その上で，26 行目で一つずつ取り出しては，面積を計算し，画面に出力する．

　このプログラムにおいても，Haskell の場合同様，定義と使用が入れ子構造を形成する．大域的には，最初の 4 ブロックが，Shape, Rectangle, Ellipse, Circle のクラスを定義し，形のデータ構造と関連する関数を定める．最後の run の中身がこれらを使用する．局所的には，run の中の最初の 21〜25 行目が r, u, v, ss の定義であり，26 行目が使用である．Haskell 同様，定義は文として記述され，定義されたものは式の中で使用される．Haskell と異なるのは，Java ではデータや関数の定義の前に，型が宣言されることがあることである．たとえば，21 行目の Rectangle r = new Rectangle(5.0,8.0); は，全体で一つの定義文であり，最初の Rectangle r は r が Rectangle 型のデータを保持することを宣言し，r が幅 5.0 高さ 8.0 の具体的な長方形を表わすことが右辺の式により定義される．

　Java の場合，プログラムはまず Java のコンパイラにより，高速実行可能な別表現[15]に変換され，実行される[16]．プログラムの出力は以下のとおりで，前述の図 2.1 の Haskell のプログラムの場合と全く同じである．

---

[14] Haskell で見たリストとここで示した配列は要素が列になっているという点では類似するデータ構造であるが，配列はランダムアクセスができる点でリストとは異なるものである．
[15] Java VM というインタープリタで解釈される表現．
[16] 図 2.2 は次のプログラムコードの中に埋め込むことでコンパイル・実行可能となる．

```
area: 40.0
area: 9.42477796076938
area: 28.2743338823081
```

2.3 識別子

プログラムはこのように様々な記号を用いて記述される．本節ではプログラム中の記号にはどのようなものがあるのかを整理する．

二つのプログラムには以下の4種の記号がある．

- **リテラル**は，数や文字列などの定数から成る．
- **演算子**は，+, *といった演算に用いられる記号や符号である．
- **予約語**は，プログラミング言語の言語仕様において定義されている語群である．構文を表現するのに用いる単語 let, in, class などは予約語である．
- **識別子**は，ユーザにより定義され使用される，それ以外の記号である．識別子は主としてデータと関数を表現する[17]．識別子の名前はユーザが自由に選ぶことができる．

JavaやHaskellでは，アルファベットで始まる記号は，すべて予約語か識別子である．識別子の中には言語の**ライブラリ**——よく用いるデータ構造や関数

```
class SampleProgram {

    //ここにプログラムを配置する

    void putStr(String s){
        System.out.print(s);
    }

    public static void main(String argv[]) {
        (new SampleProgram()).run();
    }
}
```

[17] より正確には，識別子は，モジュール名など，ユーザ定義の他の様々なプログラム上の要素を表すことがある．しかし，これらはデータと関数の拡張と捉えられなくもないため，本書ではそれに準じるものとして考える．

をまとめたもの——の中で定義されるものもある．たとえば，Haskell によるプログラム例の図 2.1 では，リテラルは 2.0, 3.0, 4.0, 5.0, 8.0, "\n"，演算子は *, /, ++, 予約語は data, let, in, その他の英字で始まる記号は識別子である．識別子のうち，Double, pi, show, putstr はライブラリ中で定義されているのに対し，他はこのプログラムで導入した識別子である．

　記号は，どれも定義されてから使用される．プログラミング言語の言語仕様の中で定義される場合もあれば，ユーザが定義する場合もある．記号のうち，リテラル，演算子，予約語は，プログラミング言語の言語仕様上定義されているもので，ユーザは単にこれらを用いてプログラムを書く．言語仕様上定義される記号は，別のプログラミング言語で定義されるもので，この点については第 11 章で論じる．一方，識別子はプログラマが定義するものである．二つのプログラムで見たように，記号の定義と使用は入れ子構造を形作る．

　ほとんどの識別子は，コンピュータの記憶領域上のアドレス[18]に対応する．記憶領域には，主記憶のほか，レジスタ，二次記憶などがある．識別子に対応するアドレスの場所には，識別子の表す値がビット列として格納される．その値は，プログラムの記述にしたがって定められるものであり，大まかにはデータと関数の二種類がある．たとえば，r, u, width などはデータを表し，area は関数を表す．データを表す場合にはアドレスの場所にはデータがビット列の形式で保存され，関数を表す場合にはアドレスの場所に関数の一連の操作がビット列の形式で保存される．また，図 2.2 のプログラムの Rectangle などのように，データ（width や height など）と関数（area など）の両方を複合的に表す場合には，Rectangle に相当するアドレスの場所にひとまとまりが保存される．その領域がさらにデータや関数用に区分され，それぞれの実体がデータや関数の識別子に相当するアドレスの場所に保存される．

　このように識別子は一般にアドレスに対応するが，一部はプログラムが実行される前に解析され，最適化され，不要と判断されると除去される（第 7

---

[18] 用語集参照．

第 2 章 情報記号

章,第 10 章参照).しかし,そのようなものを除くと,識別子は記憶領域のアドレスに対応する.というのも,もともと識別子はアドレスそのものだったのである.初期のコンピュータでは,記憶領域の場所を直接プログラマが記述し,その場所にデータや関数を格納していた.これでは,プログラマに主記憶の空き領域を計算するなどの大きな負担がかかるばかりか,コンピュータを別のものに換えたときのプログラムの再利用が難しい.そこで,一段抽象化した形の識別子として記憶領域を表現し,それを記号としてプログラム中で用いることになったのである.現在では識別子にアドレスを割り当てることは自動化されている.すなわち,識別子とは記憶領域のアドレスの抽象表現としての記号である.

本書で主な議論の対象とするのは,この識別子である.他に三種類の記号があることが述べられたが,これらも言語を定義する言語内でやはり識別子として一旦は表現され定義されることが多く,このあたりのいきさつは第 11 章で論じることになる.また,アイコンや処理音などコンピュータ上に様々な記号が現れるが,これらも一旦は識別子の形でプログラムにおいて表現されるものであることが多い.すなわち,識別子を論じることはコンピュータ上の記号のほぼすべてを論じることに相当する.本書が議論の対象とするプログラミング言語中の記号とは識別子のことである.本書における**情報記号**とは,広く情報科学・技術上用いられる記号を実現する一手段としてのプログラム中のこの識別子をいう.

2.4 識別子の解釈層

コンピュータ上の記号の種類の整理を通して,識別子は様々に解釈されることが明らかとなった.本節ではこれら解釈上の層を整理し,各層でどのように識別子が解釈されるのかを示す.

2.4.1 ハードウエアの層

識別子に対応する記憶領域中のアドレスは,識別子の実体であり,これは識別子に直接の意味を与える.アドレスはコンパイル時,あるいは実行時に

自動で識別子に割り当てられる．アドレスの位置には，ビット列としての値が格納され，プログラム中では識別子はこの値の方を表すことが多い．識別子の値はプログラムの記述にしたがって定められるものである．

すなわち，識別子はアドレスとそこに格納される値の両方を同時に表す．が，前述のように現在は識別子の実体としてのアドレスの割り当ては自動化されており，以前と比べると，プログラマはアドレスよりも値を意識してプログラムを書くことができるようになっている．とはいえ，識別子に記憶領域を割り当てるコンパイラや最適化のソフトウエアを作る時など，ハードウエアに近いレベルでプログラムを書く時には，識別子の実体をもちろん意識する必要があり，このようなプログラミングはより専門性が高くなりつつある．総じて，プログラミングにおいてハードウエアの層を意識して識別子を扱うことは以前に比べると減っている．

本書では，このハードウエアの層は，第 10 章において考える．

2.4.2 プログラミング言語の層

本章の二つのプログラム例で見たように，プログラム中で識別子は定義され，使用されることで計算は進む．この定義と使用は識別子に意味を与える．たとえば，r, u, v, ss は，両方のプログラムにおいて，最後のブロック内で識別子として値を定義されて使用された．また，Shape, Rectangle, Ellipse, Circle も定義され，r, u, v を定義する際に使用された．この定義と使用が識別子に意味を与える．本書は，第 6 章と第 10 章を除くすべての章で，定義と使用に基づいて情報記号について考える．

この定義と使用の層は実はさらに多段構造をしており，次の二つの層もある．この二層は第 6 章において議論する．

- **型**: 現代的なプログラミング言語は型付き言語であることがよくある．型とは前述のようにデータの種類を表し，データや関数の抽象表現である．型付き言語とは，型が明示されるプログラミング言語のことであり，Java も Haskell も型付き言語である．実際，識別子が何の型なのかがプログラム中に明記されている．型付き言語における型には，言語システムで事前に定義された基本型とそれらを複合的に組み合わせた複合型がある．たとえば，図 2.1 の

Double や，図 2.2 の double は基本型であり，整数，真偽値，文字なども基本型である．一方，複合型は，Shape, Rectangle, Circle, Ellipse など基本型の複合として定義されるデータ型である．

　型が明示されることで，識別子の使用は様々に制限されるので，型は識別子に意味を与える．たとえば，r は，Rectangle 型であると図 2.2 では明示されている．すると，付帯して r は Shape 型であることや，楕円用の area 関数を用いることができないことなどが合わせて規定される．このように型は識別子に意味を与える．

- **アドレス**: 前節で述べたように，識別子の実体は記憶領域のアドレスであるが，これはプログラムが完成した後，コンパイル時あるいは実行時に OS や言語システムにより割り当てられる．識別子は通常は値を指すが，究極の実体がアドレスである以上，プログラムにおいても識別子をアドレスとして操作しなければならないことがある．その場合は，識別子の具体的なアドレスはのちに決められる「どこかのアドレス」であるとしてプログラムを書く[19]．識別子がアドレスを表すのか，そこに格納される値を表すのかの曖昧性は，特殊な構文や記法，文脈などにより解消され，その方法は言語に依存する．プログラム中のアドレスは，定義や使用とはやや異なった実体の観点からの意味を識別子に与える．

2.4.3　自然言語の層

プログラムは，機械だけでなく人によっても解釈される．解釈する人には，そのプログラムを書いたプログラマだけではなく，プログラムを変更し再利用する人々も含まれる．その時にまず参考になるのはプログラム中の**コメント**である．コメントとは，プログラムを説明する自然言語上の表現で，人間が読むことを目的としており，プログラムを機械で解釈実行する際はすべて無視される．また，識別子がどのような表層表現——つまり字面——を持つ記号としてプログラムで用いられるかということも大きな参考材料である．たとえば，Rectangle という名前はそれが表す対象が長方形と関係があることを示唆するであろう．

　識別子はプログラマによってプログラム中に導入されるので，その意味で恣意的である．一貫してさえいれば，全く別の文字列を用いることができる．

---

[19] より正確には，リロケータブル [63] なアドレスの意味．

たとえば，二つのプログラム中の識別子 Rectangle を，すべてたとえば HiThere に置き換えても，プログラムの動作は全く変わらない．しかし，そうしてしまうと Rectangle の表すものが長方形であるというヒントがプログラムからなくなり，プログラムは人間にとって圧倒的にわかりにくいものとなるであろう．したがって，プログラマは，識別子に自然言語上有意味な字面を持たせてプログラム中で用いるように教育される．

コメントも識別子の字面も，機械上のプログラムの実行解釈に関わらない自然言語上の表現である以上，それらの記号論については通常の自然言語に準じるものとして本書は扱う．

2.5 汎記号主義

本書では，第 6 章と第 10 章を除いて，識別子の解釈層を定義と使用に置くとしたが，これは記号の解釈層をプログラム内にとどめることに相当する．これは，記号を解釈する上で，プログラムに外在する自然言語の世界や実世界には立ち入らず，プログラムの記号系の中だけで記号の意味を捉えることに相当する．

記号の解釈を記号系の中だけで捉える立場を**汎記号主義**といい，本書は基本的には汎記号主義的な論を展開する．この概念を提唱した学者の一人はパースであり，パースはたとえば，次のような過激とも思えることを言明している——「思考がすべて記号であるという事実を人生は思考の連続であるという事実と共に考えると人は記号であるということになる」[80, 5.314]．読者は人がそこまですべて記号かと疑問に思うかもしれない．実際，人は生物であり，離散的でディジタルな記号だけによってどこまで捉えられるか疑問に思うであろう．しかし，人間の認識が記号であるとの考え方は，パース以外にも多くの記号論学者や哲学者によって唱えられてきた．実際，もう一人の重要な記号論の学者であるソシュールは，「記号なしで明確な思考はありえない」と述べている [124, p.138]．また，似たような考え方は，古くは聖アウグスティヌスにも見られる [141, p.141]．なお，誤解のないように断っておくが，汎記号主義はこの世に記号しかないとは言ってはいない．実世界は存

在するが，記号を媒介することなく対象を人間が認識できない，ということである．

　汎記号主義が自然言語など記号一般についても成り立つかは賛否両論あろう．一方，プログラムや計算においては，汎記号主義は成り立つだろう．コンピュータ上ではすべてが 1 か 0 かのビット列に還元され，1 か 0 かの記号列が複合的に多種の記号へと分化し，コンピュータ上の記号系が成り立つ．汎記号主義の立場の是非は本書の扱う範囲ではなく，上述のような偉大な先達の考え方に基づき，本書では汎記号主義を前提として話を進める．というのも，汎記号主義の立場に立つと，人間の記号も情報記号も，記号とそれから成る記号系という共通の場の上で捉えることができるからである．次章以降では，以上のような立場で情報記号の記号論的解釈を試みる．

第I部

記号のモデル

第3章 バビロンの混乱

> 記号（名前，語結合，文字）に結びつくものとして，その記号によって表示されたもの，すなわち，記号の意味 (Bedeutung) と呼ぶことができるものに加えて，記号の意義 (Sinn) と私が名づけたいものを考慮するべきである．そして，表示されたものの与えられる様態は，その記号の意義に含まれることになる．
>
> フレーゲ『意味と意義』[131, p.73] から．

3.1 二元論と三元論

図 3.1 と図 3.2 に二枚の絵画が示されている．二枚とも静物画であり，キャンバスの上に複数の物が描かれている．図 3.1 はシャルダンによるもので，シャルダンは特徴的な形状や表面を持つ日常的な用具や食材を描いた画家である．シャルダンの静物画は写真かと見紛うほどにリアルなものが多く，構図だけでなくテクスチャの表現などにも優れていた画家であることが知られている．

一方の図 3.2 はボージャンが描いたヴァニタス画の代表作である．ここに描かれた物は五感を表現する．マンドリンは聴覚，花は嗅覚，チェスボード，カード，真珠は触覚と視覚，そしてパンは味覚である．この絵画では五感により人生を表しており，壁にかかった鏡に何も映っていないことで表現される死と対比される．絵画全体として生の儚さを表現しており，「五感のアレゴリー」との別題が付いている [71][1]．

シャルダンの静物はいわゆる言語的な解釈や意味を廃しており，ゆえに一層リアルである．この絵画を鑑賞する上では，キャンバス上の視覚表現とそ

---

[1] この絵に関する解説，たとえば [40] によると，本絵画にさらに深い意味を次のように与えることができるそうである．マンドリンは女性が奏でることが多いものであったため女性を象徴し，手前のカードはジャックであるので男性を表す．二つの間には財布が置かれており，男女の関係が財を媒介するものであることを示唆する．物は右下方向に収束する構図で置かれており，関係の収束を表す．一方で，奥には神々しい光の中，パンとワインが厳かに置かれ，純潔を意味するカーネーションが示されている．総じて，快楽よりも信仰を重んじるべしとのメッセージがこの絵画には込められている．

図 3.1　ジャン–バティスト–シメオン・シャルダン (1699–1779);
銅の水瓶, ルーブル美術館

図 3.2　ルービン・ボージャン (1610–1663);
チェスボードの静物, ルーブル美術館

第 3 章　バビロンの混乱

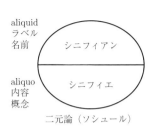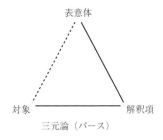

図 3.3　記号の二元論と三元論

れが示唆する静物のイメージの二者が主として関係するため，この絵画表現は二元的である．一方，ボージャンの絵画でも同様に，視覚表現としての絵画と，それが示唆する実際の対象物のイメージがあるが，それに加えて各対象物に解釈が込められ，全体としてメッセージを鑑賞者に送っている．ボージャンの絵画はこの解釈が第三の関係項となり，三元的に鑑賞されるのである．二枚の絵画は同じ静物画のジャンルに属するが，絵画に意味解釈が込められるかどうかという点で大きな違いがある．

　このような二元論と三元論の対比は記号論にもある．古くから記号や言語に興味を持つ哲学者や言語学者は，その最も基礎的な問いとして，記号とは何か，それはどのような単位なのか，構成要素として何を考えるべきか，という問題を考えてきた．この**記号モデル**の問題には，従来より大まかに二つの考え方がある．**二元論**と**三元論**である．二元論は記号は二つの構成要素から成るとする一方で，三元論は三つの構成要素から成るとする．二元論と三元論の対比は言語哲学と関連して太古の時代より見られる．図 3.3 に二元論と三元論を示し，二つのモデルを以下に説明する．

　ノス [77] によれば，二元論は四世紀の聖アウグスティヌスの哲学にすでに見られる [77, pp. 87–88]．スコラ派はこの伝統を引き継ぎ，記号とは「何かを指し示す何か」(aliquid stat pro aliquo) であるとする．記号とはラベル（あるいは名前）が対象を指し示すものであった．たとえば，「木」という記号は，実世界の木があり，それに「木」というラベル，あるいは名前が付いたと考えるのである．二元論に一票を投じる学者を概観されたい読者は [77, p. 88] を見ていただきたいが，その中にはロックなども含まれる．二十世紀

33

の初頭，ソシュールがこの二元論に転回をもたらした．ソシュールは，記号は，対象に貼り付けられるラベルではなく，名前こそが意味を分節する，と述べたのである．この転回については，次章でより詳しく見るとして，本章の範囲ではともかく，ソシュール以降はラベルが意味を規定すると考えられるようになった．「木」の例では，「木」というラベルが木のイメージを規定する，と考えるのである．ソシュールはラベルの持つ後付け的な意味合いを排除するためにも，記号の構成要素を指し示すもの（**シニフィアン**）と指し示されるもの（**シニフィエ**）と名付けた．もちろん，前者がラベル相当であり，後者が内容相当である．そして，この二つは記号の不可分な構成要素であるとした．この考え方は主としてイェルムスレウなどの記号論学者によって引き継がれた [116]．

　一方の三元論は歴史的にはギリシャ時代，プラトンやアリストテレスに遡るという [77, pp. 89–90]．ここでは，実世界の物あるいは対象がその物のイデア，あるいは本質を連想させ，これがラベルを想起させると考えられていた．たとえば，「木」の例では，実世界の木が，木のイデアを想起させ，ラベルとしての「木」に至る．つまり，ラベルとそれが参照する対象の他に第三の構成要素——イデア，あるいは本質——があり，この構成要素が他の二つをつなぐ役割を果たしていると考えられていた．デルダル [39, p. 194] によれば，この三元論はストア派に引き継がれ，すでにその時代に精緻なモデル化が行われていた．三元論に一票を投じたその後の哲学者のうち，本書で後に登場する人物にはライプニッツがいる．十九世紀になって，ソシュールが構成要素の役割を転回したように，パースは構成要素が想起される順番はプラトンのいう順番ではないと転回する[2]．ラベル相当の**表意体**が，イデア

---

[2] 本書では，パースの論は多く登場するが，パースの哲学上の様々な業績のどこまでをパース自身のオリジナルの業績とみなすことができるかについては論争がある．パースの思想の主たる部分はすでにアリストテレスやストア派に見られるものであると多くの学者が主張している．たとえば，デルダル [39, p. 193] はパースの記号モデルはストア派のモデルにかなり近いことを示している．パースの思想の根幹を明らかにすることは，著作の分量が多く，また当人の思想が生涯を通して変化して一貫しない部分も多いことから難しいとされる．どこまでがパースの業績かを明らかにすることは本書の範囲を超える．本書では，パースの最重要の思想の一部を，それが元々パースによるものかどうかは別として，議論の手がかりとするに過ぎない．

相当の**解釈項**を呼び起こし，**対象**に至ると提唱した [80, 2.228]．木の例でいえば，「木」というラベルが木の解釈を想起させ，これが木を参照する，というわけである．その後，三元論の立場は主に英語圏の哲学者や言語学者によりとられ，その中にはオグデン，リチャーズ [120] やモリス [76] がいる．

多くの哲学者・言語学者がそれぞれ独自の記号のモデルを提唱してきており，思想家ごとに何が記号のモデルに込められるのかは微妙に異なり，また，同じ三元論といっても後に述べるようにプラトンとパースでは考え方は異なる．しかし，構成要素の数だけを見るならば，ノス [77] が試みているように多くの説は二元論か三元論，あるいはその変種として分類することができる．とすると，自然にわき起こる疑問が，それではこの二つのモデルはどのように対応するのか，ということである．対応を明らかにすることができれば，それぞれのモデルの意義もより明確になり，構成要素の本質も理解することができるであろう．何より，形式的な考え方に慣れている読者であれば，そもそもこんな基本的なことが整理されていない学問体系など本当に「体系」といえるのかと疑問に思っても無理はないであろう．

ところが，ノス [77, p.93] によれば，この二元論・三元論の対応関係は「バビロンの混乱状態」であるという．何より，この問題をまともに考えようとした人は少ないし，厳密につきつめられてはいない．さらに，ざっと数十の思想家がそれぞれの考えで微妙に異なるモデルを提唱し，そのたびに構成要素に異なる名前を付けていることもこの混乱の大きな理由の一つである．

本章の目的は，このバビロンの混乱状態にある記号の二元論・三元論の対応関係を前章でみたプログラム例の差異を見ることを通して考え直すことである．何より，二つのモデルが錚々たる思想家によって提唱され，並置され続けてきたことから，一方に見られる概念は必ず何らかの形でもう一方にもあると考えるのが自然である．そして，記号のモデルの差異は，情報記号上も何らかの形で現れて当然であろう．

一口に二元論・三元論といっても，そこに含まれるものは思想家によるし，構成要素の名前が哲学者によって異なることから，本節では二元論者・三元論者それぞれから一人ずつ代表選手を選び，その思想に限って対応を考えることにする．本節の二元論の代表はソシュールであり，構成要素はソシュー

ルが付けた名前に従い，シニフィアンとシニフィエと呼ぶことにする．三元論の代表はパースとし，構成要素はパースの呼び方に従い，表意体，対象，解釈項を用いる．代表がなぜこの二人なのかといえば，この二人が現代記号論の父といわれる人物だからである．

3.2 二つの仮説

二元論・三元論の対応について，誰も反対しないことが一つある．それは，ラベル相当の構成要素である，シニフィアンと表意体の対応である．実際，どのような記号モデルを見ても，このラベル相当の構成要素がないものはなく，それらがすべて対応することに異論はない．ただし，その役割については諸説あり，この点は次章で詳しく論じることになる．ともかくも現段階では，シニフィアンと表意体が対応する．

とすると，残りの構成要素間に対応関係があると考えるならば，次の三種類の可能性しかない．

1. ソシュールのシニフィエがパースの対象と対応する．
2. ソシュールのシニフィエがパースの解釈項と対応する．
3. ソシュールのシニフィエがパースの対象と解釈項の両方に対応する．

ここで重要なことは，もし 1 が正しいならば，パースの解釈項が二元論のどこに現れるのかを明らかにしなければならないし，また，2 の場合には，パースの対象が二元論のどこに現れるのかを明らかにしなければならないということである．

ノスとエーコは，二元論・三元論の対応の問題を整理しようとした数少ない学者である．ノス [77, p. 83] は，記号を三元論で考えた場合の構成要素名を，媒介項 (sign vehicle)，参照 (reference)，意味 (sense) と呼び，次のように述べている．

「三元論は記号の媒介項，参照と意味を識別する．二元論は意味あるいは参照のいずれかの要素を無視している．」

参照と意味がソシュール，パースの構成要素のどれに対応するかはこの後すぐに見ることになるが，何より二元論の錚々たる提唱者をみると，彼らが全員，記号の構成要素となる何かを無視したり，忘れたり，見落とす，などということがありうるのだろうか．この疑問点をふまえて，ノスとエーコの説を具体的に説明する．

3.2.1　既存の仮説

ノスとエーコは上の三つの対応の可能性のうち，2 が解であるとする．つまり，ソシュールのシニフィエとパースの解釈項が対応するというわけである．ノスはこの解を以下のように示している．まず，ノスは [77, p. 59] において，ソシュールの記号モデルに以下のように言及する．

「二元論の重要な特徴は，参照される対象を記号のモデルから排除していることである．」

さらにノスは [77, p. 94, 図 M3] の中で，意味と参照と，他の記号モデルの構成要素との対応を表に示している．まず，ソシュールについては，意味がシニフィエに，参照が「もの」に対応するとする．ソシュールの「もの」とは実世界上のもので，記号モデルには含められない．実際，ソシュールは「言語は脳の中だけにある」[124, p. 89] と言明しており，記号の要素は心的なものであると考えていた．つまり，ノスが言う「ソシュールがモデルから排除している対象」とは「もの」を指す．一方，パースの構成要素との対応は，意味が解釈項，参照が対象に対応するとする．この二つの対応から，ノスは，パースの対象がソシュールの「もの」に対応し，パースの解釈項がソシュールのシニフィエに相当すると考えていたことがわかる．

エーコも二元論・三元論の対応に関する議論を展開しており，[42][43] において，ソシュールの**概念**とパースの解釈項が対応するとする．ソシュールの概念はシニフィエに相当するので [124]，解釈項がシニフィエに対応するとエーコも考えていることがわかる．他にも [42, p. 79] においてエーコは，「ソシュールの言語学においては対象は考えられていない」と述べている．

結局，ノスとエーコによれば，ソシュールとパースの記号モデルは以下の

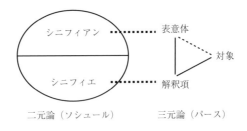

図 3.4 ノスとエーコによる二元論と三元論の対応関係

ように対応する．

- ソシュールのシニフィアンはパースの表意体に対応する．
- ソシュールの記号モデルには対象は含まれない．
- ソシュールのシニフィエはパースの解釈項に対応する．

エーコとノスによる二つの記号モデルの対応関係を図 3.4 にまとめて図示した．

3.2.2 新仮説

構成要素がどのように対応するかを考えるためには，ソシュールやパースがどのように記号モデルの構成要素を定義したかを見なければならない．まず，パースは [80, 2.228] において，対象を以下のように説明している．

「記号はあるもの，つまり対象を表す．記号がその対象を表すのはすべてにおいてではなく，ある種の概念を参照する点においてである．」

この後半の文における「すべてにおいてではなく」の部分は，パースが対象を二種類の対象に分け，記号に含まれる直接対象 (immediate object) と，記号に含まれない動的対象 (dynamical object) とに分けていることから説明される [80, 4.536]．直接対象は，[80, 4.536] において，「記号自身が表し，その存在がそれが記号の中でどう表現されるかに依存する」対象であり，上記の「ある種の概念」に相当する．ノスはパースの直接対象を「対象の心的な表現」であるとしている [77, p. 43]．一方，動的対象は「記号の表現を定める上で何らかの方法で寄与する現実」[80, 4.536] とあるので，記号に外在す

第 3 章 バビロンの混乱

る対象である．すなわち，記号モデルの中に含まれるパースの対象は，直接対象だけである．

ここで，パースの三元論と他の三元論との差に簡単に言及しなければならない．パース以外の学者が提唱する三元論の中には，対象がいわゆる実世界の対象である場合がある．たとえば，オグデン，リチャーズ [120] も三元論者であるが，彼らが言うところの対象とは，実世界対象である．古代の記号に関する考え方にもそのようなものが多い．一方，パースは，実体としての対象（動的対象）とその概念としての対象（直接対象）を分けており，パースの記号のモデルには後者しか含まれない．喩えていうならば，ボージャンの絵画（図 3.2）において，マンドリンの絵が想起するイメージが概念としての対象で，これは心に外在する実体としての実世界のマンドリンとは異なるということになろう．概念としてのマンドリンは直接対象であり，実世界のマンドリンは動的対象に相当するというわけである．パースの記号モデルは，対象が心的イメージであるところが三元論の中でも特徴的で，しかも説得力のあるところである．なぜなら，記号を心的なものとするならば，記号の要素も心的なものでなければならないからである．対象が心的なものであることは，2.5 節に紹介した，人の認識はすべては記号による，とのパースの汎記号主義の立場にも合うものであろう[3]．

このように，三元論では，対象が実世界対象なのか心的なものなのかの二

---

[3] この心的かどうかという観点から二元論・三元論の対比を歴史的な観点から筆者なりに述べると以下のようになる．歴史的には，ギリシャ時代の記号モデルは三元論で，その中のパースの対象に相当する要素は主として実世界対象であった．二元論が聖アウグスティヌスによって提唱されて以降，二元論の構成要素は次第に心的なものへと移行し，徐々に二元論が優勢になる．近代以降再び三元論が勢いを盛り返してきたが，その際，三元論も心的なものへと抽象化されたように思われるのである．フーコー [129, p.258] は十八世紀前半に見られる次の変遷を指摘している．
　「表象が，その諸要素のあいだに成り立ちうる結合を，表象それ自体から出発して，表象固有の展開において，表象を二重化する仕組みによって，基礎付ける力を喪失したのである．」
記号を媒介とする認識は，記号の指し示す対象により基礎付けられる．古代はその対象は実世界に根ざした対象であったのに，近代以降は記号の二元化を通して，対象が心的に仮想化し，この時に記号は基礎付けを失い始めた．それを引き継いだ形で三元論が再度台頭した時には，使用が記号を規定し，記号はさらに基礎付けを失った．つまり，記号の仮想化が進んだのではないかと思われる．

つの考え方があり，しかも歴史的には前者であったことを考えると，ノスやエーコが「心的」なものの対応から，パースの解釈項をソシュールのシニフィエと対応させたこともある意味納得がいく．しかし，パースによる対象の二つの区分をふまえて，ソシュールの二元論との対応を改めて考え直してみると，本当にパースの対象がソシュールの「もの」に対応するのかもはや疑問である．なぜなら，ソシュールの「もの」は，記号のモデルに外在する実世界対象であるから，動的対象に対応するかもしれないが，パースの直接対象は心的イメージである以上，これとは対応しえないからである．そして，やはり記号を心的なものとするソシュール自身はシニフィエを次のように述べている [124, p.118]．

> 「シニフィアン（聴覚的なもの）とシニフィエ（概念的なもの）は，記号を構成する二つの要素です．」

とすると，共に心的イメージである，概念ことシニフィエと，直接対象とが対応する可能性が出てくるのではないか．このように考えることは，二元論と三元論が共に実世界対象を必ずしも持たない記号，たとえば「もし」や「たとえば」など，に対しても適用可能となる点で利点がある．以上から，ソシュールのシニフィエとパースの直接対象が対応する可能性，すなわちこの 3.2 節の冒頭で示した解の候補のうち，1 番が可能性として浮上する．

その場合，パースの解釈項がソシュールのモデルのどこに現れるかを考えなければならない．パースは解釈項を次のように説明している [80, 2.228]．

> 「記号は人に働きかけ，人の心の中に等価な記号を作り出し，あるいはより発展した記号を作り出す．もとの記号が作り出すこの記号のことを私は解釈項と呼ぶ．」

パースの解釈項は，人間の思考としての**記号過程**[4]——記号の連鎖——の上で重要な役割を果たす．パースの考えでは，ある記号の表意体は解釈項を呼び，これは実は別の記号なので，その表意体が解釈項を呼び，その記号の表意体が解釈項を呼び，というように，無限に記号過程が生成される．パース自身は解釈項を記号の「解釈」(interpretation)[80, 8.184] であるとも説明して

---

[4] 用語集参照．

いる．つまり，解釈項は記号の解釈を呼び，記号過程を生成するもので，この機能はパースの記号モデルにおいては個々の記号の中に入れられているのである．たとえば，図 3.2 に示したボージャンの絵画においてマンドリンを五感のうちの聴覚を表現するものと解釈することは，マンドリンから想起されるものである．このようにパースの記号モデルには対象の心的な表現だけでなく解釈も含まれている．

すると，この「解釈」がソシュールのモデルの何に対応するのかを考える必要がある．これに対応するものがソシュールの記号モデルの中にあるならば，それはシニフィエ以外にはありえない．というのも他の構成要素がもうないからである．しかし，ソシュールのシニフィエや概念が，解釈に相当するものをどの程度含むかは，少なくともソシュールの一般言語学講義からは明らかではない [35][36][124]．

鍵は，パースが記号過程と解釈項を結びつけていることから，ソシュールのモデルに記号過程がどのように現れているかを考えてみることにあるだろう．ソシュールの思想では，記号の意味はシニフィエだけに含まれるのではなく，記号に外在する部分もある．ソシュールの思想において次の**差異**は重要な概念である [124, p.176]．

> 「価値という項に焦点を当てて述べてきたことを，次の原理によって，別のかたちで言い表すことができます．言語（つまり言語の状態）には差異しかないという原理です．差異というと，二つの実定的な項があって，そのあいだに差異があることを思い浮かべます．」

この思想はソシュールが記号系を全体論的な系であるとする点と大きな関係がある．全体論的な系とは記号の意味が記号系全体に及ぶということであり，これについては第 9 章でより詳しく論じる．ともかく，記号の差異は他の記号と対比されてはじめて立ち現れるものである．とすると，記号の解釈にまつわる記号の使用はソシュールの記号モデルの構成要素には含まれてはいないが，全体論的価値[5]として位置付けられていると考えることができる．

ここへ来て，別の仮説が浮上する．ソシュールのシニフィエはパースの直接対象に対応し，そしてパースの解釈項はソシュールの記号モデルに外在す

---

[5] 用語集参照．

る全体論的価値に内包されるという仮説である．このような考えは，ソシュールとパースの記号過程の違いとも整合する．パースは，表意体が記号の解釈項を想起し，それが別の記号であるのでその解釈項を呼び出すことを繰り返すことにより，記号過程が生成されると考えていた．記号を使用することにより生まれる価値はその記号の解釈項の中に含められており，記号モデルに含まれる．一方，ソシュールにおいては，記号過程は，別の記号により使われ，それがまた別の記号により使われ，それがまた別の記号によって使われることを繰り返すことで生成される．そして，記号が使われることで生まれる価値は，記号モデルには入れられておらず，全体論的な系の中の価値として存在する．このように考えると，ソシュールの二元論では，三元論の構成要素の何かが「無視されている」とノスが言うようなことはないということになる．

既存の仮説とこの新仮説のいずれが正しいかは，具体的な例を通して確認するほかはない．ここで情報記号の登場である．もし二元論と三元論が記号モデルとしての基盤であるならば，情報記号の世界にもそれは現れるであろう．そうであれば，二つの記号のモデルの対応も，情報記号の世界での対応を見ることにより明らかとなるであろう．

3.3 二つのパラダイムと記号モデル

前章の二つのプログラム例を思い出そう．2.4節ではプログラム中の記号の解釈層を記号の定義と使用に置いていることを述べた．それをふまえ，二つのプログラムを見ると，そこには大きな違いがある．図 2.1 に示した Haskell のプログラム例では，各形の面積を計算するための関数 area は，Rectangle, Ellipse, Circle といったデータ構造に**外在**するが，図 2.2 に示した Java のプログラム例では，**内在**する．問題は，面積計算 area と様々な形の定義をどのように関係させるかという点である．

図 2.1 では，形の面積を計算する関数 area の側でどの形の計算をするのかを振り分けている．引数[6]として与えられるデータがどの種類かにより，適用される計算が異なる．area 関数は 5～7 行目で形別に定義されており，こ

---

[6] 用語集参照．

れは 1~3 行目の形の定義とは別に行われている．

一方の図 2.2 では，area は各形のクラスに含められている．この点は Shape や Ellipse に area が含められていることからわかる．Rectangle や Circle に area 関数は見当たらないが，前述の継承の機能があるため，area 関数があるのと同じことである．area 関数は，各形クラスに属するものとみなされている．

この違いは使用においても現れる．図 2.1 の 15 行目において，面積計算は (area s) である．つまり，Haskell では，関数が形 s を引数として得て計算を行う．s はプログラム中のどこか知らないよその場所としての area において使用されることになる．一方，図 2.2 では，使用は 26 行目に s.area() と記述される．こちらでは形 s がクラスに属する関数 area を呼び出すのである．

第一の Haskell のプログラム例は**関数型プログラミング**というパラダイムを用いて記述されている [15][53]．このパラダイムを用いる関数型言語では，プログラムは関数による表現を用いて記述される．関数とは，入力となる集合から出力となる集合への射影であり，入力に対して関数を適用すると，出力を得ることができる．このパラダイムでは，データも含めてすべてを関数的なものとして捉える[7]．関数型言語では，適用する関数は適用される関数に外在するものとして記述される．ある関数がどのように使用されるかは，関数の定義中には含まれず，関数の定義はその関数の内容だけの最小限のものとなる．

一方の，第二の Java のプログラム例は**オブジェクト指向プログラミング** [8][74] という別のパラダイムを用いて記述されている．このパラダイムを用いるオブジェクト指向言語では，プログラムにおいて対象をオブジェクトという単位により構造化・モジュール化して表現し，オブジェクトはその対象の内容，関連機能すべてを最大限含む．計算はオブジェクト中に定義されている機能を呼び出すことで行われる．

---

[7] より専門的には関数が第一級のオブジェクトであるとみなす．

3.3.1 二元的識別子・三元的識別子

この二つのプログラム例の差がどのように記号の二元論・三元論と関係するのかを見てみる．

図 2.1 と図 2.2 を見渡すと，二つのプログラム例の識別子には，その構成要素の数の観点から二種類のものがみられる——二元的な識別子と三元的な識別子である．二元的な識別子はデータあるいは関数のいずれかを表現するのに対し，三元的な記号は両方を表す．

図 2.1 の Haskell のプログラムではすべての識別子が二元的であるのに対し，図 2.2 の Java のプログラムでは二元的識別子と三元的識別子が見られる．たとえば，Java プログラムの方では，4, 13 行目の area は二元的識別子であり，関数だけを表すのに対し，1, 7, 11, 16 行目の Shape, Rectangle, Ellipse, Circle はデータ構造と関数の両方を同時に表現する三元的識別子である．オブジェクト指向言語で二元的・三元的な記号が入り混じる背景には，オブジェクト指向的な考え方が後発のもので，徐々に昨今の言語に取り入れられるようになったという歴史的経緯がある．本書では二元論・三元論の対比が問題となっているので，この二元的識別子と三元的識別子を以降区別する．両方が混在するオブジェクト指向言語のプログラムでは，三元的識別子にのみ注目する．

二つの記号が関数適用により関係し，関係されるとき，関数型では関係する側に注目する一方で，オブジェクト指向は関係される側に注目する．関数型パラダイムの考え方は，計算対象をすべて——データですら——を関数のようなもの，他の記号に働きかけるものとして捉え，名前とその内容から二元的識別子として記述する．一方のオブジェクト指向パラダイムの考え方は，計算対象に関連する機能をすべてひとまとめに扱おうとし，ある記号 A に働きかける記号 B は，A に関するものとしてひとまとめにされ，名前 A，それが表す内容に加え，B がひとまとめにされて三元的に記述される．すなわち，関数的なプログラムが二元的で，オブジェクト指向的なプログラムが三元的である，という見方をすることができるだろう．以降本節ではこの点をもう少し詳しく論じる．

3.3.2 関数型パラダイムと二元論

本章では，二元論に基づく記号の構成要素はシニフィアンとシニフィエである．すべての関数型プログラムの識別子は，名前とそれが表す内容から構成されるから，名前がシニフィアン相当，内容がシニフィエ相当として捉えることができよう．たとえば，図 2.1 において，Rectangle は幅と高さを表現したが，この Rectangle の名前がシニフィアン，幅と高さを表す二つの Double がシニフィエであると考えることができる．シニフィアン Rectangle が，シニフィエとしての二つの小数をまとめる役割を果たすのである．このようなシニフィアンとシニフィエの関係は，関数についても同様である．area は関数の名前であり，面積計算がそのシニフィエであると捉えることができよう．

これらの二元的識別子はプログラムの中で他の識別子に呼び出され，使われる．たとえば，s は具体的な形を指し示すが，これは関数 area により使われる．Rectangle が何にどう使われるのかということは，Rectangle の定義中にはない．Rectangle がどう使われるかに関する記述は，それを使用する area の方にある（図 2.1 の 5 行目）．つまり，二元的な記号の世界では，記号が使われることに関する記述はその記号には付帯しない．識別子がどう使われるかは，その定義に外在し，関数型パラダイムでは記号のモデルに外在する使用が識別子に意味を与えることになる．

ソシュールの差異（3.2.2 節参照）に関する思想に沿う形で，関数型のプログラムでは使われ方の差異は有意味である．これは二つの同じ定義が，どう使われるかによって別の意味を持ちえることから説明される．たとえば，図 3.5 では，X と Y が定義されているが，これは名前は異なる全くの同型の定義である．しかし，同型のデータを二つ用意することは関数型では必ずしも冗長とは限らない．なぜなら，この例のように，X と Y は異なる使われ方をし，それが X と Y に付加的な意味を与えるからである．実際，このプログラムでは X は funX（1 だけ増加させる関数）に，Y は funY（1 だけ減少させる関数）により使われ，異なる関数に使われることが，X と Y の役割を別のものにする．つまり，記号 X や Y は，その内容には含まれていない価値を持つという

```
data X = X Int
data Y = Y Int

funX (X i) = i + 1
funY (Y i) = i - 1
```

図 3.5 同型の二元的識別子が，異なる使用を通して異なる価値を獲得するHaskellの例

ことである．このように二元的識別子の意味は，内容にすべてが含まれているわけではなく，内容に外在する使用がその識別子にさらに意味を与える．

3.3.3 オブジェクト指向パラダイムと三元論

三元論に基づく記号の構成要素は表意体，直接対象，そして解釈項であった．三元的識別子は，名前，データ構造，関数から成り，記号の三元論の構成要素と整合性が高そうである．たとえば，図2.2では，Shape は，データ構造として形の幅 width と高さ height を小数 double として含み，またこれに関連する機能として，面積計算のための関数 area を含んでいた．データ構造は，形の概念を幅と高さとして（きわめておおざっぱにではあるが）与え，これはパースの言うところの直接対象と対応しそうである．データ構造が解釈項であるということはありえない．というのも，幅と高さだけでは記号過程を生成しないからである．記号過程は関数が生成し，関数こそが解釈項に対応するであろう．たとえば，area 関数は，幅と高さから面積を実際に計算する．面積を求めるには積などさらなる記号を必要とし，記号過程が生成される．実際，面積は形のある種の解釈と捉えられなくもない．したがって，クラスに付帯する関数は，解釈項であると考えることができよう．そして以上の対応は，パースの記号生成のモデルとも整合する．パースの記号過程は，記号に内在する局所的な解釈項から生成され，記号過程の生成に記号系全体が必要であるということはない．同様にオブジェクト指向でも，関数の呼び出しはクラス内の関数を自身のデータに対して呼び出すことで行われる．

前節の二元的な場合には，異なる使われ方をする計算対象は同型であっても異なる意味を獲得することができた．オブジェクト指向では，異なる使わ

```
class X{                    class Y{
  int i;                      int i;

  X(int ii){                  Y(int ii){
    i = ii;                     i = ii;
  }                           }

  int fun(){                  int fun(){
    return i + 1;               return i - 1;
  }                           }
}                           }
```

図 3.6 異なる使われ方をする三元的識別子は異なるクラスを構成する Java の例

れ方をする計算対象はそもそも異なるものとして記述される．なぜなら，ある内容がどう使われるかはクラスに含められるからである．意味を付加するものはすべて記号内に入れてしまうのが，三元的なのである．前節の図 3.5 で見た X と Y の例は，オブジェクト指向パラダイムでは，図 3.6 のように記述される．X を使う増加関数と Y を使う減少関数は，X と Y に入れられ，X と Y のクラスはもはや同型ではない．すなわち，三元的識別子においては，識別子に意味を与えうるものは，すべて定義中に含められる．何らかの意味で異なる二つの三元的識別子は，クラスの中にその差が現れる．

このように，関連するすべての機能をクラスに含めて記述することは，完全に追求することは実は難しい側面がある．たとえば，次のような関数型のプログラムを考えてみる．

$$k \ (X \ i) \ (Y \ j) = i + j \tag{3.1}$$

このプログラムでは k が関数で，X と Y は図 2.2 の 1~3 行目に定義されたようなデータである．すると，これをオブジェクト指向的に記述するならば，X と Y は関数 k をそのクラス内に共に含まなくてはならない．すると，どのように k の定義を二つのクラスで共有するのかといったような問題が起こる．つまり，現在の一般的なオブジェクト指向言語では，注目すべき重要な一部の内容だけが三元的に記述され，すべてがオブジェクト指向的に記述されるわけではない．このことは，現在のオブジェクト指向言語のプログラム

が三元的識別子と二元的識別子を併用して記述されることに現れているといえよう．

3.4 二元論・三元論の対応

記号の二元論・三元論の対応について再考しよう．前の二節では，HaskellとJavaの形に関する単純なプログラムの識別子に関する表現が，ソシュールとパースの記号モデルの構成要素とどのように対応し得るかを見た．ソシュールと関数型ではデータ名や関数名はシニフィアンに対応し，データ構造や関数の内容はシニフィエに対応した．また，パースとオブジェクト指向においては，クラスの名前が表意体に対応し，データ構造がパースの直接対象に対応し，それを使う関数が解釈項に対応した[8]．二つのプログラムにおいて共通部分がどのように対応するかを考えると，次のような形式的な対応を導くことができる．

- ソシュールのシニフィアンはパースの表意体に対応する．
- ソシュールのシニフィエはパースの直接対象に相当する．
- パースの解釈項は識別子の使用に相当する．パースの記号モデルでは，記号の使用は解釈項として記号モデルの中に埋め込まれ，記号過程は解釈項を次々に呼ぶことによって生成される．ソシュールにおいては，記号過程は記号が別の記号に呼ばれ，それがまた別の記号に呼ばれることにより生成される．ある記号の使用によって記号に付される価値は記号モデルに外在し，それは記号を併置した際の差異として現れる．

この対応関係は，3.2.2 節で，パースとソシュールの定義から導いた新仮説と合致するものであり，図 3.7 に図示されている．二元論・三元論の差は，結局は使用が記号モデルの内か外かという差である．二元論では記号はよそから呼び出されることで使用され，この使用が生み出す記号の価値は，記号系

---

[8] ここでは，第 2 章の例に基づく説明を展開してきた関係で，「データ構造」「関数」がそれぞれ「直接対象」「解釈項」に対応する，としているが，直接対象に相当するものは「データ構造」に限るわけではなく，「関数の定義内容」である場合もあり，その場合にも本文のこれまでの論はそのまま当てはまる．関数を三元論的に記号として表すときがその場合に該当し，関数名が表意体，関数の定義内容が直接対象，関数を用いる別の関数が解釈項に相当する．

第 3 章 バビロンの混乱

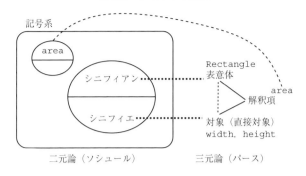

図 3.7 記号の二元論・三元論の対応関係に関する本書の仮説

全体にばら撒かれているのに対し，三元論では，記号は記号に内在する解釈を呼び出すことで使用され，その価値は記号モデルの中に埋め込まれて記号ごとに付与されている．

　この仮説を本章の冒頭で見た二枚の絵画に適用してみるならば，ソシュールのシニフィアンとパースの表意体は，二枚の絵画における視覚表現に相当するであろう．ソシュールのシニフィエとパースの直接対象は，描かれた静物の（鑑賞者や画家の頭の中の）概念イメージに相当するであろう．ソシュールの差異とパースの解釈項は，この概念イメージに付帯する様々な解釈に相当するであろう．シャルダンの絵画は比較的二元的であり，各静物の表現の差と全体の中での構図から，各静物の表情がわかる．一方，ボージャンの絵画の各静物には，明快な言語的な解釈が込められており，三元的な性格が際立つ．各静物ごとの個別の解釈の連関が絵画全体のメッセージとしての記号過程へと紡がれる．

　プログラミングに話を戻すと，二元論・三元論のいずれがより優れているのか，ということについては，一長一短であるということになる．関数型の考え方は，対象に関する記述が最小限にとどめられる一方で，その計算対象が関係する包括的全体はプログラム全体に分散する．一方，オブジェクト指向の考え方は，対象の包括的全体をひとまとめにする効果がある．しかし，このようなモジュール化の効果をすべての計算対象について得ることには様々な難しさがあるため，二元的識別子と三元的識別子が併用されることは，図

2.2のプログラム例においてすでに見たとおりである．現在，オブジェクト指向言語を用いるプログラマは二元的・三元的識別子を使い分けながら，プログラムを記述するのである．

　本章で提示した新たな仮説の下で最も重要なことは，二元論・三元論は形式的に互換である，ということである．どちらのモデルも，もう一方のモデルにある何ものをも無視してはいない．一方のモデルに含まれるものは他方のモデルにも現れる．これは，どちらのパラダイムでも，書き方は変わるかもしれないが同じことが表現できるということである．実際，前章で挙げた二つのプログラムサンプルでは，単純すぎる例ではあるとはいえ同じことが記述されており，出力も全く同じであり，これは大規模なプログラミングでも同様である．違いは定義されたものの使用の記述方法——識別子の定義の内か外か——だけである．本章の仮説が正しいならば，パースのモデルの解釈項を記号モデルから外に出すと，ソシュールのモデルが得られる．二人は同等のことを異なる形で述べているに過ぎない．二元論と三元論は互換であり，この対比は情報記号上は異なるプログラミングパラダイムとして現れるということである．

3.5　まとめ

　ソシュールによって提案された記号の二元論とパースによって提案された記号の三元論の対応が議論された．これまではパースの解釈項がソシュールのシニフィエに対応し，二元論にはパースの対象に相当するものが不在であると考えられていた．本章では，ソシュールとパースの記号の構成要素に関する言質を再考することで，これとは別の仮説を提案した．パースは対象を直接対象と動的対象の二つのものに区分しており，直接対象は心的なものである一方で，動的対象は記号に外在するものであるとし，直接対象だけを記号のモデルに含めている．本章で提案する新しい仮説では，直接対象こそはソシュールのシニフィエに対応し，そしてパースの解釈項は，ソシュールの差異，つまり記号を使用することにより生まれる価値を担う，と考える．すなわち，パースの解釈項を記号モデルに外在させることによりソシュールの

第 3 章　バビロンの混乱

表 3.1　ソシュールとパースの記号の構成要素に関する用語と，本書の用語

	二元論		
ソシュール	シニフィアン	シニフィエ	全体論的価値
	三元論		
パース	表意体	直接対象	解釈項
本書の用語	指示子	内容	使用

記号モデルが得られ，二元論・三元論は互換である．この仮説はプログラム中に現れる識別子を二元論・三元論の観点から捉え直すことにより検証され，二元論・三元論は関数型ならびにオブジェクト指向というプログラミングパラダイムに相当し，少なくともプログラム上の対応においては，新仮説の正当性が論じられた．

　新仮説は，バビロンの混乱に対する本書なりの解である．記号の二元論・三元論の構成要素の対応関係を，最後に表 3.1 にまとめた．以降，パースの対象に言及する時は，特に断らなくても直接対象を指すものとする．表の最後の行には，本書の用語が示されている．記号の構成要素に今後言及する際には二つの文脈がある．第一は，記号論学者の枠組みの中で議論を進める時である．この場合は，学者の用語の日本語訳をそのまま用いる．たとえば，ソシュールやパースの論の上では，その構成要素は，シニフィアンや表意体といった日本語訳をそのまま用い，本章でもそのように議論を展開した．第二は，本章の仮説的結論をふまえて，記号の構成要素に関して一般的な議論を展開する場合である．この場合には，最終行に示した筆者の語 —— **指示子，内容，使用** —— を用いる．これらの語は記号の各構成要素の意義をふまえ，また，関連用語の混乱度合いをふまえて選択した[9]．ただでさえ記号の構成要素がバビロンの混乱を極める中，新たな構成要素の呼び名を導入することはしたくはないとはいえ，何らかの用語を定めておかなければならない．

[9) 原著の [101] では，「指示子」の英語は signifier であり，ソシュールのシニフィアンに対応する英単語をそのまま踏襲している．その訳としてシニフィアンやシグニファイアーは，日本語版ではいかにも不具合であることから，本文に示したような理由から「指示子」を用語として選択した．

本書で対象としている情報記号が「識別子」であることからこれに準じてシニフィアンに対応する語として**指示子**を選択した．言語学上の「指示詞」とは当然のことながら意味が異なるので，注意されたい．「内容」については，「対象」(object) も適切ではあるのであるが，「対象」は 3.2.1 節でも見たように実世界対象を含むことがあるので，あくまで心的な範囲での対象を表現するために**内容**とした．**使用**については，「解釈」などとすることも考えたが，「解釈」は情報科学においてはプログラムの処理行程の一部を意味することもあり，本章の結論から「記号を使うことによって生まれる価値」を表すものとして**使用**を選択した．なお，表の最終行で三つの構成要素にそれぞれ語を用意したからといって，筆者は必ずしも三元論者というわけではない．本章でも見たように，ソシュールとパースの範囲では二元論・三元論は互換であり，さらに次章でみることになるが，二つのモデルはある条件下では等価となることが示され，もはや二元論・三元論の区別は本書の仮説の下では無意味となる．

　本章をふまえて記号の構成要素を整理すると，本書では，記号には内容——what あるいは**意味論**的なもの——を司る構成要素と，使用——how あるいは使用，**実用論**的なもの——を司るものがある，ということになる．すなわち，記号とは semantics と pragmatics を表象する媒体である[10]．

　硬い内容の本書をより親しみやすくする目的で，また各章の論点を比喩的に説明する目的で，各章の冒頭に絵画や彫刻を入れている．芸術は専門外であり，直観的な素人的な議論しか行うことができないことは第 1 章でも断わったとおりである．とはいえ，記号の各要素の概念が規定され，これを絵画に適用する上では，絵画についても記号とそれぞれの要素，そして解釈層を本書でどのように考えているのかについて述べる必要があるであろう．

　本書で参照する絵画や彫刻は，それ自体が記号であり，何かの内容や主題を解釈的に表す視覚表現である．まず，この視覚表現が本書では指示子に相

[10) 本書では pragmatics の日本語訳としては「語用論」ではなく「実用論」を用いる．本来 pragmatics とは広く使用の観点から記号や対象の振る舞いを論じる立場をいい，言語学の意味での「語」の使用にとどまらない．このことから，本書では pragmatics の訳として「実用論」を一貫して用いる．

当するものとみなす．内容は，絵画が表現する主題のことであるとみなす．それには，パースの直接対象と動的対象の区分同様に，画家あるいは鑑賞者の心的イメージと，実世界対象がありうるであろう．たとえば，マンドリンが絵として描かれていたら，それが呼び起こすマンドリンの心的イメージと，実対象としてのマンドリンは異なるものである．本書では，絵画における内容とは，心的イメージのことを指す．この点，プログラムの場合との差は，プログラムにおける「内容」は，第 6 章と第 10 章を除いて，識別子の定義内容としてプログラム中に現れるものであるが（2.4 節参照），絵画の場合には，内容は人の心的イメージである点が異なる．このような差は，プログラムは機械の上で解釈される以上，内容も含めて記号として明示的に与えられ，究極的にはビット列として表現されるのに対し，絵画の場合は解釈系が人間であるので，内容は心的イメージとなる．もっともそれも記号であるというのが汎記号主義の立場であるが，絵画のような分野でそこまで主張はしたくはない．最後に，絵画における使用，あるいはパースの解釈項に相当する記号の構成要素は，主題の解釈に相当する．これも画家本人によるものと鑑賞者によるものがあるであろう．また，解釈と一口に言っても，ボージャンの絵画のように言語的な解釈から，主題を描くにあたって用いられる構図や色，スタイル，絵画技法など表現上の解釈も含まれる．何より芸術について考える上で難しいのは，表現と内容と解釈が完全には峻別できない点にある．このことは，情報記号にも関わる本質的な問題であるばかりか，記号の本質でもあり，その点を次章以降論じていく．

　本章の締めくくりに，本書の地図を図 3.8 に示した．この図には複数の記号系が表現されており，各章の主題の位置付けがその中に示されている．次章以降，何の話をしているのかわからなくなった読者はこの地図に戻ってきて，居場所を確かめてほしい．

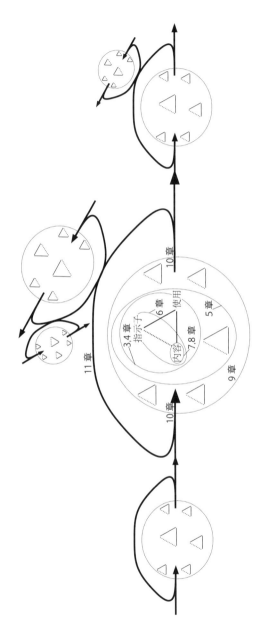

図 3.8 本書の地図

本書の第Ⅰ部の最初の二章（第 3 章，第 4 章）は，記号のモデルが主題である．第 5 章は複数の記号がある時に対比される二つの関係構造が主題となっている．第Ⅱ部は構成要素の範疇に焦点が当たっている．第 6 章は指示子が内容を表す三つの異なる表現レベルを論じている．第 7 章と第 8 章は内容の範疇についてである．第Ⅰ部と第Ⅱ部をふまえ，記号系全体に目を向ける．第 9 章は内容の内的な構造についてである．第Ⅲ部の記号系の外部との入出力に関する議論，最終章は記号系自身を含めた複数の記号系の関わりについてである．第 10 章は記号系の外部との入出力に関する議論である．

第4章 記号が一体化する時

> このように，いろいろな言葉がさまざまな文句のうちにしかるべきところで用いられるのをしばしば聞いて，わたしはそれらの言葉がどのようなものの符号であるかを推知するようになった．そして私の口はそれらのしるしになれてきて，わたしはもう自分が心に思うところをそれらによって告げるようになった．
> 聖アウグスティヌス『告白』[142, 第1巻, 8章, p. 22] から．

4.1 記号の基本的性質

前章で見た二枚の絵画のような明確な二元論と三元論の差を，絵画において一般に考えることは難しい．というのも，内容と解釈は渾然一体となることがままあるからである．たとえば，図4.1と図4.2を見てみよう．この二つの絵画は，その題から主題は明確であり，前者は松林，後者はノーハム城である．しかし，題が与えられていたとしてもこの絵画を見て描かれている内容を具体的に想起することは難しい．ここには画家による主題の解釈が表現されており，もはや解釈そのものが主題であるともいえる．実際，画家はキャンバスの上で自分の求める表現に到達すべく試行錯誤したに違いない．修正を繰り返した結果到達したこの表現自体が主題であり，同時に解釈でもあるのであろう．このような絵画が二元的か三元的かと考えることにはもはやあまり意味がない．記号としての絵画が一体化した主題と解釈を表象する．

本章では，このような記号の構成要素としての指示子，内容，使用が溶け合う契機を見ることを通して各構成要素の役割について考える．その手がかりとして，まず，構成要素が少ない二元論代表のソシュールが，構成要素としてのシニフィアンとシニフィエをどのようなものとして考えていたかを見てみることにしよう．

ソシュールはシニフィアンとシニフィエが不可分であるとし，「言語上の実体を手にするための最初の条件は，二つの要素の結合が存在していなくてはならず，またその結合を保たなくてはならない」[124, p. 101] と述べてい

図 4.1　長谷川等伯 (1539–1610); 松林図屏風, 東京国立博物館

図 4.2　ウィリアム・ターナー (1775–1851);
ノーハム城, テート・ギャラリー

る．シニフィアンとシニフィエは記号の二つの側面であって実体的要素ではない．ソシュールはこれを紙の表裏 [77, p. 59] のような関係に喩えており，シニフィアンとシニフィエがソシュールの記号モデルの要素である以上，この喩えは納得がいくかにみえる．

しかし，自然言語においても語の内容は時と共に変化し，シニフィアンとシニフィエの結びつきが紙の表裏ほどに不可分なものかは疑問に思われることがある．このようなシニフィアンとシニフィエの結びつきに関する不確実さは，ソシュールの最初の原理に現れる．ソシュールによるとこれは最重要の原理であり次のようなものである [124, p. 76]．

「言語記号は恣意的です．」

恣意性とは，シニフィアンとシニフィエの結びつきに何ら必然性はないということである．情報記号の場合には，すでに 2.3 節で見たように，識別子はユーザが自由に選ぶことができ，必要な場所で同じ記号が使われる限りにおいては何でもよいという点で，全くもって恣意的である．一方，自然言語では，人は社会の中で言葉を用いるため，互いに通じ合うためには皆が同じ記号を用いる必要があり，したがって記号を自由に選ぶことができず，記号は必然的に決まったものを用いなければならないように見える．このため，自然言語での記号の恣意性は発見される必要があったのである．ソシュールは，言葉のこの社会的側面を**社会的慣習**とし，これを原因として，記号は恣意的であるが同時に束縛されてもいるという，一見矛盾するように見える性質が記号にはあることを述べている．ソシュールはまた，恣意性については，**絶対的な恣意性**と**相対的な恣意性**があることにも注目している．ソシュールの例を借りれば，poire（仏語で「梨」），vingt（数 20），neuf（数 9）は，何からも派生したものではないという意味で絶対的に恣意的な例であるが，ここから派生した単語 poirier（梨の木）や vingt-neuf（数 29）[124, V 章, p. 85] は，相対的に恣意的な例である．

以上，ソシュールの述べるところでは，シニフィアンとシニフィエの結びつきは必然的でないとし，一方で，記号は二つの不可分な結合であるとする，一見相対する考え方が同時に成り立つというわけである．さらにソシュール

は，シニフィアンとシニフィエの存在自体をも危うくすることを以下のように述べている [124, pp. 176–177]．

> 「言語には差異しかないという原理です．差異というと二つの実定的な項があって，その間に差異があることを思い浮かべます．しかしながら，言語には実体的な項のない差異しか存在しないのです．……ものごとは結局，記号の恣意性という根本的な原理にたどりつきます．」

この**差異**に関する引用は，前章でも前半部分を紹介した．これは，第9章で論じるソシュールの構造主義の根本にある考え方でもある．結局，記号系はシニフィアンとシニフィエの，シニフィアン同士の，シニフィエ同士の，関係の織りなす系であり，同じ連関を表すことさえできれば，シニフィアンには必然性はない，ということである．

以上，ソシュールは，記号は不可分でありながら，シニフィアンは恣意的であり，記号には差異しかない，と一見矛盾するかに思えるようなことが合わせて成り立つと言う．ソシュール自身，記号の単位，恣意性，差異をめぐる以上の観察が「逆説的」である，とたびたび言及していることから [124, pp. 169, 176]，当人も自分の結論について迷うところがあったのかもしれない．本章のテーマは情報記号におけるこの逆説についてである．鍵となるのは，上の三つのことに共通して表れるシニフィアンにある．記号におけるシニフィアンの役割を明らかにすると，なぜ三つのことが合わせて成り立つのかが明らかとなろう．

シニフィアンの役割を明らかにするには，社会的慣習など何もない，完全な恣意性が成立する形式的な世界での方が考えやすい[1]．というのも，度々述べてきているように，もともと情報記号におけるシニフィアンとシニフィエの関係は堅固なものではないのである．その世界において，構成要素の役割に焦点を当て，どのような場合に，指示子，内容，使用が一体化するのかを考えることでソシュールの言う「逆説」を解消することを試みる．

---

[1] プログラミングにおいて社会的慣習は，実はある．たとえば，基本的なデータ構造や関数には決まった名前が用いられ，この社会的慣習を超えて別の名前を付けることはあまりない．しかし，これは 2.4 節で導入した，解釈層を自然言語において考えた場合であって，プログラムやハードウエアにその層を置いた場合は，情報記号は完全に恣意的である．

第 4 章 記号が一体化する時

　前章までサンプルとして見てきたプログラムは，高機能の今日的なプログラミング言語により記述されていた．これら言語には，前章で見たように，また第 II 部でより詳しく見るように，同じ情報記号といっても様々な種類があり，本章の議論にはあまり向いてはいない．本章のテーマが記号の最も原初的な単位や関係にあることをふまえ，前章まで見てきたプログラムには次章以降再び立ち返ることにし，本章では最も原初的なプログラミング体系としてラムダ計算を対象とする．ラムダ計算は計算の本質を記述するために二十世紀の初頭に考えられたものであるが，必要最小限の機能しかない言語ながらその記述力と形式性の高さから，プログラミング言語だけでなく，モンテギュー文法など自然言語の形式的意味の記述系としても使われてきた経緯がある．このように広く言語の形式的記述系として使われてきた背景には，ラムダ計算に言語の一つの本質——記号——に関する原理が含まれているからであろう．本章では，ラムダ計算上で，上に述べたソシュールの逆説がどのように説明されるのかを見る．

4.2　ラムダ計算

　まずラムダ計算について簡単に紹介する．ラムダ計算についてよく知っている人は本章を飛ばして先に進まれたい．が，プログラマであっても必ずしもラムダ計算について知っているというわけではない場合もあろう．というのも，ラムダ計算は確立した体系ではあるが，実用的なプログラムを書くために用いることはあまりないからである．といって，本節のラムダ計算への導入は，上に述べた記号に関する議論を次節以降展開するために必要な範囲での，必要最小限の例を通じた簡単な概要にとどめられる．ラムダ計算をより詳しく学んでみたい読者は [10][26][51] などを参考にしてほしい．

　ラムダ計算はチャーチとクリーネによって 1930 年代に打ち立てられた計算論の体系である．もともとは，計算可能性を形式的に論じるために考案された．ラムダ計算はユニバーサルプログラミング言語——すなわち，計算可能な関数をすべて記述することが可能なプログラミング言語——で，チュー

リングマシン[2])と等価であることが示されている．

　形式的には，ラムダ計算は 1. 関数の定義と 2. 置換から成る．ラムダ計算を記述する文法は，次のような文脈自由文法を用いてわずか 3 行で定義される．

$$
\begin{aligned}
&\text{<expression>} ::= \text{<identifier>} \\
&\text{<expression>} ::= \lambda \text{<identifier>} . \text{<expression>} \\
&\text{<expression>} ::= \text{<expression><expression>}
\end{aligned}
\tag{4.1}
$$

ここで，<expression> <identifier>はそれぞれ，式と識別子を表現する．::=は，チョムスキー流の再帰的な書き換えに基づく文法定義を示す [24][3]．1.5 節に記載したように，本章ではラムダ計算の式の構造を視覚的にわかりやすくするために，上記文法にはない括弧を用いることがある．以降では，この文法とそれに基づいて生成される言語を LG と記述する．

　この文法の第一行目は，記号としての識別子が，式に属するものであることを示している．第二行目は，記号を複合させることで関数を式として構成することを示している．最終行は二式の並置が再び式となることを示している．

　まず，ラムダ計算がどのようなものであるかを直観的にみるために，整数と四則演算がすでにラムダ計算の体系に含まれているものとして，例を先にみる．実際には整数も四則演算も上の定義にはないが，この点は本節の後半で上記の文法の範囲内でラムダ計算として表現しうることを説明する．まず，LG の第二行目により λ という記号を用いて関数が構築され，これはラムダ項といわれる．以下はラムダ項の例である．

$$
\lambda x.x + 1 \tag{4.2}
$$

この式は x に 1 を足すという関数を表現している．ラムダ項においては，λ のすぐ後に示される識別子<identifier>の有効範囲（スコープ）は，その後に来

---

[2]) チューリングマシンとは，計算のための抽象機械であり，計算可能な関数を記述するためにチューリングにより提案された．チューリングマシンは記号を記憶するテープ，テープの位置を示すヘッド，表から成る．計算は，表に基づく状態遷移機械として記述される．表には，各入力に対し，マシンの操作としてのヘッドの動作とテープへの読み書きが示される．入力は，マシンの状態（ヘッドの位置とテープの内容）である．チューリングマシンは，入力に対して表に従ってマシンの状態を遷移させることを繰り返すことで動作する．

[3]) この記法は，バッカス–ナウアー形式といわれ，[9] に基づく．

る<expression>，つまり後続する式の中だけに限定される．上の例では，λ の右側の<identifier>は x であり，<expression>は x + 1 に相当する．x のスコープは x + 1 で，x は式 x + 1 の範囲でだけ有効である．x は何でもよく，x がすべて同じものに代えられるのであれば，他のどのような記号でもよい．たとえば，ohDear を用いて，λ ohDear.ohDear + 1 と記述してもよい．この意味で，ここで導入される識別子は恣意的である．

外側のラムダ項で導入された識別子が，内側のラムダ項中で使われることもある．たとえば，下記の式を見てみよう．

$$\lambda x.x + y \tag{4.3}$$

x はこのラムダで導入され，有効範囲が明確であるが，y はそうではない．この y は，このラムダの外側のラムダで λ y として導入され，y の有効範囲の中に上記 x のラムダが含まれている．つまり，下記のようになっている．

$$\lambda y.(\cdots (\lambda x.x + y) \cdots) \tag{4.4}$$

最初のラムダは y を導入し，その有効範囲を示し，その中に x のラムダ項が含まれている．

ラムダ項はこのように記述され，他の式と並置される．ラムダ計算では，ラムダ項が並置されることで計算が進むことが意味解釈上定められている．計算は識別子の置換により行われ，これを β 簡約という．たとえば，(λ x.x + 1) 2 は 1 を足すラムダ項と，2 の二式を並置しており，第一のラムダ項は上の文法 LG の第三行目の右辺の最初の式，2 は 2 番目の式に相当する．このような並置により，二式は β 簡約される．β 簡約では，1 番目のラムダ項の識別子（この例では x）が，2 番目の式（この例では 2）で置き換わり，有効範囲内の式が簡約される．この簡単な例は → を簡約を表すものとして，次のように順次簡約される．

$$\begin{aligned}&(\lambda x.x + 1)\ 2 \\ &\to 2 + 1 \\ &\to 3\end{aligned} \tag{4.5}$$

次の β 簡約の例は，ラムダ項を二つ並置し，簡約が行われ，より簡単な式になることを示している．「何かの関数を 2 回 3 に適用すること」と「何かに 1

足すこと」を並置することで，5が得られる例である．

$$
\begin{aligned}
&(\lambda \mathrm{f.f\ (f\ 3))\ (\lambda x.x\ +\ 1)} \\
&\rightarrow (\lambda \mathrm{x.x\ +\ 1})\ ((\lambda \mathrm{x.x\ +\ 1})\ 3) \\
&\rightarrow (\lambda \mathrm{x.x\ +\ 1})\ (3\ +\ 1) \\
&\rightarrow (\lambda \mathrm{x.x\ +\ 1})\ 4 \\
&\rightarrow 4\ +\ 1 \\
&\rightarrow 5
\end{aligned}
\tag{4.6}
$$

ラムダ項が並置され，計算が行われる過程は，必ずしも一つとは限らない．たとえば，次の簡約例では，上の2行目から3行目への簡約において，置換を行うラムダ項が異なる．

$$
\begin{aligned}
&(\lambda \mathrm{f.f\ (f\ 3))\ (\lambda x.x\ +\ 1)} \\
&\rightarrow (\lambda \mathrm{x.x\ +\ 1})\ ((\lambda \mathrm{x.x\ +\ 1})\ 3) \\
&\rightarrow ((\lambda \mathrm{x.x\ +\ 1})\ 3)\ +\ 1 \\
&\rightarrow (3\ +\ 1)\ +\ 1 \\
&\rightarrow 4\ +\ 1 \\
&\rightarrow 5
\end{aligned}
\tag{4.7}
$$

このように，ラムダ項の簡約の順序は必ずしも一意には定まらないが，チャーチとロッサーはどのような順番で簡約したとしても，最終的に何らかの式が得られ，それがそれ以上簡約できない場合には，その式は必ず一意であることを示した．これをチャーチ・ロッサーの定理という [27]．

ここまでは，数とその四則演算がラムダ計算中にあることを前提として話を進めてきたが，数や四則演算も上に定義した文法LGだけで記述することができることをチャーチは示している．チャーチは，[25]において，次のラムダ項が自然数と代数的に等価であることを示しており，これはチャーチ数と言われる．

$$
\begin{aligned}
&\lambda \mathrm{f.\lambda x.x} &&\text{は}&& 0\text{を表し,} \\
&\lambda \mathrm{f.\lambda x.f\ x} &&\text{は}&& 1\text{を表し,} \\
&\lambda \mathrm{f.\lambda x.f\ (f\ x)} &&\text{は}&& 2\text{を表し,} \\
&\lambda \mathrm{f.\lambda x.f\ (f\ (f\ x))} &&\text{は}&& 3\text{を表し,}\cdots
\end{aligned}
\tag{4.8}
$$

簡単には，各式中のfの回数がどの自然数かを示している．与えられた数を1増やすラムダ項は，下記のように表現される．

$$
\lambda \mathrm{c.\lambda g.\lambda y.g\ ((c\ g)\ y)} \tag{4.9}
$$

第 4 章 記号が一体化する時

たとえば，2 を 1 増やす計算は，下記のようになる．1 増やすラムダ項が，2 を表現するラムダ項と並置され，簡約が進む（下線が引かれた部分が簡約される）．

$$
\begin{aligned}
&1 \text{ 増やすラムダ項を 2 に適用すると} \\
&(\lambda \underline{c}.\lambda g.\lambda y.g\ ((\underline{c}\ g)\ y))\ \underline{(\lambda f.\lambda x.f\ (f\ x))} \\
&\to \lambda g.\lambda y.g\ (((\lambda \underline{f}.\lambda x.\underline{f}\ (\underline{f}\ x))\ g)\ y) \\
&\to \lambda g.\lambda y.g\ ((\lambda \underline{x}.g\ (g\ \underline{x}))\ \underline{y}) \\
&\to \lambda g.\lambda y.g\ (g\ (g\ y)) \\
&3 \text{ を意味する．}
\end{aligned}
\tag{4.10}
$$

このように，1 を足す計算が記号の置換，つまり β 簡約により表現される．同様に，より大きな数の足し算も記号の置換として表現することができる．そして，引き算，掛け算，割り算も同様にラムダ項だけで表現できる．このように，ラムダ項だけで数と四則演算を表現することができる．同様に，`if ... then ... else ...`や，ゼロと等しいかどうかを調べる `iszero` といった関数（これは後ほど登場する関数）もすべて LG だけで表現することができる．このことをふまえ，本章では，議論のわかりやすさのために，これら基本的な関数はすでにラムダ項として表現されているものとし，普段用いられる記号により表す．また，和の表現も，ラムダ計算の正式な記法では `((+ x) y)` であるが，よりなじみのある `x + y` の表現を用いるものとする．

このように，LG は小さな枠組みであるにもかかわらず，その記述力はチューリングマシンと同等で，そこで計算可能な関数をすべて記述することができるとされる [34][87, p.160]．すなわち，計算は β 簡約で表現でき，所詮は記号の置換なのであるということである．

ラムダ計算はこのように単なる置換に基づくにもかかわらず，高い記述力を有しているため，プログラミング言語の理論的研究の基盤として用いられてきた．そればかりか，自然言語についてもその形式的意味論において活用されてきた．自然言語の形式的意味論は古くはラッセルやフレーゲの論理式による記述に遡る [67]．論理式を用いた意味の形式的な記述にラムダ計算の枠組みが取り入れられ，この記述形式が，カルナップやクリプキが提唱した可

能世界[4])の枠組みと融合し，モンテギュー文法 [23][75][79] では自然言語の意味を形式化する．このように自然言語の形式的意味をラムダ計算として捉える試みは，大まかには意味解釈を置換として捉えることにも相当するだろう．

このように言語的な系の形式化が，プログラミング言語ばかりでなく自然言語ですらもラムダ計算により行われることの背景には，言語の本質としての記号の原理がラムダ計算に備わっているからではないだろうか．次節では，ラムダ計算における記号の捉え方についてより記号論的な立場から論じる．

4.3 ラムダ項と記号のモデル

前章では二元論・三元論の観点から二つの記号モデルを説明したが，本章では，ラムダ項に対してこのモデルがどのように適用されるかをみることで，記号モデルの構成要素の役割について考える．この章は，まず，ソシュールの思想の説明から入ったので（4.1 節），本節では記号の二元論とラムダ項の関係について論じた後，パースの三元論の適用を 4.5 節以降で考えることにする．

どのような記号モデルにおいても，記号の構成要素には二つの機能が考えられており，それは**分節**と**名前付与**である．ソシュール以前の二元論と，ソシュール以降の二元論の差は，分節の役割を記号モデルのどの構成要素に持たせるかという点にある．

本書における「分節」とは，記号の単位を構成することをいう．言ってみれば，ある記号が表す意味を切り出すことである．このような単位の構成は，実世界に基礎付けられて行うこともあるが，複数の記号により行うこともある．たとえば，自然言語において「冷たい」という語がどのような意味かは，体感で各読者において分節されているであろうが，「温度が低く，ひややかに感ずる」（『広辞苑』）と言葉により分節されることもある．この後者の例同様に，ラムダ項では複数の記号の複合体として，一つの単位をラムダ項としてまとめる．たとえば，$\lambda \text{x.x} + 1$は「何かに 1 を足す．」ということを一つの単位として

[4)] 論理式の真偽値への射影として意味を形式的に捉える枠組みのこと．

第 4 章 記号が一体化する時

ラムダ項を構成している．このことから，ラムダ項は分節を担う単位であるとみなすことができよう．このように，ある分節が別の記号の複合から得られると考えることは，記号の解釈レベルをその記号系の中において考える汎記号主義の立場をとることに相当し (2.5 節参照)，ラムダ計算の場合には LG 内で記号の解釈を考えることになる．たとえば，$(\lambda f.f\ (f\ 3))(\lambda x.x + 1)$ では，記号 f の内容は $(\lambda x.x + 1)$ であり，それは f (f 3) の中で使用され，このような内容と使用が記号 f の意味を規定すると考えるのである．

ソシュール以前は，ソシュールの言葉を借りるならば記号は「名称のリスト」，すなわち，ものに対するラベル[5]であった．記号とは「何かを指し示す何か」であるが，指し示される何かの分節は，内容の方で必然的に行われる．実世界のものはそれぞれ本質のようなものに必然的に分節され，それに対してラベルが付与されている．このラベルも，ものの本質を表す必然的な名前である．指示子の機能は，分節済みの内容に名前を付けることであった．

ソシュールの転回は，記号が「名称のリスト」であることを否定したことにある．具体的には，シニフィアンに，名前付与の機能だけでなく，分節の機能をも持たせることにより，この転回を行った．つまり，ソシュールにおいてはシニフィアンがシニフィエを分節する．ソシュール以降の多くの二元論では分節の機能は指示子が持つ．

ラムダ項も分節と名前付与の機能を持つことから，記号の構成要素としての重要な機能を持っている．このことから，ラムダ項は記号めいたものと考えることができよう．ただし，通常の記号とは異なる部分がある．第一に，分節は，指示子によって行われるわけではなく，といって内容によって行われるともいえない点である．ラムダ項における分節は λ という共通記号によって行われる．λ が指示子であるかに見えるかもしれないが，これは，全ラムダ項に共通のものである．したがって，指示子が分節を行うわけではない．

第二に，名前付与については，通常の記号論における記号とは大きな違いがある．ラムダ項の名前は他のラムダ項に与えるものであって，自身の名前について規定するものではない．名前はラムダ項の後ろに別の式が並置される際

---

[5] 大元のフランス語は nomenclature．「名称のリスト」としての訳語は [124] から．

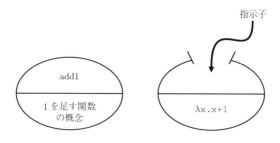

図 4.3　二元論とラムダ項の記号のモデル

に，後ろの式に与えられ，それが自身の有効範囲内でどう一貫して用いられるのか，ということを規定する．たとえば，$(\lambda f.f\ (f\ 3))\ (\lambda x.x + 1)$ の簡約では，fは第二のラムダ項 $(\lambda x.x + 1)$ を指す．β 簡約は，まず名前付与を行い，その名前を用いて一貫して置換を行う．このようにラムダ項における名前とは，別の分節内容に付けるものである．一方，ソシュールの二元論では，議論の対象となる名前とは，分節する内容自身に付けるものである．

　二元論とラムダ項の差異を図にすると，図 4.3 のようになるであろう．左はソシュールの二元論に基づく図であり，そこでは add1 の名前が 1 を足すという関数の概念を指し示す様子が示されている．ソシュールの記号の説明ではよく表れる種の図であり，たとえば図 3.3 の左にも類似のものが示されている．一方，右側はラムダ項を図示している．名前は未定であるため，上の部分は空いている状態である．ここの空き部分にどのような名前が与えられるかはどのようなラムダ項と並置されるかに依る．

　ラムダ項が並置されて簡約されるときに，初めて名前が決まる様子の例を $(\lambda f.f\ (f\ 3))$ と $(\lambda x.x + 1)$ とを並置した場合を用いて図 4.4 に示す．ステップ 1 では，二つのラムダ項が並置されている．ステップ 2 では，第一のラムダ項の名前付与機能により名前 f が二つ目のラムダ項に与えられる様子が示されている．ステップ 3 では，f が一貫して $(\lambda x.x + 1)$ を指す様子が示されている．ステップ 4 では β 簡約が進み，一旦 3 が得られる．ステップ 5 では名前 x が後ろの 3 に与えられ，ステップ 6 では β 簡約が進み，4 が得られる．7, 8 では同様に名前 x が 4 に与えられ，5 が得られる．

　ラムダ計算における名前付与は，単なる名前付与ではなく，β 簡約により二

第 4 章 記号が一体化する時

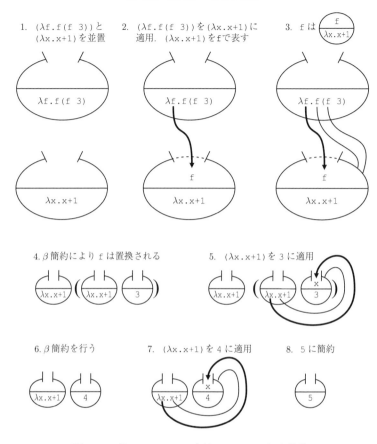

図 4.4 (λf.f (f 3))(λx.x + 1) の簡約

つのラムダ項が関係するための機能を果たす．ある有効範囲の中で，名前は複合的な対象をまとめて一貫して指し示すために用いられる．この機能さえ果たせば，名前自体は何でもよい．実際，ラムダ項の (λf.f (f 3)) が，たとえば (λohLaLa.ohLaLa (ohLaLa 3)) というラムダ項に変更されたとしても，図4.4の簡約により同じ結果を得ることができる．このような，二つの記号を関係付けるための名前という観点は，二元論に基づくどの現代記号論の記号モデルにも直接的には言及されるものではない．ソシュールは，記号同士の関わりについて，差異や，また連辞 (syntagm) として間接的に言

表 4.1 ソシュール前後の二元論とラムダ項の対比

	ソシュールより前の二元論	ソシュール以降の二元論	LG
言語	自然言語	自然言語	ラムダ計算
分節	内容	指示子	ラムダ項
名前付与	静的	静的	動的
名前の恣意性	非恣意的	恣意的	恣意的
名前付与の対象	自身	自身	他
有効範囲	なし	なし	明示

及しているが，記号が具体的にどのように互いに関係しうるのかについては述べていない．

　名前付与に関するラムダ項と二元論の別の観点からの大きな違いは，ラムダ項の名前は常に動的で局所的である点である．ラムダ項の名前は，名前を与えるラムダ項の有効範囲内に局所的である．一方，二元論ではこのような名前の有効範囲の概念は希薄である．二元論の名前は，社会的慣習の下で大域的であり，名前変更は大量の変更を要する以上，比較的静的な名前とならざるをえない．むろん，局所か大域，動的か静的かは程度問題であるが，二元論上の名前は比較的大域的で静的であり，有効範囲の概念は不在である．

　実際は，自然言語にも有効範囲の概念はある．たとえば，研究プロジェクトに名前が付けられたとして，その名前はプロジェクトに関わる人々の間でしか有効ではなく，その範囲がプロジェクト名の有効範囲になる．プロジェクトと何ら関わりのない人にとって，プロジェクト名は無意味である以上，プロジェクト名は局所的である．別の例では，ある言語——たとえば英語や日本語——の語はその言語を話す人々が有効範囲となる．名前の局所性は，階層的であり，最小の二人の有効範囲から，家族，コミュニティ，民族，地球規模と階層的であり，4.2 節で示した式 (4.4) に喩えることもできよう．が，このような有効範囲の概念は二元論をはじめとする現代の記号論の枠組みの上で，意識されているとは言い難い．

　以上のように，ラムダ項は，記号の有効範囲や，他のラムダ項との関係のための名前といった，記号に関する必要不可欠な，記号の記号たる原理を名前付与と分節の観点から捉えている．以上の観察を表 4.1 にまとめた．ソシュー

第 4 章　記号が一体化する時

ルより前は，本質として分節された内容に名前が後付けで与えられる，と考えられていた．また，名前が恣意的なものであるとはあまり考えられていなかった．この時点の指示子の役割は，ラベルに過ぎなかった．ソシュールの二元論以降は，指示子が名前付与と分節の両方の役割を担っているとされた．また，指示子は恣意的である．しかしながら，なぜ，指示子が分節の機能を果たし，同時に恣意的でありうるのか，という，本章の最初の節で示したソシュールが逆説とした点については，この時点ではまだ全く明らかとなってはいない．

　ラムダ項の場合には，分節は λ という特別な機能により行われた．ラムダ項では，名前は他のラムダ項に与えられるものとして形式化された．名前は，ラムダ項が関係する際に複合的なものをまとめて指示するための機能を果たす．だからこそ，名前は一貫した指示さえできればよいので，有効範囲内において局所的で動的な名前であればよく，必然的に名前は恣意的である．

　しかし，汎記号主義の立場をとって解釈層をラムダ計算内にとどめるならば，以上のラムダ計算では，名前はその指示内容とは分離して導入される[6]．たとえばλx.x + 1において，このラムダ項自体はこれに付けられる名前とは無関係に分節済みである．また，他のラムダ項に付けられる名前としてのxはそれが将来指示するであろうラムダ項とは無関係に導入済みである．一方のソシュール二元論では，指示子が内容を分節し，シニフィアンとシニフィエは不可分であるとする．シニフィアンとシニフィエは記号の二つの側面であって実体的要素ではない．

　シニフィアンとシニフィエの二つがあれば，シニフィアンが先かシニフィエが先か，同時かのいずれかしかない．ソシュール以前はシニフィエが常に先であるのに対し，ソシュールの記号においては同時である．一方，ラムダ項ではシニフィアンとシニフィエはバラバラに導入され，指示子と内容を同時

---

[6] 10.5 節においてより詳しく論じるが，解釈層（2.4 節参照）をハードウエアの層に置く場合，つまりラムダ計算の実装上は，指示子と内容は実は分離しない．というのも，ラムダ計算を実装するためには，ラムダ項各々を記憶領域に格納する必要があり，その意味で指示子なしでラムダ項の分節はありえないからである．

に導入することは，これまで見たLGの枠組みでは，そもそもできない．シニフィアンとシニフィエを同時に導入するには，LGを拡張する必要がある．

4.4　記号の再帰的定義

プログラミング言語の多くには，記号を定義する枠組みがあり，これを用いると指示子の導入時にその内容を記述することができる．LGだけでは，これは不可能であるが，文法を一行増やすことで，定義が可能となる．次の文法はlet式を定義する[7]．

<expression>::=let <identifier>=<expression> in <expression>

(4.11)

以降，LGにlet式を足した文法とその文法から生成される言語をLG-letと呼ぶ．let式では，識別子が最初の式として定義され，二つの式中で使われることを意味する．このlet式は図2.1の9〜15行目でもHaskellの構文として用いられていた．たとえば，

let x = 3 in λy.y + x　　　　　　　　　　　　　　　(4.12)

は，xを3としてyを足すことを意味する．最初に導入される<identifier>の有効範囲は二つの<expression>の範囲となる．let式で定義される識別子は有効範囲内で限定して用いられ，LG-letでも識別子は恣意的である．

前述のようにLGが理論的にどんな計算可能な関数でも記述することができる以上，LG-letに含まれLGには含まれない式はすべてLGに変換できるということである．たとえば，上の例は，let式を用いずに次のように記述することができる．

(λx.(λy.y + x)) 3　　　　　　　　　　　　　　　　(4.13)

そしてこれは，次のように簡約される．

---

[7] LispやSchemeなどの関数型言語では，再帰的定義を許さないlet式と再帰的定義を許すlet式を，それぞれletとletrecと別の名前を用いて区別する．letrecは<identifier>=<expression>部分が再帰的定義である時に用いられる．Haskellなどの言語ではこのような区別はしないため，本書のlet式でもこの区別は行わない．

第 4 章 記号が一体化する時

$(\lambda \text{x}.(\lambda \text{y}.\text{y} + \text{x}))\ 3$
$\to \lambda \text{y}.\text{y} + 3$ (4.14)

LG-let と LG が理論的に等価であるとはいえ，let 式を用いると LG だけでは難解となる表現を簡単に記述することができる．＝の左辺で導入される識別子は，＝の右辺にも用いることができ，記号の再帰的な定義が可能となるのである．たとえば，以下では階乗を再帰的に定義する．

```
let
  factorial = λi.if (iszero i) then
                   1
                 else                        (4.15)
                   i * (factorial (i-1))
in
  factorial 5
```

まず，識別子 factorial を再帰的に定義し，その後，定義した関数を 5 に適用している．factorial は自身に即して再帰的に定義される．すなわち，記号の定義は，特段の制約を設けなければ，定義内容の中で自身を用いる再帰的定義をも可能とする．

factorial の実際の計算はたとえば上の 5 の場合には下記のように再帰的に β 簡約が進められる．

```
factorial 5
→(λi.if (iszero i) then
        1
      else
        i * (factorial (i-1)) ) 5
→if (iszero 5) then                          (4.16)
   1
 else
   5 * (factorial (5-1))
→5 * (factorial 4)
→…
→5 * 4 * 3 * 2 * 1 * 1
→120
```

式が簡約されるたびに，階乗を求める計算は部分問題，つまり，より小さな

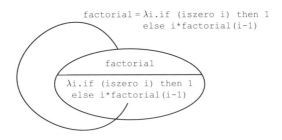

図 4.5 再帰的に定義された階乗関数 factorial

値の階乗を求める問題に帰着され，最終的には 0 の階乗を求め，全体の値が計算される．

このように再帰的に定義された factorial の記号のイメージを図 4.3 に準じた形で図示すると，図 4.5 のようになるであろう．まず指示子 factorial を用意し，それ自身に拠って具体的な内容を分節する．右辺の識別子の内容は自身であるので，自身を指すための記号がなければ再帰的な分節は不可能である．名前が決まっている以上，ソシュールの二元論同様に記号の上部は閉じられており，図中の曲線により指示子とその内容の中の factorial が同じものであることを示している．

LG の範囲内では記号の定義は不可能であったので，ラムダ項は分節済みの内容として常に記述された．一方で，let 式を用いると，指示子に対して内容を定義することができ，特段の制約を設けない限りは再帰的定義が可能となる．再帰的定義では，指示子が=の左辺でまず導入され，これを用いて，その記号に即して右辺において内容が分節される．指示子は自身という複合的な実体を示す手段である．このように，再帰的定義を行うには内容が定まることに先立って記号が**投機的**に導入されなければならない．記号の投機性については第 10 章において再度立ち返るが，本書における記号の投機とは，将来定まる値を格納する場所をメモリ内に事前に割り当てることをいう．領域が確保されると，そこには何らかのビット列が常にあり，その意味でシニフィアンとシニフィエは常に不可分であるが，シニフィエは計算を通して得られた値へといつか書き換えられるので，その意味で記号は投機的に導入される．再帰は記号が投機的に記号系に導入されるからこそ，実現可能となるもので

第 4 章 記号が一体化する時

ある．確定する前の自身を投機的に記号で表し，それを用いて自身に言及することで自身を分節することが再帰である．

このように，再帰的に定義される記号では，内容を分節するために記号が投機的に用いられる．すると，内容から指示子を分離することは不可能となり，その際に**使用**が重要な役割を果たすことになる．再帰的定義では，自身が右辺でどのように使用されるかによって，自身の内容が分節されるのである．この点，非再帰的な記号では，使用が内容を決定する効果はあまりない．たとえば，$(\lambda x. x + 1)\ 2$において，xはx + 1の中で使われているが，そのことがxの内容に影響を及ぼすことはない．$(\lambda x. x + 1)\ 2$ではxは2である．むろん，前章の図3.5の例で見たように，xの使用がxにそう使用されるものとしての意味を付加する効果はあるだろう．同様に，xがx + 1として用いられることはxにそう使われるものとしての意味を付与するが，その値は使用から影響を受けはしない．一方，再帰的定義では，記号の使用が内容を決める．

ここで注意すべきは，再帰的定義においても，指示子は恣意的であるままであるという点である．指示子の役割は，自身という複合体を一貫して指し示すことにあるので，その役割さえ果たせば，指示子の字面は何でもよい．再帰的に定義される記号も，したがって恣意的である．

以上述べてきた再帰的に定義された記号の特徴は，ソシュールの記号のモデルによく合致するといえよう．ソシュールは，指示子と内容は不可分であるが，指示子には内容を分節する機能があると考えていた．ここで見た再帰的記号では，指示子は自身の内容を分節するために用いるので，内容に先だって投機的に導入され，それの使用を通して分節が行われる．つまり指示子の役割は，名前付与であると同時に，内容の分節でもある．また，指示子は自身の識別が可能でありさえすればよいので，恣意的である．指示子と内容は，記号の二つの側面を為すが，内容が指示子を用いて分節される以上，実体的な要素としてバラバラには存在しえない．ソシュールが逆説的と言及していた点は，再帰的な記号においては逆説ではない．すなわち，ソシュールの言うような記号の性質は，再帰的な記号においてこそ顕著に成り立っているもので，先の第9章でも見るが，自然言語の記号の多くは再帰的なのである．

昨今のプログラミング言語では，記号を再帰的に定義することができる．再帰的定義は再帰計算を要し，計算と再帰の相性は，それほどよいものとはいえない．というのも，第9章でより詳しく論じるが，杜撰な再帰計算を実行すると計算が止まらなくなる恐れがあるからである．再帰を記述するには，自身を指し示す記号を投機的に導入することを要する以上，計算を始めてみると，その値は矛盾したり，定まらないかもしれないということは避けられない．このように，再帰を用いることは，記号系にリスクを導入することでもある．したがってプログラマは細心の注意を払って停止するであろうプログラムを書かなければならない．また，再帰計算は普通の繰り返しによる計算に比べ，計算コストが高めであるという問題もある[8]．にもかかわらず，再帰はプログラミングにおいて，自然で，美しくエレガントなものであるとみなされ，簡単に繰り返しにより記述できる計算でも，再帰によるプログラムが推奨されることが多い．その理由は様々に考えられるであろうが，これからも見ていくように，再帰性が記号の本質であることに一つの原因があろう．また，再帰と計算の相性はそれほどよくなくとも，コンピュータは自身を動的に変更しつつ動作することができる点で，そもそも再帰的なものである．この点については第11章において見る．また別の原因としては，第9章で見るが，自然言語の記号系が再帰性を自然に生かしたものとなっているので，そのような系を基盤とする人間が人工的に作る有用で複雑な記号系も再帰的なものになるといったことも挙げられるであろう．

　本節を終える前にLG-letとLGの等価性についてもうひとこと述べる必要がある．(4.14)で見たように，LG-letに基づく記述をLGに変更することは，記述中に再帰的定義がなければ簡単である．しかし，再帰的定義があると，話はそう簡単ではないものの，次のようにある特殊な関数を導入することで，すべての再帰的なLG-letの式をLGにより表現することができ，両者は等価であることが示される．

　チャーチは，再帰的関数は不動点関数と非再帰関数の結合に変換すること

---

[8] 計算コストの観点では再帰は繰り返しより必ずコストが大きいというわけではない．たとえば，末尾再帰のそれは繰り返しのそれと同じである．この点，詳しくは[1]や[28]を参照．

ができることを示した [26]．このためには，**不動点**の概念が必要となる．関数 f の不動点とは，x = f x の解 x のことである．不動点を求める**不動点関数**は次のように LG を用いて表現される．

$$\lambda\text{g}.(\lambda\text{x}.\text{g (x x)}) \ (\lambda\text{x}.\text{g (x x)}) \tag{4.17}$$

実際，この不動点関数を f に適用すると，次のように簡約が進む．

$$\begin{aligned}&(\lambda\text{g}.(\lambda\text{x}.\text{g (x x)}) \ (\lambda\text{x}.\text{g (x x)})) \ \text{f}\\ &\rightarrow (\lambda\text{x}.\text{f (x x)}) \ (\lambda\text{x}.\text{f (x x)})\\ &\rightarrow \text{f ((}\lambda\text{x}.\text{f (x x)}) \ (\lambda\text{x}.\text{f (x x)}))\end{aligned} \tag{4.18}$$

ここでは，最初の簡約で (λx.f (x x)) (λx.f (x x)) が得られ，さらにこれは f (λx.f (x x)) (λx.f (x x)) に簡約される．上の 2 行目と 3 行目は，y → f y の形となっており，このことから不動点関数が f の不動点を計算することがわかる．上の簡約をさらに進めると，f の数が簡約のたびごとに以下のように増えていく．

$$\begin{aligned}&(4.18)\\ &\rightarrow \ldots\\ &\rightarrow \text{f (f } \ldots \text{(f ((}\lambda\text{x}.\text{f (x x)}) \ (\lambda\text{x}.\text{f (x x)})) \ ) \ldots)\\ &\rightarrow \ldots .\end{aligned} \tag{4.19}$$

再帰的定義を含む let 式がどのように不動点関数と非再帰関数の結合に変換されるのかの概要を掴むために，階乗関数 factorial を実際に LG における記述に変換してみよう．説明をわかりやすくするため，factorial の本体である次のラムダ項を h とおく．

$$(\lambda\text{f}.\lambda\text{i}.\text{if (iszero i) then 1 else i} * \text{f (i-1))} \tag{4.20}$$

すると，factorial は (4.15) 式の let の中の定義から次のように h の不動点となる．

$$\text{factorial = h factorial} \tag{4.21}$$

であるならば，factorial は

$$(\lambda\text{g}.(\lambda\text{x}.\text{g (x x)}) \ (\lambda\text{x}.\text{g (x x)})) \ \text{h} \tag{4.22}$$

と不動点関数を用いて記述することができる．(4.22) 式は，(4.18) と全く同

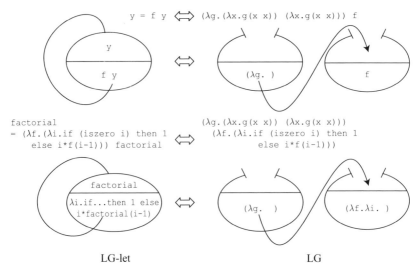

図 4.6 LG-let の不動点（左）と LG の不動点関数（右），ならびに再帰と不動点関数による `factorial`

じ形をしていることから，再帰的に定義された `factorial` は，式 (4.20) あるいは h を繰り返し適用することとして得られることとなる．

LG-let における不動点と，LG における不動点関数の関係を図 4.6 に示している．上段は一般的な不動点（左）と不動点関数（右）の関係であるのに対し，下段は，`factorial` の例における不動点（左）と不動点関数を用いた場合（右）である．左右，上下は対応する．チャーチの変換の本質は再帰から繰り返し部分を不動点関数として抜き取り，残りの部分を非再帰として表現することにある．同様に，他の再帰的定義も不動点関数を用いて LG により記述することができ，LG と LG-let は等価であることが示されている．

LG-let と LG が等価である以上，当然のことながら，もともと LG に再帰性は内包されており，その要は不動点関数の中の自己適用表現 x x にある．再帰性は，LG では (4.18) の簡約に y → f y の形式が表れることから，計算のプロセスとして存在する．これを再帰的定義の形で顕在化させるのが，let 式である．すなわち，記号系にはもともと自己適用として再帰性は内在するが，それが，定義文の導入により自己参照の形で顕在化する．自己適用はそ

のままでは，ソシュールの記号モデルとの関係を吟味することは難しい．しかし，再帰的定義の形では，その関係は今や明らかであろう．

実は，以上の説明で用いた不動点関数は型なし（型については 2.4.2 節を参照）の場合のものである．なぜなら型付き言語では，不動点関数中に表れる x x は型の制約からそのままでは記述不可能であるからである．実際，x x において最初の x と二番目の x は，適用するものとされるものであるため型は異なり型が定まらない．つまり，上の不動点関数は型付き言語では記述不可能で，型付き言語では不動点を求める関数は，再帰的定義 x = f x を用いざるをえない．すなわち，型付き言語に LG 同様の記述力を持たせるには，let 式は必要不可欠である．型付きの場合のチャーチの変換については，7.4 節において再度見ることになる．

型の役割の一つは，使用を通して記号の内容を何らかの意味で規定する点にあると捉えることができる．実際，型付きであれば，同じ名前の関数を型別に複数用意することができる．たとえば，図 2.1 において示されているように，異なる形のデータに対して面積計算用の関数がすべて area の名前で表現されたのは，データに型があり，型によりどの area 関数を使うのかが判別されるからであった．もし型がなければ，関数の名前は area_rectangle, area_ellipse, area_circle などすべて別のものにしなければならないであろう．型は，記号の使用時に名前の曖昧性を解消する役割を果たす．

同様に，さきほど使用について類似する議論が展開されたことも思い出す必要がある．再帰では使用が内容を分節するのであった．すなわち，再帰も型もない LG の記号系とは，記号の内容が使用とは分離しており，自己適用を通して二者が関わりうる系であるのに対し，再帰があり型が許される LG-let の記号系は，使用が内容に直接影響を与えうる系である．

以上，指示子に内容を定義する効果を論じてきた．それは記号を投機的に導入し，指示子の使用を通して再帰的に内容を分節する効果を生んだ．再帰的な記号では指示子は恣意的でありながら名前付与と分節の両方の役割を担うものであった．ここで登場したのが，記号の第三の構成要素の**使用**である．前章で説明したように使用は二元論では記号のモデルには含まれてはいないが，パースの三元論には含まれており，図 3.3 において指示子と使用，使用と

内容の直接的な関係を介して指示子と内容が点線で間接的に関係するものとして考えられている．すなわち，使用こそが指示子と内容をつなぐ役割を果たしている．ソシュールの言う逆説が解消された今，次に使用を含めるパースの三元論が以上の議論にどのように関係するのかを見ていく．

4.5 記号のモデルと再帰

前章では，ソシュールの二元論とパースの三元論の関係を論じ，その結論は，図3.7に示されている．その差は，使用を記号モデルの内外どちらに置くかという点にあった．二元論では使用は記号モデルの外に配置され，使用によって生成される記号の意味は記号系の全体論的価値を形成した．一方の三元論では使用は記号モデルの内側に含められた．二つの記号モデルの差異は，記号過程の生成をどのように考えるかという点にも一貫して表れていた．二元論では，記号はよその記号から呼ばれ，呼んだ記号がまた別の記号から呼ばれることを繰り返して記号過程が生成されたのに対し，三元論では，記号の解釈項を自身が呼び，解釈項がさらに記号であるのでさらにその解釈項を呼び，というように記号過程が生成された．

これまでラムダ項についてソシュールの二元論の観点から考えてきたが，前章で得られた対応関係を用いて，パースの三元論の観点から本節ではラムダ項を見ていく．まずLGの範囲内で考える．4.3節において，二つのラムダ項が並置されるとき，最初のラムダ項が二番目のラムダ項に名前を与え，この名前が指示子，二番目のラムダ項がその内容となることを見た．すると，使用とは当然のことながら，指示子を与える第一番目のラムダ項の中の式となる．実際，第二のラムダ項は，第一のラムダ項の指示子の有効範囲の中で使われる．

すなわち，二元論と三元論はラムダ計算に二つとも適用可能である．要は，記号の単位をどのように見るかの差に過ぎない．二元論では，第一番目のラムダ項の指示子と，二番目のラムダ項とを合わせて，記号の単位として見ている．これに対し，三元論では，第一と第二のラムダ項を合わせて一つの記号の単位と見る．

第 4 章　記号が一体化する時

　LG では，内容と使用が分離していた．この場合には，二元論と三元論は，互換であるが，別のモデルである．しかし，LG-let で再帰的定義が可能となると，指示子の使用を通して内容が分節されるようになる．再帰的定義 x = f x において内容と使用を分離することは不可能である．内容は使用により決定され，使用が内容を分節する．すなわち，再帰の下では，使用と内容の区別がなくなるのである．このとき，記号の二元論と三元論の峻別も解消し，二つは等価なモデルとなる．再帰的な記号において，二元論と三元論は等価である．

　プログラミング言語では，多くの記号が再帰的に定義されたものではない．この場合には二元論と三元論は前述のように互換であっても峻別されるものである．だからこそ，前章で見たように二元論と三元論は二つの異なるプログラミングパラダイムとして表出する．オブジェクト指向と関数型の差は，記号の使用が記号モデルの中に含まれるかどうかの差である．一方，自然言語では，第 9 章において見るように，ほとんどの記号は使用を通して再帰的に内容が分節される．であれば，ソシュールの二元論とパースの三元論が今に至るまで並置され続けているのも無理はない——なぜなら二つは等価なモデルなのだから．

　再帰的な記号において使用が内容と融合するということは，意味論と実用論との関係を暗示する．ハーダーは，「意味論とは実用論を凍らせたものである」と述べているが [50, p. 127]，使用が意味へと凝固するその契機は，本章の考察を通してみると再帰にある．使用が内容へと凍り付いて結実していくからくりの背景の一つには再帰がある，ということが本章の一つの帰結である．

　冒頭に示した図 4.1 と図 4.2 の二枚の絵画を同様の観点で再考してみよう．この二枚において，描かれた内容とその解釈を分離することはほとんど不可能である．両方の絵において，視覚表現の内容は同時に解釈である．この状態に至るには，画家はキャンバスの上で内容の解釈を表現するために試行錯誤したに違いない．表現してみてそれが解釈に沿った内容を表すかどうかを吟味し，技術やスタイルを吟味し，ひと筆があたかも不動点へ向かうかのように次のひと筆を決めたであろう．最終的に得られた絵画は，視覚表現を

媒介として内容と解釈が融合したものである．

とするならば，同じ考えが前章の二枚の絵画である図 3.1 と図 3.2 に対しても適応できよう．シャルダンにせよボージャンにせよ，自分の内容の解釈に最も合う視覚表現を求めたに違いなく，すると，三元論的な要素がシャルダンの絵画にないとどうしていえようか．視覚表現は内容と解釈を融合させるための媒体である．そして，およそ人間の表現においては，記号が本来的に再帰的であり，人間の言語や表現がそのような再帰性を最大限活用した記号系となっている以上，二元論，三元論の峻別は本来難しく，形式性の高いプログラミング言語はその意味で希有な例なのである．

4.6 ソシュールの差異

本章は，4.1 節で述べたソシュールの差異が本章で見てきたラムダ計算上どのように現れるかについてふれて終えることになる．「言語には差異しかない」というのは，第一義的にはラムダ項で記号が恣意的であるため，同じ記号が使われるべきところに正しく使われてさえいれば，その字面は何でもよく，この字面を排して残る記号の関係性の構造のみが，記号系の本質であるということである．

ソシュールの思想において，差異しかないというのは次の同一性に関する思索から出てくる [124, p. 104]．

「記号の同一性の問題を，次のように表現することができます：言語の中で同一性を表すものは何か？

実体とは何かを認識するのが難しかったのと同様に，同一性を認識するのも困難です．」

実は，同一性判定の難しさに関連するプログラミング言語上の定理がある．ラムダ計算では，任意の二つのラムダ項の同一性を判定するラムダ項は存在しえない [30]．つまり，ラムダ項が同一かどうかは，ラムダ項を用いては判定できない．また，より一般に，プログラミング言語において，任意の二つのプログラムが与えられたとき，そのプログラムが同一かどうかを判定する

プログラムは存在しえない．このことは，[87] などにおいて解説されているとおりである．

とはいえ，あるプログラムが同一かどうかを知りたいことはある．たとえば，λx.x ＋ x と λy.y ＋ y は記号の恣意性から同型のラムダ項であることは一目瞭然であり，与えられた任意のラムダ項やプログラムについて等しさを判定したいことはある．このような場合には，別の間接的な手段を用いることが多い．その一つの方法は，プログラムの入出力の差異を見る操作的な手段である [49]．この操作的な確認手法は，まさに記号系には「差異しかない」というソシュールの言明の一つの具現化であるかのようである．

同一性判断の不可能性は，少なくともプログラムの世界ではこのように形式的に証明されている．プログラムやラムダ項の同一性は，ラムダ計算やプログラムの枠を超えて，数学や自然言語で示すことができるかもしれない．しかし，任意の自然言語の二つの記号が同じかどうかを示す手段は，自然言語内にはやはりないのかもしれないのである．しかも自然言語の記号はほとんどが再帰に基づいて分節され，その使用や分節内容は時代と共に変化する．言語記号を明示的に分節することなど実質できず，同一性を判定することはますます難しい問題となるであろう．結局，ソシュールが示唆したように，また，ハーダーの指摘にあるように，記号の意味とは，記号の使用を繰り返すことによって得られる関係性の構造が凝縮したものであるのであろう．

4.7 まとめ

本章の目的は，記号の各構成要素の機能，特に指示子の機能について，原初的なプログラミング言語であるラムダ計算に記号論を適用することを通して吟味することであった．ラムダ項は，名前付与と分節という記号に特徴的な二つの機能を有し，記号の雛形と捉えることができる．さらに，ラムダ項には，有効範囲の概念や，記号同士を関係させる目的で識別子を名前付与に用いることなど，従来の記号モデルにはない，記号の本質を捉えるメカニズムが備わっていることを見た．

とはいえ，最初に導入した最小のラムダ計算では，指示子と内容とが別々

に導入される枠組みにとどまっていた．ラムダ計算中に，指示子に対して内容を定義するために let 式を導入しラムダ計算の枠組みを拡張した．もともと記号系には自己適用による再帰性が内在するが，この拡張により，記号を再帰的に定義することとしてそれは顕在化する．再帰的な記号では，記号を投機的に導入し自身を表すものとして使用することで内容を分節する．再帰的な記号では，名前付与と分節は融合し，内容と使用も融合する．また，記号は自身を示すのに必要で，自身を識別する役割を果たしさえすればよく，その意味で恣意的である．このような再帰的な記号における使用と内容の融合は，記号の二元論と三元論を等価なものとする．また，ラムダ計算における理論の中には，任意の二つのラムダ項の同一性を，ラムダ項を用いては判定しえないという定理があり，この性質は「言語には差異しかない」というソシュールの言明の一端を窺わせるものでもあった．

第5章 「である」と「する」

> 「である」論理と「する」論理，「である」社会と「する」社会との対照は，ものごとの「状態」の側面を重視するか，それとも運動や過程にアクセントを置くかの違いでもあるわけです．
>
> 丸山真男『日本の思想』[140] より．

5.1 「である」と「する」

　第I部の最初の二章は二つの記号モデルの対応と構成要素の役割についてのものであった．本章では，記号モデルがどのようにプログラムにおいて記号の関係を規定するかについて論じる．プログラムでは，対象の関係構造は明確に記述される必要がある．たとえば，図2.2では，様々な形の関係が集合の包含関係に基づいて記述されている．一般に複数のものの関係構造というと，たとえば生物の系統樹のようなものを思い浮かべ，ものの本質に根ざした絶対的な構造を思い浮かべることが多いであろう．しかし，ソシュールが，指示子は内容に対するラベルではなく指示子が内容を分節するのだと転回したように，関係構造も対象の本質により規定されるのではなく，対象に関する記述が規定すると考えることもできる．

　本章で見る関係構造とは「である」と「する」によるものの二つである．本章でもまず絵画の例を通して二つの関係構造を見てみよう．図5.1は円山応挙のによるもので，数本の線だけで氷を表現した斬新な絵画である．この絵に関係する絵を挙げよと言われれば，二種類の絵画を挙げることができるであろう．第一は，氷の絵である．たとえば，フリードリヒによる図5.2は氷を描いているものである．第二は，線に基づく絵画であり，これは現代絵画には多くの試みがあり，ここではフォンタナによる図5.3を挙げておく．

　最初の二枚の図5.1と図5.2の関係は書かれた内容に基づくものである．両者とも題から氷を描いたとしているので，主題が同じであるという関係である．この二枚は，何「**である**」か，whatに基づいて関係が構築される．一方

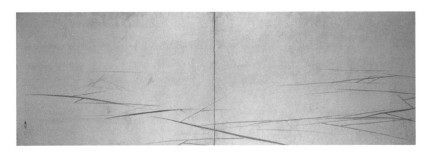

図 5.1 円山応挙 (1733–1795); 氷図, British Museum

図 5.2 カスパール・フリードリヒ (1774–1840);
氷の海, Kunsthalle Hamburg

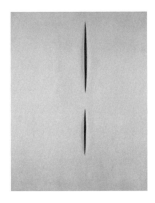

図 5.3 ルチオ・フォンタナ (1899–1968);
空間概念, Fondazione Lucio Fontana

で，図 5.1 と図 5.3 の関係は，両者とも線による表現を用いていることからも，どのように対象を描いているか，how あるいは「**する**」に基づくものである．「である」と「する」の対比は，実は諸分野で見られるものである．たとえば物語論ではトドロフ [110] は，登場人物を「である」と「する」の二種に分類しており，たとえば，殺人者の描き方としては「殺人者であるので人を殺す」と描く場合と，「人を殺すので殺人者」と描く場合の二種類の描き方があるという [70]．

本章は情報記号における「である」と「する」に基づく関係について論じる．本章における**「である」**とは，記述対象の特性をその対象がどうであるかで規定することを言い，一方の**「する」**は，記述対象の特性を何をするかされるかの観点から規定することを言う．

生物の系統樹などの実世界を必ず伴う世界とは異なり，情報記号の世界は 2.5 節で述べたように汎記号主義の立場をとり，記述対象は必ずしも実世界が背景にあるわけではなく，純粋に記号だけから構成される世界であることもある．にもかかわらず，プログラミングにおいても「である」と「する」の対比は見られる．すべてが記号であるのに，「である」と「する」の対比が現れるということは，その原因が，記述にある可能性があるということである．また，「である」と「する」の対比は，複数のパラダイムの中でも，特にオブジェクト指向言語で顕著に議論される問題でもある．第 3 章でオブジェクト指向パラダイムとパースの記号の三元論の整合性を見たが，すると三元論にこの対比の本質があるのではないかと予想することができる．オブジェクト指向では，計算対象は名前，対象を構成するデータ構造とそれに適用する関数によりモデル化される．本章では，対象がデータ構造に注目して記述されると「である」に基づく関係を構成する一方で，関数に注目して記述されると「する」に基づく関係を構成することを論じる．これを，第 3 章で見たオブジェクト指向と記号の三元論との対応と併せて考えると，より一般的に，対象を三元論により記述する場合には，記号モデルの内容と使用のいずれに注目して記述するのかにより，「である」あるいは「する」の関係構造が現れるのではないかとの仮説を立てることができる．つまり，記号の内容に基づいて記号間の関係を記述すると「である」の関係構造となり，記号の使用に基

づいて関係を記述すると,「する」の関係構造が得られるというわけである.記号の二つの側面がwhatとhowを司るということを第3章のまとめにおいて述べたが,このことから,「である」「する」に基づく関係構造が現れることは自然であるともいえる.そして,このような対比は二元論の観点からは現れず,二元論での記号の関係の記述は内容に基づくものとなる.

5.2 クラスと抽象データ型

プログラム内で記述する対象は,何らかの計算を目的とする対象である.対象はモデル化されプログラミング言語でプログラムとして記述される.その際,プログラムの構造設計は重要であり,プログラムのわかりやすさ,管理のしやすさ,拡張のしやすさ,信頼性などが設計にかかっている.設計に不備があるプログラムはエラーやバグにつながり,ソフトウエア開発の大きな障害となる.設計の不備を原因としてプログラム全体を書き直さざるをえなくなることもよくある.

「である」と「する」の関係構造の対比はオブジェクト指向パラダイムにおいて特に見られる.このパラダイムでは,第3章で述べたように,計算対象に関するデータ構造と関数をひとまとめにした**オブジェクト**[1])と呼ばれる単位を基本とし,対象の関係構造はオブジェクトの関係として記述される[74][92].このようにデータ構造と関数をひとまとめにすることを**カプセル化**といい,オブジェクト指向パラダイムの根本思想である.

マイヤー[74]によれば,オブジェクトは次の二つの方法で記述することができる.

- **クラス**は,同じ内部構造を持つオブジェクト群である.オブジェクトは同じデータ構造や関数を持つ.
- **抽象データ型**は,同じ関数を持つオブジェクト群である.抽象データ型は,オ

---

[1]) 用語集参照.

第 5 章 「である」と「する」

表 5.1　クラスと抽象データ型

プログラムの構成	「である」	「する」
マイヤー [74] による分類	クラス	抽象データ型
Java（5.3 節，5.4 節）	クラス	インターフェース
プログラムコードの共有	○	×
プログラム作業の共有	×	○

ブジェクトに対して何をすることができるかのインターフェース[2])を与える．

この二つのオブジェクトの関係に関する概念は，どちらを使うかで異なるオブジェクト間の関係を構成する．その違いを表 5.1 にまとめ，本節の残りで概要を説明した後，次の二つの節ではプログラム例を通して具体的に説明する．

クラスに基づくプログラムでは，同じ内部構造としてのデータ構造と関数を持つオブジェクトに関係が導入され，同じプログラムの文面——コード——はクラス間で共有される．したがって，クラスを用いてプログラムを書く際には，プログラマはクラスの内部構造とクラス間の関係を理解してプログラムを書くことが前提となる．つまり，プログラマはオブジェクトが何であり，どう使われるかをつぶさに理解してプログラムを書かなければならない．このことは逆に，複数のプログラマがクラスを用いて共同でプログラムを作成する場合には，逐一情報を共有することの限界から作業は困難となる．このようなプログラムは「である」に基づく構成をとる（表 5.1 の「である」列）．

一方の，抽象データ型に基づくプログラムは反対の性質を持つ．抽象データ型は，オブジェクト群に共通する関数を宣言するだけである．オブジェクトの種類ごとに関数の具体的な内容は異なることが前提であるため，宣言には関数の処理内容は記述されない．実際の処理内容は各オブジェクト内で定義される．したがって，抽象データ型に基づく場合にはプログラムコードは共有されない．抽象データ型は，オブジェクトを使う上での表層的なインターフェースだけを規定し，そのオブジェクトに何ができるか，それがどう使われるかだけを示すものである．すると，プログラマはオブジェクトの内実につ

[2) 用語集参照．

いては特に知らずともオブジェクトがどういう関数を実装するかのみ把握すればよいので，プログラムの拡張が容易となり，プログラムを作る作業は共同で行うことができる．プログラマは抽象データ型の中にある宣言，つまりオブジェクトは何を「する」ものかだけを知っていさえすればプログラムを書くことができる．これは，「する」に基づく構成である（表 5.1 の「する」列）．

オブジェクト指向パラダイムでは当初「である」に基づく構成が主流であった．初期の Simula[33][81] や Smalltalk[48] といったオブジェクト指向言語にはクラス相当のオブジェクト設計しかない．ところが，徐々に「する」に基づく構成も取り入れられるようになった．その背景には，複雑で大規模なプログラムが必要になってきたことがある．昨今の言語，たとえば C++ には抽象データ型に類する機能があるし [93][94]，Java [8] には抽象データ型が言語の機能の一部として用意されている．

この歴史的経緯は「である」に基づく構成が不要になったということを示すものではない．プログラムの設計においては，「である」も「する」も不可欠である．二つをうまくバランスさせて対象の関係構造を記述し，プログラムコードの共有と作業の共有を活用してソフトウエアを構築することになる．設計と実装のどこで線引きをするのかが「である」と「する」を操る鍵になる．一人のプログラマが小さなプログラムを書く場合には，「である」に基づく構成を使い，最大限プログラムコードの共有を追求すべきであろう．一方，複数人のプログラマが言語のライブラリを構築するなど，共同で作業する場合には，「する」に基づく構成がより適している．どちらに基づくかを決めることは，構築するソフトウエアに依存し，「する」をどう「である」に取り入れるべきか，という論争は未だに続いている [8]．

この論争は「抽象データ型」という用語が確立されていないことにも示されている．[4] では端的に「型」と表され，「外部から見たときに同じ振る舞いをするオブジェクト群のこと」と定義されているが，「型」は今や情報科学・技術分野では社会的慣習を形成する一用語であり，第 2 章で説明したとおりである．[92] では「deferred クラス」という語が用いられているが，本章では

「クラス」を「である」を表すものとして使っているし，「deferred クラス」はあまり一般的な用語ではない．以上のようなわけで本章では，「する」に基づく構成を示すのに [74] に基づき「抽象データ型」という語を用いる．

Java には，クラスと抽象データ型を実装するためにクラスとインターフェースが用意されている（表 5.1 の 3 行目参照）．次の二つの節で，「である」と「する」に基づくプログラムをより具体的に順に見ていく．

5.3 「である」に基づく構成

第 2 章に示したプログラム例（図 2.2）を思いだそう．計算の目的はいくつかの単純な形の面積を計算し，出力することであった．形は幅と高さでモデル化されていた．

オブジェクト指向プログラミングではデータ構造と関数の複合体の種類を表す型は，集合として捉えられ，クラスにより表現されることが多い．集合の要素は**インスタンス**といわれる．たとえば，長方形は集合を形成し，具体的な一つ一つの長方形はインスタンスである．図 2.2 は，形，長方形，楕円，円のクラスを最初の 4 ブロックで定義し，最後のブロックで幅 5.0 高さ 8.0 の長方形など四つの形の具体的なインスタンスを定義した上で，その面積を計算する．インスタンスはオブジェクトの一つで，「インスタンス」という時は，あるクラスの具体的な一オブジェクトを指すときに用いる．

この例で使われたクラス階層は，図 5.4 のように図示される．全ての形は Shape クラスの下に配置され，Shape クラスにデータ構造として幅と高さ，面積を計算する関数が用意されている．マイヤー [74] によれば，クラス間の関係は「である」関係，すなわち「A は B である」といえる場合に，クラス B がクラス A の親クラス，クラス A はクラス B の子クラスとなるように構成される．たとえば，円は楕円であるが，楕円は必ずしも円ではない．この場合には，Ellipse クラスは Circle クラスの親クラスとなる．同様に，長方形は形であり，楕円は形であるので，Shape クラスは Rectangle, Ellipse クラスの親クラスとなる．数学的には「A が B である」場合には，クラスを集合とみなすと，クラス A の集合の要素はすべてクラス B の集合に含まれる

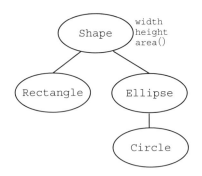

図 5.4 図 2.2 のプログラムのクラス階層

ことになる．このような「A は B である」の集合の包含関係により構築される A の B に対する関係をオブジェクト指向言語では**継承**という [74]．A が B を継承すると，A は B と同じデータ構造と関数をもち，子は親に制約や性質を付加した部分集合となる．たとえば，正方形の集合は長方形の集合の要素のうち，幅と高さが同じであるという制約を満たすものから成る部分集合である．

この設計をプログラムとして記述したものが図 2.2 である．Shape, Rectangle, Ellipse, Circle の四つのクラスの関係が extends により構成されている．Java では「A extends B」と記述された場合には，クラス A はクラス B を継承し，次の二つの効果がある．

- クラス A のインスタンスの内部構造は，クラス B のインスタンスの内部構造を拡張したものである[3]．ここで内部構造とはデータ構造と関数のことをいう．
- クラス A のインスタンスは，クラス B のインスタンスとして扱うことができる．

最初の効果はクラス A のインスタンスがクラス B のインスタンスのデータ構造と関数（オブジェクト指向では「メンバー」と言われるもの）を共有

---

[3] クラスを「拡張」するとは，クラスを規定するデータ構造や関数が増えることであり，子クラスのインスタンスは親クラスのインスタンスよりも大きい制約下にある．つまり，子は親の部分集合となる．

することを意味する．プログラム例では，Shape クラスを継承するクラスはいずれもデータ構造として幅 width と高さ height ならびに関数として area() を特に記述せずとも持つ．たとえば，Rectangle のインスタンスは，そのクラス内には，width, height, area() の宣言がないが，Shape を継承するので，実はこれらはあるのと同じことである．つまり，継承の効果の一つはプログラムコードの共有にあり，これはプログラミングでは重要な機能である．なぜなら，たとえばプログラムの誤りが発見されたときには，その誤りを一貫して直す必要があるため，同じプログラムコードはなるべく一箇所にまとめておくべきであるからである．継承によるプログラムコードの共有はプログラミングの上で強力である．

継承は一方でプログラムコードの上書きの連鎖をもたらす．Shape 中に定義された面積計算は単に width と height の積をとるだけのものであり，楕円の面積計算には不適当である．このような場合には，Ellipse 内で area() の処理内容を再定義することで，Shape のそれを上書きすることができる[4]．すなわち，継承はプログラムコードの共有を可能にするが，そのために，クラス階層の中で再定義や上書きの連鎖が起きることもあり，諸刃の剣でもある．

Java における extends の第二の効果は，子クラスのインスタンスは親クラスのインスタンスとして扱うことができるというものである．たとえば，25 行目で配列が用意されているが，配列の要素は Shape 型であることが示されている．そこに，Shape を継承しているクラスのインスタンス r, u, v を入れ，一括して面積計算を行い結果を出力している．このように，下位クラスのインスタンスを一括して，上位クラスのインスタンスとして扱うことができるのは，継承の第一の効果により，上位クラスの内部構造を下位クラスが共有していることが保証されるためである．たとえば，Rectangle クラスのインスタンスは，継承の第一の効果により width, height, area() を持つことが保証されているので，Shape のインスタンスとして扱うことができる．

---

[4] Circle は Ellipse を継承しているので，Circle の面積計算には Ellipse のそれが使われる．

以上の効果をもたらす継承は，クラス間の関係としては強力な関係であり，それがゆえにプログラミングにおいて難しいこともままある．第一に，継承を用いた構成では，どこで何が定義されているのかの全貌を知ることは難しい．特に，継承がゆえにコードを頻繁に上書きしているような場合には全貌を把握するのが難しい．たとえば，Circle の全貌は，面積計算は Ellipse 内で定義され，データ構造の幅と高さは Shape で定義されており，継承関係を上に遡ってやっとその全貌がわかる．関連して第二に，既存のプログラムを拡張するときには，既存のプログラムの細部まで理解する必要があるという難しさがある．クラスを継承する際は，クラスをすでに継承しているクラス群のどこで何が定義されているのかをよくわかってからでないと，新しいクラスをどこに追加してよいのかがわからない．たとえば，図 2.2 に台形や菱形を足すときには，どこにどう足すかは微妙な問題である．Shape の定義を一から作り直そうと思うかもしれない．第三に，二つのクラスを継承したいことがままあるが，継承による関係が強力であるために，多くのオブジェクト指向言語では二つ以上のクラスの継承（多重継承）は禁止されている．親クラスが二つになると，子クラスで二つの親クラスのデータ構造と関数がまぜこぜになるため，同じ名前の関数やデータが二親にあった場合にどのように考えるかなど複雑なことになってしまうからである．このように継承はクラス間に太い関係を構成するので，継承を用いて複数のプログラマが共同して一つのプログラムを構築することは難しい．というのも，プログラムの細部を複数のプログラマ間で逐一共有することには無理があるからである．クラスによるオブジェクト指向プログラムはプログラム作業の共有には向かないことが多い．以上のように，クラスの関係は，オブジェクトの内部構造を共有することを通して構成される．マイヤー [74] の言葉のように，クラス階層は「である」関係に基づいて構成され，「である」の概念による計算対象の一実現なのである．

　このような「である」に基づく構成は，第一義的には関数以前にデータ構造を共有することによる．より原始的な「である」に基づく Java プログラムが図 5.5 に示されている[5]．ここでは，オブジェクトの関係はデータ構造（幅

---

[5] このプログラムは 20〜21 ページの脚注 16) に示されているプログラムの中に埋め込む

第 5 章 「である」と「する」

```
 1: class Shape{
 2:   double width, height;
 3:   Shape(double w, double h){ width=w; height=h;}
 4: }
 5:
 6: class Rectangle extends Shape{
 7:   Rectangle(double w, double h){ super(w,h);}
 8: }
 9:
10: class Ellipse extends Shape{
11:   Ellipse(double w, double h){ super(w,h);}
12: }
13:
14: class Circle extends Ellipse{
15:   Circle(double r){ super(r*2.0,r*2.0);}
16: }
17:
18: double area(Rectangle f){return f.width*f.height;}
19: double area(Ellipse f){return Math.PI*f.width*f.height/4.0;}
20: double area(Circle f){return Math.PI*f.width*f.height/4.0;}
21:
22: void run(){
23:   Rectangle r = new Rectangle(5.0,8.0);
24:   Ellipse   u = new Ellipse(3.0,4.0);
25:   Circle    v = new Circle(3.0);
26:
27:   putStr("area: " + area(r) + "\n");
28:   putStr("area: " + area(u) + "\n");
29:   putStr("area: " + area(v) + "\n");
30: }
```

図 5.5 「である」に基づく図 2.2 の別のプログラム

と高さ）だけで関係付けられており，面積計算の関数は，クラスの外に配置されている（18〜20 行目）．逆の方法，つまり関数を残しデータ構造をクラスの外に出すことはありえない．というのも，インスタンスはまずデータ構造の具体値——たとえば長方形のインスタンスでいえば幅 5.0 高さ 8.0 などの具体値——が決まってはじめて記憶領域中に構築され，その上で関数を適用することができるものだからである．

ことで実行することができる．

関数がクラスの外に配置されたからといって，クラス階層は依然「である」に基づいており，これまでの議論は同様に成り立つ．関数がクラスの中からなくなったことで，三元的識別子は，もはや二元的識別子となっておりプログラム中の識別子はすべて二元的なものと化している．結果，このプログラムは以前に見たもう一つのHaskellのプログラム（図2.1）とほぼ同じであることに注目されたい．実際，図2.1の第一ブロックは図5.5の1～16行目に対応し，第二ブロックは18～20行目に，第三ブロックは22～30行目に対応する．また，ここに示したプログラム例では，Rectangleクラスのインスタンスに適用される面積計算は，18行目でdouble area(Rectangle f) {...}と記述され，多くの面積計算の中でどの面積計算が適用されるのかが，型によりarea側で判別されるようになっている点も図2.1と同じである．このように，二元的な識別子は「である」に基づくもので計算対象の内容がデータ構造により規定され，データ構造が決まってはじめて関数が適用される．つまり，データ構造が計算対象が何であるかをまず規定し，継承の原初的な効果はそれの共有に基づく．継承に基づくクラス階層は「である」に基づく構成である．

5.4 「する」に基づく構成

　プログラムは抽象データ型を用いて前節とは異なる観点から構成することができる．この場合のプログラムの構成は図5.6に示すものである．

　この図は図5.4とは異なり，抽象データ型のJavaでの実現としての**イン**

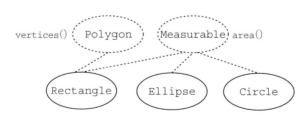

図 5.6　抽象データ型を用いた構成

ターフェースに基づいている．インターフェースは破線楕円で示されている．インターフェースは関数群を宣言しているだけのもので，インターフェースを実装するクラスがどのように使われるかを規定する．インターフェースを実装するクラスはこの図では実線の楕円で示されている．クラスは前に示したように，「である」に基づくオブジェクトであるが，これがインターフェースを実装することで，どのように使われるかが規定される．インターフェース内にはオブジェクトに対して適用可能な関数が宣言されているだけで，関数の具体的な定義としての実装は各クラスに任される．この例ではインターフェースMeasurableは面積計算の関数area()を宣言し，インターフェースPolygonは，辺の数を計算する関数vertices()を宣言している．長方形，楕円，円はすべて面積を計算することができるが，長方形だけが辺の数を計算することができる．

この図をプログラムにしたものが図5.7に示されている[6]．まず，二つのインターフェースMeasurableとPolygonが定義されている（1, 5行目）．インターフェースの中では複数の関数を宣言できるが，関数の実際の処理を記述することはできない．この点は，Shapeの中でareaの具体的処理が定義されていたクラスの場合と異なる．また，データ構造は具体的な実装の一部であるのでインターフェースの中には記述することは通常はできない[7]．

インターフェースの下に三つのクラスが前のプログラム例同様に定義されている．クラスは「である」に基づく構成であるが，クラスAがインターフェースBを「A implements B」と宣言して実装すると，クラスAのインスタンスに対して何を「する」ことができるかが規定される．「A implements B」は次の効果を生じる．

- AはBに宣言されている関数を実装しなければならない[8]．

---

[6] このプログラムも20〜21ページの脚注16)に示されているプログラムの中に埋め込むことで実行することができる．
[7] より正確には，Javaでは限定的ではあるがインターフェース内に記述できるデータ構造もある．
[8] 関数を実装するとは，関数の具体的な処理内容をプログラムとして記述することを意味する．

```
 1: interface Measurable{
 2:   double area();
 3: }
 4:
 5: interface Polygon{
 6:   int vertices();
 7: }
 8:
 9: class Rectangle implements Measurable, Polygon{
10:   double width, height;
11:   Rectangle(double w, double h){ width = w; height = h;}
12:   public double area(){ return width*height;}
13:   public int vertices(){ return 4;}
14: }
15:
16: class Ellipse implements Measurable{
17:   double width, height;
18:   Ellipse(double w, double h){ width = w; height = h;}
19:   public double area(){ return Math.PI*width*height/4.0;}
20: }
21:
22: class Circle implements Measurable{
23:   double radius;
24:   Circle(double r){ radius = r;}
25:   public double area(){ return Math.PI*radius*radius;}
26: }
27:
28: void run(){
29:   Rectangle r = new Rectangle(5.0,8.0);
30:   Ellipse   u = new Ellipse(3.0,4.0);
31:   Circle    v = new Circle(3.0);
32:
33:   Measurable[] ms = new Measurable[]{r, u, v};
34:   for (Measurable m : ms){
35:    putStr("area: "+m.area()+"\n");
36:   }
37:
38:   Polygon[] ps = new Polygon[]{r};
39:   for (Polygon p : ps) {
40:    putStr("vertices: "+p.vertices()+"\n");
41:   }
42: }
```

図 5.7 「する」の観点からのプログラム例

第 5 章 「である」と「する」

- A は B のインスタンスとして扱うことができる[9]．

　第一の効果については，インターフェースをあるクラスが実装することは，そのクラスがインターフェース中に宣言されている関数を持つことを保証し，その具体的な処理内容はインターフェース内において記述できない以上，クラス内で定義される．Rectangle クラスでは，Polygon を実装しているので，そのクラスの中に辺の数を出力する vertices が定義されている（13 行目）．一方で，全クラスが Measurable を実装しているので，面積計算のクラス area が各クラスで定義されている（12, 19, 25 行目）．

　二つ目の効果については，extends の二つ目の効果と同様である．具体的な形のインスタンスが，最終ブロックの run の中で 28～42 行目において定義され，使用される．三つの形のインスタンスが，29～31 行目に定義されており，33 行目で面積計算可能なオブジェクトを保持する配列が用意されて 34～36 行目で面積が一括計算され，また，38 行目で辺の数を出力可能なオブジェクト用の配列が用意されて 39～42 行目で辺の数が一括出力される．

　抽象データ型に基づくプログラミングには次のような長所短所があるであろう．まず，二つのクラスの継承は禁止されていたが，二つのインターフェースの実装は許されており，たとえば Rectangle の例に見ることができる．インターフェース内には具体的な処理は記述されないから，二つのインターフェース間で名前が重なったところで，所詮その具体的な処理はクラスの中で記述され，全く問題が生じない．また，プログラムは，インターフェースだけを見て拡張することができる．たとえば，このプログラムに台形や菱形などの図形を追加するならば，Rectangle, Ellipse, Circle のクラスとは無関係に，Measurable と Polygon だけを見てプログラムを追加することができる．一方で，抽象データ型だけを用いてプログラムを記述すると，コードの共有が行われない．たとえば，楕円と円の面積計算が近いとし

---

[9] 前述のように，また用語集にもあるように，インスタンスとは，一般的には，クラスとして規定された集合の一要素を言う．抽象データ型は，Java では型を規定するプログラム上の一単位で，クラスとは異なるものである．抽象データ型は，implements により必ずクラスを介して用いられる．抽象データ型を実装するクラス群のインスタンスを集合として包括的に捉える立場からは，その集合の要素の一つを，その抽象データ型のインスタンスと便宜的に捉えることもできる．

ても，面積計算のプログラムは共有されない．したがって，抽象データ型だけを用いたプログラムでは，同じプログラムコードがあちこちに分散してしまう問題がある．

以上のように，抽象データ型を用いることは，プログラムにおいて設計と実装を分離する効果をもたらす．インターフェースは設計だけを宣言し，具体的な処理内容はインターフェースを実装するクラス内で記述する．このため，二つのインターフェースを同時に実装することもでき，プログラムの拡張も容易である．一方で，抽象データ型だけを利用したプログラムでは，同じコードがプログラムのあちこちに分散してしまう難点がある．

結局，抽象データ型を実装するクラスは機能中心の「する」の観点で規定される．抽象データ型を実装すると何をそのオブジェクトに対してすることができるのかが明示される．プログラミング教室では，extendsの「継承」に対し，implementsを「契約」に喩えることがよくある [8, pp. 22–25]．この比喩は，血統に基づく「である」か，技能を表す「する」か，の対比を的確に表している．本章の冒頭の，根が殺人者だから殺人を犯すのか，人を殺してしまったから殺人者となるのかという比喩とも相通じるであろう．

5.5 「である」「する」と記号モデル

プログラミングという記号だけの世界においても，「である」「する」で対比される二つの構成が現れることを例を通してこれまで見てきた．これが記号のモデルとどのように関係するかを本節では見ていく．本章の冒頭に述べたように，対象の関係構造といえば普通は生物の系統樹のようなものを代表として思い浮かべ，実世界のものの本質に基づいて構築されると思いがちである．記述など実世界の本質を表層的に記しただけであると考えられがちである．「である」「する」の問題も，ものの本質に直結した対比のように一見思えてしまうこともある．しかし，対応する実世界が必ずしもあるわけではない記号だけの世界でも「である」「する」の対比が現れるということは，この対比は記述そのものに根ざしていると考えることができる．特に，「である」「する」の対比はオブジェクト指向言語において顕著である．このことから，

第5章 「である」と「する」

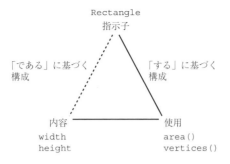

図 5.8 「である」「する」と三元論

オブジェクト指向的な考え方，特にオブジェクト指向のオブジェクトの記述の中にこの対比の源泉を探すことになる．第3章において，オブジェクト指向パラダイムとパースの三元論の対応を論じたので，記号論の観点からはパースの三元論に手がかりを見出すことになる．

第3章において，パースの記号の三元論と三元的識別子の対応が吟味された．クラス名がパースの表意体に，データ構造がパースの対象に，関数が解釈項に対応するとの仮説が立てられた．本書の記号モデルの用語では，クラス名が指示子，データ構造が内容，関数が使用に対応する．たとえば，指示子は Shape, Rectangle, Circle といった識別子に対応し，内容が width や height といったデータ構造に対応し，使用が area() や vertices() に対応する．この対応は図5.8に示されている．

図中に示したように，今二つの対応関係がある．

- 5.3節，5.4節から，データ構造/関数[10]と「である」/「する」の構成の対応関係
- 第3章から，記号の三元論の指示子/内容/使用と三元的識別子のクラス名/データ構造/関数[10]の対応関係

---

[10] 3.4節の脚注で述べたことでもあるが，「データ構造」と「関数」の対比は，あくまで第2章の例をもとに説明を展開していることに基づく．より汎用的には，計算対象の「定義内容」とその「使用」の対比である．たとえば，関数をオブジェクト指向的に記述する場合には，「関数の定義内容」と「関数を使用する別の関数」が「である」「する」に対応し，三元論の「内容」「使用」に自然に対応する．このように関数的な計算対象に対しても，本章の論は同じように当てはまる．

ここから，次の仮説が導かれる．

- 「である」は記号モデルの内容に着目して構築される関係構造である．対象は内容に基づいて関係付けられる．
- 「する」は記号モデルの使用に着目して構築される関係構造である．対象は使用に基づいて関係付けられる．

言い換えると，記号モデルとして三元論を用いた場合に，記号モデルの構成要素のどちらに注目して記号の関係を構築するかで「である」と「する」の対比が生じる，というのが本章の仮説的結論である．このように考えるなら，「である」「する」の関係構造の対比は記述，あるいは記号のモデルに根源があることになる．この点，以前は記号はものに付けられる名前に過ぎないと考えられていたのを，ソシュールが指示子が内容を分節すると転回したように，ものの関係構造においても同様の転回を考えることができる．ものの本質がものの関係構造を決めるのではなく，記号が存在を規定し，記号が関係構造を決めるということである．とするならば，他の分野でも，対象――パースのではなく記述する対象――を三元論で記述すれば，オブジェクト指向言語同様に「である」「する」の関係構造の対比が生まれるということである．

　この仮説は，「である」や「する」が，二元論に基づくというようなことを意味しない．「である」の関係構造は二元論，三元論の両方の考え方から導出されうるであろう．二元論に基づく関係構造は，第 3 章の結果から考えることができる．対象が二元論の記号を用いて記述される場合には，対象の関係は内容によってのみ構築され，関係構造は「である」に基づくことになる．実例は 5.3 節の最後でふれたとおりである．関数をクラスの外に出すことで使用は記号の外に置かれ，二元的識別子のみに基づくプログラムである図 5.5 が得られ，その時の構成は「である」であった．したがって，「である」は二元論・三元論の両方の捉え方から現れうる．一方の，「する」は三元論にのみ基づく．二元論は使用を記号モデルに含めないので，「する」関係構造は現れ得ない．そして，「である」「する」の対比は三元論において現れる対比である．というのも，何に注目して関係を考えるか，という点において三元論ではじめて内容か使用かの選択肢が生じるからである．記号の構成要素のいず

第 5 章 「である」と「する」

れに注目するかによって,「である」関係構造が得られたり「する」関係構造が得られたりする,ということである.

このような「である」と「する」の対比は,記述対象に対する視点の置き場所の違いを反映しているように思われる.「である」は,対象を内側から規定し,その上で何ができるかを位置付ける.一方で,「する」は対象の内容はひとまず置いておき,対象を外側から見たときの振る舞いで規定する.すなわち,「である」は対象の内側に視点を置き,「する」は対象の外側に視点を置くという見方の差があるように思えるのである.実際,継承に基づくプログラミングにおいては,計算対象本体としてのデータ構造に着目するのに対し,抽象データ型に基づくプログラミングでは,オブジェクトに適用することのできる関数,あるいはオブジェクトの振る舞いからオブジェクトを規定する.この点記号論の観点からは,三元論では,対象がどう使用されるかが記号の一部を構成したので,内外両方の視点がありえる.一方,二元論では,内容だけが記号のモデルに含められ使用は全体論的価値となるので視点は内しかない.つまり,記号に関する捉え方については,二元論で内,三元論で内と外の三種類のみであり,以上を第 I 部ですべて吟味してきたのである.

パースの思想は以上見てきたようにオブジェクト指向パラダイムとの整合性が高いが,この視点の置き方については,パースは三元論の中でもどちらかというと「である」的な捉え方をしているかに見える.第 II 部で詳しく見るが,パースはあらゆるものを三分類して思索する方法論を持っており,記号の構成要素も三分類している.そして,表意体は記号の第一項,(パースの)対象は記号の第二項,解釈項は記号の第三項である,とする [80, 2.274].パースのこの番号付けは項の原初性に対応し,つまりパースの直接対象は解釈項よりも原初的である.実際,プログラミングにおいてもデータ構造が定まってインスタンスが構築されなければそれに関数を適用することはできないように,パースは内容はその使用よりも原初的であるとみる内側からの視点を取っているということになろう.

一方,「する」に類する視点の置き方に基づく思索を展開した学者としては,ハイデッガーが挙げられる. [127] に著されたハイデッガーの思想を解説する

ゲルヴェンの言葉を借りれば,「である」「する」部分に該当する思索は次のようにまとめられる [123, p. 129].

> 「我々と世界との原初的関係はまずそれを使うことである.つまり,世界は我々にとって使えるもの——「手元にある」(zuhanden) ものである.世界を機能や有用性とは無縁の事物から成り立っている,すなわち世界を「事物的」(手前にある) (vorhanden) だと見るのは,世界に対する原初的関係ではなくて派生的関係である.」

ハイデッガーの「手元にある」(zuhanden) および「手前にある」(vorhanden) と,「する」および「である」との対応が窺えるであろう.そして,ハイデッガーにおいてより原初的なのは,上に述べられているように「手元にある」,つまり「する」の方である.ハイデッガーの視点は対象の外側からの視点をとる.未知の対象に接する際はその対象の内実は到底知りえないから,まずは外側から接して対象を使用してみる.ユーザの観点から使うだけならば,対象の具体的内実は知らなくても使うことができる.まず使ってみて,使っていくうちに対象を次第次第に理解したような気になっていく,というようなことであろう.実際,プログラミングにおいても,抽象データ型さえあれば,細かい内実はわからなくとも,どう使うかは少なくともわかり,プログラムの拡張も容易で,共同作業に向いていることは 5.4 節で抽象データ型の利点として述べたところである.

すなわち,記述対象に対する視点の内外については,内側からはその対象がどう「であるか」の内実がまず構築されなければ,それを使用することはできないが,外側から単に使うだけならば,使用の方が原初的であり,内実は派生的であるということだろう.「である」「する」の対比は記述対象を前にした時の,視点の置き方の違いでもあるということである.

5.6 「である」と「する」の融合

上の「する」の見方において,使っていくうちに内実が次第次第にわかることは,前章の記号の使用が内容を分節する議論を彷彿とさせる.ハーダーの言葉にちなんで述べるならば,まさに使用が内容へと凍り付いていく過程で

第 5 章 「である」と「する」

ある [50, p. 127]．また，前章の帰結では再帰的な記号では内容と使用の峻別は消滅するということであったが，それと「である」「する」との対応を考えると，再帰的な記号においては，「である」「する」の対比が消滅するということになる．たとえば，二つの再帰的定義 x = f x と y = f y において，x と y の関係について考えると，「である」に基づけば，x と y は共に f の不動点である観点で関係付けることになる．一方，「する」に基づけば，f に再帰的に繰り返し適用されるもの[11]という点で関係付けることになる．つまり二つは同じである．

「である」「する」の融合は絵画のような人間的な対象においても同様にみることができる．本章の最初で，図 5.1 と図 5.2 が共通の内容に基づく「である」の関係，図 5.1 と図 5.3 は共通の解釈と表現技法に基づく「する」の関係として述べた．しかしながら，内容と解釈は人間の記号においてはそう簡単には峻別できず，この点は前章でも見たとおりである．実際，円山応挙もフォンタナも内容としての線「である」ものを描きたかったのかもしれない．また，フリードリヒの氷は，内容というより，何かの解釈としての表現手段が氷の情景であったのかもしれないのである．冒頭の絵画は，比較的「である」「する」の峻別が明快であろうものを敢えて選んでいるが，通常は絵画においては「である」「する」の峻別はそう明らかではないのである．

「である」と「する」の峻別が明らかだからこそ，どちらの関係構造を採択するのかが問題となる顕著な例がプログラミングである．前章の帰結でも述べたように，このような峻別が顕著であるのは，プログラムが形式的で，記号の再帰性に限界があることに一つの原因がある．実際問題として，クラス階層と抽象データ型をどのように組み合わせ，プログラムコードの共有と作業の共有の利点を最大限引き出すのかは，オブジェクト指向プログラマの悩みでもある．

政治学者丸山真男も「である」「する」に思いを馳せた人物の一人である．丸山によれば，「である」から「する」への移行は近代を象徴し，その背景には「複雑さの増大」がある．近代に入って社会的複雑さが増大し，「である」

---

[11] 4.4 節で見たとおり，不動点を求めることは繰り返し同じ関数を適用することである．これについては今後も見ることになる．

に基づく社会の階層構造と，非効率的な教理や権威が瓦解した．複雑さの増大は，「である」ですべてを捉えられなくなり，表層的な「する」に基づいて対象の価値を捉えることへの移行を余儀なくする．丸山によれば，近代の問題は「to be or not to be」ではなく「to do or not to do」であるという．

分野は全く異なるが，事情はプログラミングにおいても同様である．抽象データ型はまだ，その用語が確立しないほどに新しい．その背景には，ソフトウエアの大規模化と複雑化がある．以前のプログラマは全貌を把握できる小さなプログラムだけを生成していたので，すべてを「である」で捉えることができた．ところが，昨今のプログラマは巨大で複雑な言語システムの中に投げ込まれるのである．その中で辛うじて何とか既存のものを使って新しい何かを作っていくには，対象の内実よりも，まず対象をどう使うことができるかを把握し，対象のインターフェースを通じて，その範囲で限定的に対象を用いるようになる．このように，昨今のプログラマは自分でプログラムを隅から隅まで書き尽くす場合には「である」に基づき，それ以外は「する」に基づいて既存のものを再利用することで，プログラムを記述する．

すなわち，「である」と「する」を用いるべきところで用い，いかにバランスさせるかが重要である．丸山は「である」と「する」の用い方が往々に取り違えられることに警告を発している．「する」に基づくべきところを「である」として誤り，「である」であるべきところを「する」として誤る．プログラムにおいても同様である．「である」と「する」をいかに正しく使い分け，バランスさせるかが重要である．現代の情報記号の問題のひとつは「to be or to do」であり，そのためにも記号のモデルと関係する「である」と「する」の本質を理解することは重要であろう．

5.7 まとめ

本章では，「である」と「する」の関係構造の対比が，記号の三元論の構成要素のうち，内容と使用のいずれに着目して関係を構築するかにより出現することを論じた．それはオブジェクト指向プログラムの二つの構成の違いを見ることを通して行われた．クラスは，データ構造の共通性——「である」

第5章 「である」と「する」

——に基づいて計算対象の関係を構成するのに対し，抽象データ型は関数の共通性——「する」——に基づいて計算対象を構成する．この対応関係と，オブジェクト指向プログラムと三元論の対応関係を見ることから，「である」「する」関係構造と記号の三元論の関係を仮説として提唱し，関係構造は必ずしも対象の本質に根ざして構築されるのではなく，記号のモデル，すなわち記述が関係構造を規定することを論じた．

第I部は二元論と三元論をめぐり，その対応，ならびに構成要素の役割，そして記号モデルから立ち現れる記号の関係構造について述べた．第II部では第I部をふまえて，記号と対象の種類について，より詳しく見ていく．

第 II 部
記号の種類

第6章 文 x := x + 1

> われわれが銘記しておかねばならないのは，この一覧表において，きちんと区別され三つの独立した意味の領域を示しているように見える部門（カテゴリー）のそれぞれは，実際には，統一体としての美術作品という一つの現象の各面に適用されているのだということである．
> エルウィン・パノフスキー『イコノロジー研究』[128, p.55] から．

6.1 三つの異なる記号

図 6.1, 図 6.2, 図 6.3 は，鳥をテーマとした絵画や彫刻であるが，その表現は大きく異なり，特に表現の抽象レベルが異なる．若冲の図 6.1 には，動き出しそうなほどリアルな番いの鶏が描かれている．ここに描かれているのは，個，あるいはインスタンスとしての鶏である．マグリットの図 6.2 では，鳥は青い空の抜き型として表現されている．ここでは鳥の指標としての空が描かれているのであろうか．図 6.3 のブランクーシの鳥は，鳥の本質とでも呼べるような抽象的な姿として表現されているかにみえる．三つの芸術は鳥を次の三つの異なる表現レベルで表象すると捉えることができる．

- 特定のインスタンスとしての鳥．
- 別ものによる指標としての鳥．
- 抽象的な鳥一般としての鳥．

絵画の主題や内容のこのような異なる表現レベルは，冒頭に引用したパノフスキーの著作 [128] においても分類されており，また，情報記号においても見ることができる．たとえば，次の文[1]を例としてあげることができる．

```
integer x = 32
```
(6.1)

これは，32 という値を integer, x, 32 の異なる記号で表している．32 は値そのものをそのまま表現する記号である．x は識別子であるが，2.4 節で説

---

[1] 用語「文」については第 2 章および，用語集参照．

図 6.1　伊藤若冲 (1716–1800);
大鶏雌雄図, 三の丸尚蔵館

図 6.2　ルネ・マグリット (1898–1967);
大きな家族, 個人蔵

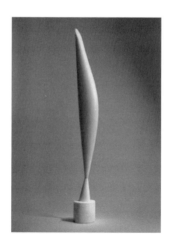

図 6.3　コンスタンタン・ブランクーシ (1876–1957);
鳥, Neue Nationalgalerie

明したように，識別子の具体的内容はアドレスである．そのアドレスの場所に値32を格納するので，xにより値32を表すのである．integerは32という値の型，あるいはデータの種類を表しており，抽象レベルの高い表現となっている．同様の文は第2章の図2.2のプログラムにも現れる．たとえば，21行目の以下の文である．

$$\text{Rectangle r = new Rectangle(8.0,5.0)} \tag{6.2}$$

右辺が具体的な個別の長方形を示し，それをアドレスrが示し，型Rectangleが示している．同様に22, 23行目も同じように，楕円や円のインスタンスが異なる抽象レベルで表現されている．

つまり，プログラムにおいては一つの値が，**型**，**アドレス**，**値**の三つの異なる方法で指示される．このようにある値が複数の異なる抽象レベルで表現されるということは，少なくとも次のような曖昧性の問題を生むであろう．

ある識別子が与えられたとき，それは型，アドレス，値のいずれを表すのか．

プログラミング言語は，曖昧性は必ず解消されるように言語仕様上設計されてはいるが，ユーザにとって見分けが問題となる場合がある．たとえば，次のような文である．

$$\text{x := x + 1} \tag{6.3}$$

この文は第4章で見た再帰的定義に似ているが，=の部分が:=である点が異なる．これは，プログラミングでは**代入**と言われ，=とは解釈が異なる[2]．代入文では，まず:=の右辺が計算される．これを左辺の識別子の値として代入する．つまり，識別子が示す記憶領域中のアドレスの箇所に右辺の計算結果を書き込むことを意味する．上の文では，右辺のxの値を得て，それに1を足した結果を得て，xのアドレスの場所に結果の値を書き込む，つまりxの値を1増やすことを意味する．ここで問題となるのは，:=の左右で，xが何を表すか，ということである．右辺のxは値としてのxであるのに対し，左辺のxはxのアドレスを表す[95]．この文を「xの値をxの値に1に足した

---

[2] 再帰的定義が=により表現されないプログラミング言語では，:=ではなく，=を単に代入の意味で使用することがある．たとえばJavaはその一つである．

ものに更新する」と読んでしまえば，xの表すものは両方とも値に見えるかもしれない．しかし，厳密な処理は上記のステップで行われ，左辺のxはアドレスを表現する．つまり，xは値とアドレスの両方を表す．この問題をマグリットの図6.2に喩えれば，鳥を表すのか空を表すのかが曖昧であるということに相当するだろう．

このような指示の曖昧性は，次節で紹介するように他にも散見され，初心者プログラマを悩ませてきただけでなく，どのように整理すべきか，言語設計者たちの論争の種となってきた．2.3節で示したように，コンピュータのハードウエアのレベルで，識別子がアドレスであり，そこに格納される値をも表す以上，識別子がどちらを指し示すのか曖昧になってしまうのは，原理上どうしようもないことである．

実は，このような記号の指示の曖昧性の問題は，絵画にも見られたことからしても記号一般の問題であり，記号論では記号の種類の問題として扱われる．本書の第II部では，記号や対象の種類について議論する．特に本章は記号が内容を表す表し方の種類，すなわち表現レベルについて議論する（図3.8参照）．記号の種類に関しては，第I部で見た記号の二元論と三元論において，それぞれ提唱されている枠組みがある．二元論については，イェルムスレウがソシュールの二元論を引き継いで記号の種類を形式化している．三元論についてはパース自身がマニアックともいえる形式化を行っている．本章は，この二つの対応を見ることを通して，記号の種類の本質にせまる．

二元論と三元論の記号モデルは，モデルにおける対応すらバビロンの混乱状態にあることは，第3章においてみたとおりである．いわんや記号のモデルの上に構築される記号の種類の対応に関する論など皆無といってもよい状態である．唯一何とか探し当てたものは [78, 第2章] であるが，これもイェルムスレウとパースの考え方の単なる並置にとどまり，具体的な対応は示されていない．

第3章においても述べたが，二元論も三元論も同じ記号に関するものである．もし二つの枠組みが同じ対象をそれぞれ正しく捉えているのであれば，二つは対応付けられるはずである．そして，一方の枠組みに見られる考え方に対応する考えがもう一方の枠組みにも存在するはずである．第3章で得ら

れた記号のモデルの対応に関する仮説をふまえ，さらに記号の種類の対応を論じるのが本章の目的である．第3章における方法論は，プログラムに対して各モデルがどのように対応するかをそれぞれ考え，それを通して二つのモデルの対応を考えるというものであった．本章も同じ方法論を用いる．まず情報記号において問題となっている曖昧性を整理し，これに対し，イェルムスレウとパースの記号の分類のそれぞれを適用する．これを通して二つの記号の分類の対応を考える．

6.2 指示の曖昧性

上の文 x := x + 1 の例においてみた値とアドレスの曖昧性は，識別子の本質に関わり，避けることができない問題である．コンピュータは状態遷移機械であり，記憶領域を参照し書き換えながら計算は進む．状態とは記憶領域中のビット列のことで，計算により記憶領域は書き換えられ，状態は遷移する．各識別子が表し，一時的に記憶されるビット列は値と呼ばれ，値はアドレスを介して参照される．

二つの x による例を前節で見たが，これは識別子の原初的な有り方，つまり識別子はそもそもアドレスであることに原因があるため，アセンブリ言語においてすでに同様の問題がおきる．アセンブリ言語はコンピュータの CPU (central processing unit, 中央処理装置) を制御する言語で，CPU ごとに定められる．Intel8086 [85] において x に相当する曖昧性が現れる例を図 6.4[3]) に

```
1: var dw   1234          ;; 1ワード分の記憶領域 var を用意し，
                          ;; 値を 1234 にする．
2:      mov ax,var        ;; var の値を ax に格納する．
3:      mov ax,offset var ;; var のアドレスを ax に格納する．
4:      lea ax,var        ;; var のアドレスを ax に格納する．
```

図 6.4 Intel8086 のアセンブリ言語によるプログラム

---

[3]) Intel8086 では ;; に後続する部分は，コメントを表す．コメントは実行時にはすべて無視される．

示す.

このプログラムは何ら大した処理はしない．1行目でvarと名前を付けたメモリ領域一語分を用意し，1234を格納する．2行目でその値をCPU内の計算のための記憶領域であるレジスタに格納する．その後，3行目，4行目でレジスタにvarのアドレスを格納することを二回行う（3行目と4行目は同じことを別の命令で表現している[4]）．movとleaは計算のために必要な値をレジスタに格納するためのCPUの命令であるのに対し，varは記憶領域中のアドレスを示す識別子である．また，dwとoffsetは擬似命令といわれ，プログラムをどのようなビット列として翻訳するかをアセンブラに示すために用いられる．

varが二つの方法で用いられていることに注目されたい．

- varが示す記憶領域内に格納されている値
- varが示す記憶領域のアドレス

たとえば，2行目ではvarは値であるのに対し，3, 4行目では，varはこの領域のアドレスを表す．どのような値も記憶領域内に格納されなければならない以上，値とアドレスの曖昧性は，避けることができない．したがって，記憶領域のアドレスは，アドレスそのものも表すし，そこに格納されている値をも表す．

曖昧性の解消は文脈に依る．上の例における文脈とは，

- どのような命令が使われているか，leaかmovか，
- 識別子の前に予約語[5]offsetがあるかないか，

である．たとえば，2, 3行目は同じmov命令であるが，varは2行目では値を表すのに対し，3行目ではoffsetがあるためにアドレスを表す．このように，識別子の本来的な曖昧性の解消は，文脈中でどのように識別子が使われるかに依り実用論的に行われる．

---

[4] leaはアドレスを取得するための命令であるのに対し，movは代入のため命令である点が異なり，本来二つの命令は別の目的で用意されている．アドレスの代入はこの両者に関わるため，leaを用いてもmovを用いても同じことを記述することができる．

[5] 予約語については2.3節を参照．

第 6 章 文 x := x + 1

　アドレスと値の間の曖昧性は，識別子が実のところ何であるかに基づくため，通常の高水準のプログラミング言語において解消することはできず，前節で示した次の例のようにしばしば現れる．

$$\text{x} := \text{x} + 1 \tag{6.4}$$

この文において，xはアセンブリ言語におけるvar相当の識別子である．プログラム中の識別子はコンパイラによってアドレスに変換されるために，識別子は値を表すのかアドレスを表すのかという問題が起きる．この曖昧性も文脈を利用して解消される．ここでの文脈とは，:=の左右どちら側にあるかということである．正確な解釈は言語に依存するが，典型的な例では，左辺の識別子はアドレスを表し，右辺の識別子は値を表すとされる．[95]ではこれらを区別するため，左辺の識別子を「左辺値」，右辺の識別子を「右辺値」などと呼んで，使い分けている．

　同じ問題は，プログラム中に識別子が現れるたびに起きる．初心者プログラマを悩ませる別の根深い例は，関数呼び出しにおいてデータを渡す際に，値そのものとして渡すのか，それともデータを格納したアドレスを渡すのか，という問題である．この問題を見るために，Java プログラムの例を図 6.5 に示した[6]．プログラムにはnoset, set, testの三つの関数が定義されている．noset関数はbを引数として渡され，その値を123に変更するだけの処理を行う．これは，test関数の中から11行目において呼び出されており，10行目でxの値を456としてから，nosetに渡される．値を変更するだけの同じような処理がもう一方の関数のsetでも行われている．こちらの場合に渡されるのは配列である[7]．aは配列で，そのi番目の要素の値を123に変更する．13行目において，配列vの0番目の要素の値を789にし，それが14行目でsetに渡されている．要は，setもnosetも渡された識別子の値を123に変更するだけである．

　しかし，このプログラムが実行されると，setとnosetで結果は全く異なるものとなる．その様子が図 6.6 に図示されている．v[0]，つまりvの

---

[6] Javaでは//に後続するものは，コメントである．また，前述のとおり，Javaにおける=は代入を表し，このプログラムにおける 2, 6, 13 行目はいずれも代入である．

[7] 配列はデータをまとめて格納するデータ構造であり，図 2.2 の例においても用いた．

```
 1: void noset(int b) {
 2:    b = 123;
 3: }
 4:
 5: void set(int[ ] a, int i) {
 6:    a[i] = 123;
 7: }
 8:
 9: void test() {
10:    int x = 456;       // xの値は456に定義される.
11:    noset(x);          // xの値は123には変更されない.
12:    int[ ] v = new int[100];
13:    v[0] = 789;        // v[0]の値は789に定義される.
14:    set(v, 0);         // v[0]の値は123に変更される.
15: }
```

図 6.5　値渡しとアドレス渡し

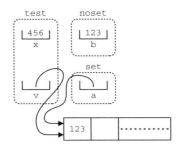

図 6.6　図 6.5 に示したプログラムの内部処理

0 番目の要素の値は 123 に変更されるが，x の値は変更されないのである．これは，noset が b として x の値を受け取るのに対し，set は a として v のアドレスを受け取るからである．noset が呼ばれると，b と名付けられた新しい記憶領域が用意される．そして，x のもとの値 456 が b にコピーされる．noset の本体において，b の値を 123 に変更するが，もともと x の領域と b の領域は異なるものなので，もとの x の値は 456 のままである．一方で，set では，v は配列である点が異なる．set が呼ばれると，a と名付けられた領域が記憶領域内に用意されるが，v のアドレスが a にコピーされる

のである.すなわち,aとvは共通の領域を指し示すことになる.aの0番目の要素が123に変更されると,当然vの0番目の要素も変更されることになる.要するに,関数呼び出しを行うときに,引数用の記憶領域にコピーするのが値なのかアドレスなのかという差である.

関数に値とアドレスのどちらを渡すのかは,再び文脈により実用論的に決まり,今回の場合は,引数の型で決まる.2.4.2節で述べたように,Javaの型は言語仕様上事前に定義され導入されている基本型と,ライブラリや個別プログラムでプログラマが定義して導入する複合型の二つがある.Javaでは,基本型は値として扱われ,複合型の場合はアドレスとして扱われる.この仕様は関数の引数でも同様に考えられており,引数が基本型の場合には値を渡し,複合型はアドレスを渡す.つまり,例においては,nosetの引数が基本型であったので値が渡され,setの引数が複合型の配列であったのでアドレスが渡される.

いつ値を渡しいつアドレスを渡すのかは,言語設計に依存する.したがって,識別子の曖昧性がどのように解消されるのかについて,プログラマはプログラムを書きはじめる前に言語仕様を理解しなければならない.言語の仕様を理解した上で,どのようにプログラムが実行されるかを思い描いてはじめて,ある識別子が値なのかアドレスなのかが識別できるようになるのである.この混乱の原因は,情報記号がどのように解釈されるのかが,記号単体の字面を見ただけではわからないという点にあり,初心者プログラマばかりか,玄人にとってもややこしいことがある.

これまでは,値とアドレスの曖昧性について考えてきたが,これは,ハードウエアのレベルにおける識別子の本質を原因とし,どうしても現れてしまう問題であった.次に識別子の別の曖昧性を見よう.今度は型と値の曖昧性である.図2.2のプログラムから,冒頭で見た文を再掲する.

$$\text{Rectangle r = new Rectangle(5.0,8.0)} \tag{6.5}$$

この文は幅5.0高さ8.0のRectangleクラスのインスタンスを作り,Rectangle型のrという識別子として定義するというものであった.左辺のRectangleはrの型がRectangle型であることを宣言するものである.

一方の右辺のRectangleはインスタンスを初期化する関数，つまり構成子を表し，これは，図2.2の8行目のRectangleを表す．右辺のRectangleは，具体的な値としての長方形を生成する関数である．自然言語の例を挙げるならば，左辺のRectangleは，種としての長方形，長方形一般，あるいは集合としての長方形を指し，「正方形は長方形の一種である」などと言うときと同様である．一方で右辺のRectangleは，個としての具体的な長方形を生成することを表し，ここでは，幅5.0高さ8.0の長方形が，このRectangleによって作られる．

すなわち，Rectangleは型と値に相当するものの両方を指すために用いられている[8]．同様のことは，22行目と23行目のEllipseやCircleについてもいえる．型と値のどちらかを表すかは，文中での識別子の用いられ方を見ることにより明らかとなる．たとえば，newの後にあったら構成子であるなどと判断する．

プログラム中で，型なのかアドレスなのか値なのかが明確にわかるようにしようという試みはこれまでにもみられるものであり[74]，それには本節で見てきたアドレスと値，型と値の曖昧性に対するものが含まれる．たとえば，Simula[32][33]では，識別子は次のように宣言される．

$$\begin{array}{l} \text{x : ref Rectangle} \\ \text{m,n : INTEGER} \end{array} \qquad (6.6)$$

すなわち，識別子は導入当初からアドレスなのか，値なのかを宣言される．しかしながら，図6.4で見たようにアドレスを値として処理することもあるため，このような制限を設けると，かえってプログラムが面倒になり余計な混乱を招くことがある．型と値についても，言語によっては初期化用の関数としての構成子に型とは別の名前を付けているものもある．たとえば，Ruby言語[137]ではインスタンスの構成子はinitializeという名前が付けられ，Rectangleのインスタンスの初期化の式(6.5)は，次のように表現される．

---

[8] 構成子はクラスに属する以上，これはクラスを表すと捉えられなくもない．実際，2.2節の関数型言語のプログラムの例において，構成子が型相当であるとも述べている．しかし，型と構成子という二つの異なるものに同じ識別子を用いることがあるという点でそこに曖昧性があることは間違いないし，構成子は具体的な値を構築するものである点をふまえ，本章では値と型をめぐる曖昧性について論じるものである．

```
        r = Rectangle.new(5.0,8.0)                          (6.7)
```

この場合は，newが用いられることによりinitialize関数が呼び出され，Rectangleは常に型を表す．このような記述方法はシンプルで合理的である．にもかかわらず，オブジェクト指向言語の多くでは，構成子はクラスと同じ識別子が用いられている．

このような曖昧性は，ある値が異なるレベルで記号として表現されるために起こる．値は0と1のビット列で表現され，ある記憶領域に格納され，そこのアドレスで表現され，そのアドレスが識別子で表現され，型を持つ．ある値を表す表し方に，複数の表現レベルがあるのである．この複数の表現レベルは，記号論では記号の分類として扱われる問題である．記号が複数の構成要素から成り，各構成要素がまた記号で表されることから，異なる記号が混ざり，元の記号が内容にまつわる様々なことを派生的に指し示す．本章では，ある内容を記号がどのレベルで指示するかに焦点を合わせ，二元論・三元論の分類を，以上見た情報記号の表現レベルに適用する．

6.3 イェルムスレウの記号の分類

記号の分類を二元論においてソシュールの理論をふまえて考えたのはイェルムスレウである．イェルムスレウはソシュールの二元論を独自に拡張し，これをグロセマティクスと呼んだ[116][9]．イェルムスレウは記号モデルの二つの構成要素としてのシニフィアンとシニフィエに相当するものを，「表現」(expression) と「内容」(content) と呼び表し，ソシュールの考えとは区別している．本節はイェルムスレウの理論に基づくが，「表現」は本書では曖昧な語の一つであるので，イェルムスレウの用語に代えて，本書で対応するところの指示子と内容を用いる．本節で用いるイェルムスレウの記号分類は，その

---

[9] [77]などの説明を概略すると，グロセマティクスとは，言語における意味単位ないしは記号としてのグロセームに関する学問である．グロセマティクス (glossematics) は，用語 (glossary) と数学 (mathematics) から成る造語で，この理論の考え方を表している．それは，数学のように記号を形式的に捉え，記号の関係や記号系を公理や原理により記述しようというものである．たとえば，グロセマティクスでは，本節で述べる直接指示記号や間接指示記号を記号の二元論だけから説明しようとする．

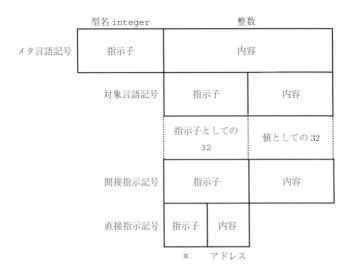

図 6.7 イェルムスレウの記号分類

理論を応用する研究を多く行ったバルトによる捉え方を基本とし [12][13][77, pp. 310–313]，これを情報記号の観点から拡張的に解釈して捉えたものである．

記号の種類を考えるにあたって，イェルムスレウは，指示子と内容がそれぞれ再帰的にさらに記号を形成すると考えた．これをバルトは，図 6.7 に示すような図を用いて説明した．図の上部は内容が記号となる場合としての**メタ言語記号**と**対象言語記号**の関係を表す一方で，下部では，指示子が別の記号となる場合としての**直接指示記号**と**間接指示記号**の関係を表す[10]．

イェルムスレウによれば，直接指示記号は記号であるが，これが別の記号の指示子部分となり，その別記号の内容を間接的に指示するとき，この別記号を間接指示記号という．本来的には無関係な，異なる内容を表す二つの記号が結びつき，直接指示と間接指示の指示子が重なることで，直接指示記号の指示子が第二の記号の内容を間接的に表す．イェルムスレウ自身の例を借りる [116, p. 105] と，「緑色の目をした怪物」は「嫉妬」を意味する[11]が，文

---

10) 原文では直接指示は denotation, 間接指示は connotation である．denotation, connotation の和訳には外延・内包なども考えられるが，本書ではバルトの解釈と情報記号上の本節の結論をふまえて直接指示・間接指示との訳語を用いる．

11) シェークスピアの作品で用いられている喩え．

字通り緑色の目をした怪物の意味もある．「緑色の目の怪物」という指示子に対し，本来の「怪物」の意味が直接指示記号の内容，派生した「嫉妬」の意味が，間接指示の内容に対応する．もう一つの例はバルトによるもので [77, p. 310]「黒人が仏国のユニフォームを着てフランス国旗を掲揚する」写真がある場合，その写真を指示子とする時，直接指示記号の内容はその写真の文字どおりの内容であるが，間接指示記号の内容としては，「フランスの植民地政策」となる．

一方，メタ言語とは言語に関する言語を意味する．考察の対象とする言語を対象言語と言い，それに関する言語がメタ言語である[12]．メタ言語の記号の内容は，対象言語の記号に相当し，この二層では，内容が重なりを持ち，対象言語の内容が抽象化されてメタ言語の内容としても捉えられる．たとえば，品詞は対象言語を自然言語と考えたときの，メタ言語である [77, p. 311]．イェルムスレウはメタ言語記号を「科学的なもの」であると説明する [116, pp. 100–101]．

以上がどのように情報記号に適用されるかを見てみよう．コンピュータ上ではすべての情報は 0 と 1 として表現され，処理される．このようなビット列はコンピュータ上のあらゆる情報記号の究極の実体である．高水準のプログラミング言語で書かれたプログラムにおいてこの実体としての値に直接対応するのは，リテラル（2.3 節参照）である．たとえば，図 6.5 中の 123 や 456 は，コンピュータの記憶領域中に格納されるビット列に直に対応する．

値は識別子で表現され，これもまた記号である．識別子の直接の内容は記憶領域のアドレスであるが，アドレスの場所に格納されている値も間接的に表す．たとえば，文 x = 32 において x のアドレスと 32 の指示子は重なり，x は 32 を表す．つまり，x の直接指示記号の内容はそのアドレスで，これを用いて派生的に間接指示記号の内容としての値 32 を表す[13]．

---

[12] 本章でのメタ言語記号やメタ言語は，イェルムスレウのそれに基づき，第 11 章に表れるプログラミング言語の意味でのメタ言語とは異なる．用語集参照．

[13] 指示子と内容がそれぞれ別記号を形成するイェルムスレウの枠組みの範囲で考えると，記号の派生の仕方は，確かに図 6.7 の二種類しかありえない．値とアドレスの関係は，このうちの対象言語・メタ言語の関係ではありえないので，すると直接指示・間接指示の関係と対応すると考えざるをえない．直接指示記号と間接指示記号は，異なる無関係な記号の結びつきであることをふまえると，値・アドレスとこの二層との対応関係は妥当である．では，直接指示記号の層が値に対応するのかアドレスに対応するの

一方で，メタ言語記号については，型と値の関係に自然に適用することが可能であろう．メタ言語記号は，具体的な値を抽象化したものとしての型に対応する．たとえば，

$$\text{integer x = 32} \tag{6.8}$$

で考えてみると，32 は内容としての値 32 を表す指示子であり，型の integer は，32 を対象言語の記号と捉える時のメタ言語記号の指示子で，その直接の内容は整数の集合に相当するであろう．

上の文とイェルムスレウの記号分類の以上の対応が，図 6.7 内に示されている．integer と 32 の関係がメタ言語と対象言語の部分に示されている．一方で x と 32 の関係が，下の直接指示と間接指示の部分に示されている．

また，このような対応は次の文においても同様に考えることができる．

$$\text{Rectangle r = new Rectangle(5.0,8.0)} \tag{6.9}$$

右辺の幅 5.0 高さ 8.0 の長方形を対象言語における記号として捉えると，左辺の Rectangle はそのメタ言語記号で，指示子は型名としての Rectangle，その内容は Rectangle の要素の集合である．また，値とアドレスの関係も，前の例同様にこの文に表れており，指示子 r の直接の内容はアドレスであるが，それを用いて間接的に右辺のインスタンスを指示する．

前節で示した指示の曖昧性は，指示子が一記号の範囲を超えて，それと関係する別記号の内容を指示することから生じると考えることができる．値に対するアドレスや型としての指示の曖昧性とは，

- 指示子が記号自身の内容を指示する場合
- 記号に関係する別記号の内容を指示する場合

の両方がありうる時に，記号の指示の曖昧性が起きるのであろう．Rectangle の直接的な指示内容は型であるが，同じ指示子が幅 5.0 高さ 8.0 の具体的な長方形を構成することにも用いられるために曖昧となる．また，x := x + 1

か，これは議論を呼ぶところではあろう．しかし，値を表す記号 32 が間接的に別の何かを指示することはないのである．すなわち，イェルムスレウの直接指示・間接指示は，指示子に注目した分類であるので，すると x が間接的に 32 を表すとみなすことが，イェルムスレウの枠組みにおいて唯一考えられる可能性である．

の場合も，xの直接的な内容はアドレスであるが，それが間接的に値をも表すため，xの指示が曖昧となる．

6.4 パースの記号の分類

三元論の枠組みにおいては，パース自身が記号の分類を試みている．これは，パース自身の哲学の基盤となる普遍的範疇 (universal category) という考え方に基づく．普遍的範疇では，あらゆる項をその項が関わる項の数によって，三つに分類する．ここで**項**とは，抽象的な意味での全対象を個々に表し，これは実世界対象や概念上の抽象的な対象まですべて含む[14]．パースによれば，あらゆる項は，他を参照しない単項の一次性，他の一項を参照する二次性，他の二項を参照する三次性，のいずれかである．三つよりも多い項が関わる時には，それは三つ以下の項関係の関係に分解することができ，結局普遍的範疇では三種類の項だけを考えればよい．三種類の項をパース自身は以下のように定義する [80, 8.328][126][145, p. 69][15]．

- **一次性**とは，「積極的にそして他のいかなるものをも参照せずに，そのものであるようなものの在り方である．」
- **二次性**とは，「そのものが，第二のものと関係し，しかし第三のものは考慮せずに，そのものであるようなものの在り方である．」
- **三次性**とは，「第二のものと第三のものを互いに関係付けることによって，そのものであるようなものの在り方である．」

この普遍的範疇については第7章において，より詳しく見るので，本章の範囲では，パースの普遍的範疇が，関係する項の数で分類されるということだけにとどめておく．最も重要なことは，パースの普遍的範疇は，記号についての分類ではなく，記号が表す対象——項——に関する分類であるというこ

---

[14] 「項」の元の英語は form である．哲学上の form の通常の日本語訳は form-matter の対比を前提とする「形相」であり，パースの普遍的範疇における form の訳語としては今一つそぐわない．『広辞苑』による「項」とは「事柄一つ一つ」であり，まさにそのような抽象的な意味合いとして，本書ではパースの普遍範疇における form を表すのに用いる．

[15] この和訳は，一次性だけは，原文の用語により忠実なものとするため，筆者によるものである．

とである．もっとも，汎記号主義の立場ではどのような項も記号を通してしか認識できない．本章の主題——ある一つの項が与えられたときに，それをどのように記号で表すのか——ということと，普遍的範疇の主題——項そのものの範疇——は異なる問いである．普遍的範疇は，後者の項の範疇を論じるが，本章の主題は前者で，記号が対象を表す表し方の種類を論じている（図3.8 参照）．

この普遍的範疇を用いてパースは記号を分類する．パースによると，記号も普遍的範疇で捉えられる項の一つであり，それは三次性，つまり三つの項が関わるものの典型であるとされる．このことから，パースの記号モデルは三元論であり，パースの記号は，表意体，対象，解釈項から成る．パースにおいて記号の種類を考えることは，記号と記号の各構成要素との関係の範疇を考えることである．パースは，記号と（パースの）対象との関係を普遍的範疇で三分類し，「最も基本となる記号の分類である」[80, 2.275] とする．記号と対象の関係が一次性である記号は類似記号，二次性である記号は指標記号，三次性である記号は象徴記号とパースにより名付けられ，以下のようにパース自身により定義される．

- **類似記号** (icon) は，「他の何かを，単にそれに類似しているからという理由で，指し示す記号」[80, 3.362]．「対象の性質を映し出す」[80, 4.531] 記号である．たとえば，証明写真やペンキの色見本は類似記号である．
- **指標記号** (index) は，「その対象と物理的につながっている」．対象と記号は「有機的な対を為しているが，解釈上はこのつながりには何の関係もない」[80, 2.299]．それは「参照」(reference)[80, 2.283] である．たとえば，パース自身の例によれば，日時計や，ドアを叩く音は，時間や人が来たという事実を示す指標記号である．また，パースによれば，形式化のために用いる記号は指標記号である．たとえば，「A と B は結婚しており，C はその子供である」などというときの A, B, C は指標記号である [80, 2.285]．
- **象徴記号** (symbol) は，「一般的な概念との関係で，法則に基づいて対象を参照するものである」[80, 2.249]．「「与える」「鳥」「結婚」など普通の単語は象徴記号の例である」[80, 2.298]．

このように，記号と対象の関わりは，対象をどのような抽象レベルで指し示すのかという観点から三つに分類される．この三分類が，項数とどのように

関係するのかについては,類似記号は対象そのものを表現するので一次性であり,指標記号は何か別物を介して対象を表現するので二次性である点まではよい.しかし,象徴記号がなぜ三次性なのかは,三次性の本質をふまえる必要があり,それは次章において論じる内容となる.本節の範囲では,象徴記号はともかくも三次性であるとして先に進もう.パースのこの記号の分類は,記号論において記号の種類を主題にする際に広く用いられる一般的な考え方である.

　この三分類を情報記号に適用してみることにしよう.最も原初的なビット列としての値は,上の説明からすると明らかに類似記号であろう.そしてリテラルは,そのビット列の写しとしての十進表現などであるわけであるから,これも類似記号である.インスタンスを直接示す記号は,同様に類似記号と考えられよう.アドレスを表す識別子は,そこに格納されたデータと何ら無関係なのに,それと物理的につながり,有機的なペアを為すことで機能する指標記号であるといえよう.実際,形式化に用いる記号として挙げられている A, B, C などとの類比からも,指標記号であるということができるであろう.また,必ずしも同じ意味ではないかもしれないが,パース自身が指標記号を「参照」と言い表していることも識別子が指標記号であることの一根拠となりえるであろう[16].最後に,型を表す識別子は,データの一般的な概念を表すものであるから,象徴記号であるといえよう.すなわち,つぎの文,

```
integer x = 32
```
(6.10)

において,integer は象徴記号,x は指標記号,32 は類似記号であるということになる.また,下記の文,

```
Rectangle r = new Rectangle(5.0,8.0)
```
(6.11)

においても,左辺の Rectangle は象徴記号,r は指標記号,Rectangle(5.0,8.0) は類似記号である.すなわち,パースの記号の分類である類似,指標,象徴記号と,プログラミングにおける値,アドレス,型を表す記号の間に対応が見られる.

---

[16] 情報科学・技術の分野では,アドレスのことを「参照」ということがある [2].

以上をふまえ，6.2 節で示した指示の曖昧性の問題はどのように考えられるだろうか．パースのモデルの上では複数の説明の方法がありうる．その一つの可能性は，先の 7.5 節で示すことになるが，パースのさらに細かい記号の分類に基づくことである．が，ここでは，もう一つ別の考え方として，**退化**による説明を試みる．パースは三次性が，二次性や一次性として，あるいは二次性が一次性として用いられることがあることを指摘している [80, 1.365–366, 1.521–529]．というのも，高次の概念は低次の概念を含み，三次性は退化的に二次や一次の概念，二次性は退化的に一次の概念を含むからである．実際，三項関係は二項関係，単項を含む．そして，パースは退化は記号においても起こりうるとする [80, 2.283, 2.293]．とすると，指標記号や象徴記号が退化して類似記号として用いられるときに曖昧性が起きる，と考えることができる．たとえば，Rectangle は，通常は記号と対象との関係が三次性の象徴記号であるが，退化的に値を表すことにも用いられる．また，x:=x+1 の x の曖昧性については，通常は対象との関係が二次性の指標記号として値を表すが，その関係が退化的に用いられる場合にアドレスを表すと考えられる．つまり，指示子とそれが指示する対象との関係が退化する場合に，本来の指示関係との間で，指示の曖昧性が生じると考えることができる．

6.5　二つの記号分類の対応

情報記号に二元論と三元論で提唱されている記号の分類がどのように適用されるかを見てきた．その上で 6.2 節で見た記号の曖昧性の問題を記号論の枠組みで捉え直した．この二つの対応を通して，二元論と三元論の記号分類の対応を仮定することができ，それは図 6.8 に示されている．この図は，図 6.7 の対象言語の層と間接指示記号の層は情報記号に適用する上では実は同じ層なのでそれらを重ね合わせ，さらに三元論の記号分類を書き加えたものである．

まず，値 32 を 32 と指示する記号は，パースの枠組では類似記号である．これは，二元論では，対象言語記号・間接指示記号の層に相当する．x = 32 と表す時，x の直接的な内容はアドレスであるが，間接的にそこに格納され

第 6 章 文 x := x + 1

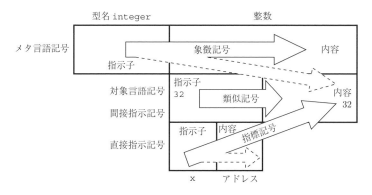

図 **6.8** 二元論・三元論の記号分類の対応

る 32 を指示する．つまり，直接指示記号の指示子が x である時に，間接指示記号の内容が 32 となる．このような x はパースの分類でいえば，指標記号となる．一方，値 32 を integer として表すことは，二元論においては，対象言語記号が値の層である時に，その内容をメタ言語記号 integer が指示することである．三元論ではメタ言語記号の層は象徴記号に対応する．

6.2 節で見た情報記号の曖昧性は次のように統一的に捉えることができるであろう．指標記号 x はその直接指示記号の内容はアドレスでありながら，アドレスの場所に格納された値 32 を表し，また，メタ言語記号も integer の内容としての整数を指示しながら，個別の整数をも同時に表す．したがって，指標記号は値を表すのかアドレスを表すのかが曖昧となり，象徴記号は型を表すのか個別の値を表すのかが曖昧となる．

以上は，二元論と三元論の枠組みの記号分類のある対応の可能性を示しており，それを通して記号の普遍的な種類を見ることができる．一見，二元論と三元論の記号分類の枠組みは全く異なるものであるかにみえる．しかし，イェルムスレウの二元論の記号を二つ組み合わせることで，三元的な関係を得ることができ，逆に，三元論には二元的な関係が含まれている．すなわち，直接指示／間接指示記号ならびに対象／メタ言語記号による二元論の枠組みと，類似／指標／象徴記号による三元論の枠組みは少なくともプログラミングの範囲では対応させることができそうである．

記号に関する現象を二つの異なる枠組みを用いて説明したとき，どちらがよりよい説明かという疑問が起こるであろう．記号の抽象レベルを普遍的範疇の一本の軸を通して概観したい場合には，三元論が優れているであろう．一方，二元論の組み合わせとして様々な記号の種類を捉えたいときには，二元論が適しているであろう．また，二元論では，二組の二層構造の重ね合わせ方法が他にもありうるので，二元論の方がある意味柔軟な記号の分類の枠組みを提供しているかにみえる．しかしながら，もし他の組み合わせが真に有意味であるのであれば，それは，三元論でも説明できるはずである．

章のはじめに見た鳥の絵画と彫刻にこれを適用してみるならば，パースの分類では，図6.1は類似記号，図6.2は指標記号，図6.3は象徴記号であると考えることができよう．また，イェルムスレウの考え方を適用するならば，図6.2は直接指示記号の内容が空で，これをもって間接指示記号の内容としての鳥を表す場合とみなすことができなくもない．図6.3は鳥のメタ言語記号としての彫刻であろう．このように捉えるならば，アートにおいてもパースとイェルムスレウの記号分類の対応を見てとることができよう．とはいえ，前章までもそうであったように，このような分類をどこまでできるかは，人間が解釈することが前提となっている芸術のような対象においては程度問題であろう．若冲の鳥は，鶏一般を表す象徴記号としての鳥であったかもしれないのだ[17]．他の絵画や彫刻についても同様に，記号の分類をまたがる解釈はありうるであろう．

6.6 まとめ

本章では，二元論と三元論のそれぞれで提唱された記号の分類の対応関係を論じた．本章で用いた二元論による記号分類はイェルムスレウによる枠組みであり，三元論による記号分類はパースによるそれである．まずプログラム中の記号は値，アドレス，型を表し，それがプログラム中の記号の曖昧性の問題につながることを考察した．その上で，この問題に対し，二元論，三

---

[17] 若冲は，数年にわたり鶏を観察し続けてから，一連の鶏の絵を描いたことが知られている．

元論の記号分類の枠組みがそれぞれどのように適用されるかを見ることを通し，二つの枠組みの対応を論じた．直接指示記号の指示子が，ある類似記号の層を間接指示記号としてその内容を指示する場合が指標記号となる．また，ある類似記号を対象言語記号として，それに対するメタ言語記号は象徴記号に対応する．直接指示記号／間接指示記号，ならびに対象言語記号／メタ言語記号による二元論の枠組みと，類似記号／指標記号／象徴記号による三元論の枠組みは，少なくともプログラミング言語の範囲では対応を仮定することができ，それを通して記号の普遍的な種類を見ることができる．

第7章 三種類の項

> 今日こんな思想が作り上げられている．つまりあらゆる物がその反対物のうちへと沈殿して，その二項の融合からある唯一の範疇が生まれる，そしてこの範疇はそれ自体，はじめの項と両立しうるものであり，以下同様，結局精神は絶対観念へと到達する，すなわちあらゆる対立の和解およびあらゆる範疇の合一に到達する——という一思想である．
>
> アンドレ・ブルトン『すべてを捨てよ』[132] から．

7.1 三次性

前章は記号が内容をどのように表すかについてのものであり，指示子とそれが表す内容の関係の種類について論じた．本章では，内容の種類について論じ，そこにどのように記号が関わるのかを見る．図 3.8 に前章と本章の視点の差が示されている．

いつものように絵画を通して導入を試みるならば，本章で論じる内容の種類は図 7.1，図 7.2，図 7.3 の三枚の絵の主題の種類に喩えることができる．図 7.1 に描かれている内容はパウル・クレーの想像上の世界である．一方，残りの二枚の絵は，実世界の何かを描いたものである．図 7.2 の朝顔は，実世界の花を鈴木其一が絵画のために解釈し描いたものであろう．図 7.3 も同様に実世界対象が描かれているが，主題が画家本人であるという点が特徴的である．

各絵画の主題がいくつの項の関係で成立するかを考えてみる．最初の絵画の主題は画家の想像の世界のみから構成されると考えるならば，それは一項であろう．鈴木其一の絵画は，現実の朝顔を画家が理想化しており，それには現実の朝顔と画家の解釈が関わるので，二項であろう．最後の自画像は，同様に現実の画家と画家の自身に関する解釈の二項があるが，解釈する画家自身がその内容であるという制約があるため，自画像はこの意味で実世界を対象とする中では特殊な制約を持つ主題である．この制約を仮に一項分とみなす

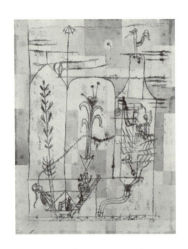

図 7.1　パウル・クレー (1879–1940); ホフマンの物語, メトロポリタン美術館

図 7.3　レンブラント・ファン・レイン (1606–1669); 笑うゼウクシスとしての自画像, Wallraf-Richartz Museum

図 7.2　鈴木其一 (1796–1858); 朝顔図, メトロポリタン美術館

第 7 章 三種類の項

ならば，この絵画は三項から成ると考えることができる．すなわち，ここに挙げた三枚の絵画の主題は，それぞれ一項，二項，三項の関係により成立する．

パースは，あらゆる項をその項が何項と関わるかによって分類することを試みた．この分類は，**普遍的範疇**と呼ばれ，すでに 6.4 節において簡単に紹介した．6.4 節の繰り返しになるが，本章における項とは「事柄を分けた一つ一つ」（『広辞苑』）程度の抽象的な意味での対象を表し，これには実世界対象や概念上の抽象的な対象まですべて含まれる[1]．普遍的範疇では**一次性**はその項だけから成る項，**二次性**は他の一項と関係する項，**三次性**は他の二項と関係する項である．パースは普遍的範疇に関してさらに次の二つのことを述べている [80][126][145]．

- 一次性，二次性，三次性は，本質的に異なる項である．
- 一次性，二次性，三次性以外に項の種類はない．関係する項が三つよりも多い場合には，一次性，二次性，三次性から成る関係に分解することができる．

一次性と二次性が異なることは，明らかである．他の何ものとも関係しない項と，他の何かと関係する項は明らかに異なる．しかしながら，二次性と三次性はどのように異なるのか．三次性はなぜ二次性と一次性に分解することはできないのか．一次性，二次性，三次性ですべてであるとどうしていえるのか．

パース自身，[80, 1.370, 1.371] において，これらの疑問について図 7.4 を

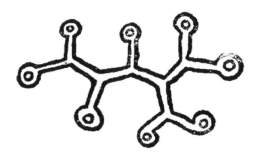

図 **7.4** パース自身による普遍的範疇の直観的説明図

---

[1] 123 ページ脚注 14) の「項」の説明を参照．

用いて直観的な説明を行っている．パースによると，三項関係があれば，いくつの項でも自由に関係させられ，それがこの図により表されているという．一項と二項関係だけであれば，二項関係が鎖として存在するほかはない．しかし，三項関係があれば，二項を様々に関係させることができる．そして，項を様々に関係させるためには，三項関係があれば十分で，それ以上の項の関係は不要であるという説明である．パースはこの図を通し，項と項の自由な関係の観点からの普遍的範疇の説明を試みてはいるが，それはあまり厳密なものとはいえないであろう．というのも，普遍的範疇は「参照するものと参照されるものを区別する」という，項が別の項に働きかけるかどうかという性質，つまり機能的あるいは関数的な考え方に基づいた範疇と捉えなければ，そもそも成り立たないからである．それは一次性の項について考えると明らかである．一次性の項は，6.4 節で挙げたパースによる定義上，「他のいかなる項をも参照せずに」[2]あるもの，とあるが，「参照される」ことはもちろんなければならない．さもないと，一次性は全く他の項と関係を持ちえず，すると存在する意味がない．つまり，一次性とは他を参照はしないが，他から参照されることはある項と考えざるをえない．すると，同様に二次性，三次性についても「参照する・される」を区別しなければならず，つまり一次性，二次性，三次性は，その項が参照する他の項の数についてのものである，と考えざるをえない．ならば，二次性の項が別に参照することができる項は一つに限るが，二次性の項自身は他の複数の項から参照されうる．また，二次性が参照する項も他の複数の項からも参照されうる．すると，一次性と二次性だけで様々に分岐する項の関係を作り出すことができることになる．

しかし，「すべての項は三種類の項に集約される」に類する考え方を示したのは，パースだけではないのである．歴史的には，パースの普遍的範疇に似た考えは多く提唱されている．たとえば，ロック [65][139, 第 2 巻, 第 11 章, pp. 157–158] は次のように述べている[3]．

「心がその単純観念に対してその力を行使する場合の心の働きは主として次の三つである．（一）幾つかの単純観念を一つの複合的なるものに結合すること，こ

---

[2]　123 ページの訳文を参照．
[3]　訳文原文はすべて旧漢字表記である．

第 7 章 三種類の項

れによつてすべての複雑観念が作られる．（二）第二は単純なものでも複雑なものでも二つの観念を一緒にして，これ等を一つに結合することはせずに，同時に見ることが出来るやうに相並べて置くこと，これによつて心はそのすべての関係の観念を得る．（三）第三は観念をその実在的な存在に於てこれを伴ふすべての他の観念から分離すること，これを抽象と呼び，心のすべての一般的観念はかやうにして作られる．」

パースはまた，ものごとを正・反・合の連鎖として捉えるヘーゲルの弁証法と普遍的範疇との関係にも言及している [80, 1.368, 5.38]．以上だけでも名立たる思想家が，すべての項あるいは項関係を三種類に分類することに類する考えを示していることがわかる．

とするならば，パースの普遍的範疇に関する上の疑問，すなわち三次性は二次性と何が本質的に異なるのかを明らかにする必要がある．もし三次性が二次性と異なるのであれば，三次性は二次性や一次性に分解できないはずである．また，もし三よりも多いすべての多項関係が，本当に一次，二次，三次性の項に分解できるのであれば，普遍的範疇の信憑性も確かめられる．

本章では，普遍的範疇に関する以上のような疑問を，関数型言語の Haskell の上で考える．関数型言語を選んだのは，上に述べたように，筆者の考えでは，パースの普遍的範疇は項に関する機能的，あるいは関数的な捉え方に基づくからである．また，関数型パラダイムでは，計算対象を一様に関数的なものとして捉える立場をとるのに対し，他のパラダイムでは，計算対象の捉え方が統一的ではなく様々なものがあり，本章のような原理的な議論には向かないからでもある．だからといって，本章の議論が関数型に限定されるというわけではない．プログラミングパラダイムの差は，記述方法の差に過ぎず，たとえば第 3 章で見たように，オブジェクト指向と関数型は互換であった．すなわち，本章の議論は，関数型言語を通して一般に計算対象に何種類のものがあるか，ということを考えることに相当する．

関数型言語の分野では，チャーチとカリーがそれぞれ，プログラムを変換することで分解する方法を示している [16][26]．分解結果として得られたものを吟味することにより，三次性の本質に迫ることができるであろう．また，この変換は，第 10 章において説明する**参照透明性**——プログラミング言語

においてすべての式が一つの値のみを持つという制約 [15]——を前提とする.
といって,第 10 章において明らかになるように,参照透明でないプログラムはすべて参照透明なそれに変換することができるので,本章の議論の一般性が損なわれるわけではない.

繰り返しになるが,本章(と次章)は,記号が表す内容の種類についてのものであって,前章のように記号がどう内容を表すのか,記号と内容との関係についてのものではない.とはいえ,汎記号主義の立場からは,あらゆる内容は記号を通してしか把握しえない(2.5 節参照).それでは内容の種類が記号の種類とどのように関係するのかという疑問が自然にわき起こる.ひょっとすると,ある内容の種類は,特定の記号の種類としてしか表現されないのかもしれない.しかし,この問題を解決することは難しく,筆者の考える範囲では明確な答えは得られなかったが,本章の最後の 7.5 節でこの点に簡単に触れる.

ある内容の種類を考える時に,それを表す記号の種類が異なっていては話がややこしい.しかし,幸いにも,本章で考える関数型言語のプログラムに現れる記号はすべてパースの記号分類における指標記号である.リテラルは類似記号であるが,これも識別子により表現すると,指標記号として扱うことができる.また,Haskell は型付き言語であり,型表現が Haskell には表れるが,本章の主題は内容の種類であるので,本章の主題の本質上は型を考えずに進めることができる.したがって,本章に表れる記号はすべて指標記号である.このような統一的な記号の種類の下で,記号が表す計算対象の種類を,他にいくつの計算対象と関わるかの観点から考えるのが,本章のテーマである.

7.2 定義文と式

2.2 節で見たように,プログラムでは識別子が定義され使用されることで記述される.このため,本章の主題は定義と使用においてどのように識別子同士が関わるかを見ることで探求することができる.

Haskell では,識別子の定義文は「y = 式」の形をとり,y は別の式の内部

で使われる．式は一般に f x$_1$ ⋯ x$_n$ あるいは f [4]の形をとる．f は，データ構造を初期化する構成子，定義済みの関数，あるいは第 4 章で説明したラムダ項のいずれかである．式は図 2.1 で見た let 式やそれと等価な構文を用いて局所定義の下で記述されることもある．2.2 節において見たように，定義文と式は入れ子構造を形成する．定義文の右辺には式が含まれ，式には局所定義を含むことがある．

定義文と式が何項関係かを見てみると，式は（局所定義はひとまず置いておくと）n 個の x$_i$ と f が関係しているので $n+1$ 項関係，また定義文は，これにさらに y も関係するので，$n+2$ 項関係のように見える．ではあるが，カリー化とチャーチの変換を用いると，多項関係は少数の項関係の関係に分解することができる．具体的には，カリー化により多引数関数の適用が一引数関数の多数回適用に分解される．また，チャーチの変換を用いると再帰関数を不動点関数 fix とそれ以外の非再帰部分に分解することができる．このチャーチの変換は第 4 章でも見たとおりであるが，本章でも再考する．チャーチの変換とカリー化を行うと，関数と引数の関係を最少数の項関係の関係に分解することができ，これを当面の目標とする．

このようなプログラム変換はプログラムの意味論に関係する．項関係を変換した際に，プログラムの意味が異なってしまってはもともこもない．といって，4.6 節で示したように，プログラムの同一性については原理的に難しい問題を孕む．プログラムの理論上は，カリー化とチャーチの変換はプログラムの表示的意味を保つ変換である．詳しくは [108] などを参照されたいが，至極簡単には，次のようなことになる．プログラムを数学的に形式化して表現し，f と f′ が数学的に等価であれば，f と f′ の意味は同じであるとみなすのである．表示的意味論上同じプログラムはある種の数学の観点からは同じであり，その範囲で二つのプログラムは同等であるとみなす．すなわち，これから見るカリー化とチャーチの変換は，表示的意味論の範囲では，同じ計算への変換である．

---

[4] $n \geq 0$ で，$n = 0$ の時は引数がない場合を表す．

7.3 カリー化

カリー化 [16] は，式に対して行われる変換である．カリー化は，多引数の関数適用を，一引数関数の鎖に変換することである[5]．

関数の二引数への適用は，where 式[6]を用いて以下のように二つの一引数関数の適用に変換される．

$$f\ x\ y \Rightarrow g\ y\ \text{where}\ g = (f\ x) \tag{7.1}$$

ここで，=>はプログラム変換を示す．この変換は，実はwhere式もgも導入する必要はなく，

$$(f\ x)\ y \tag{7.2}$$

と同じことで，要するに，(f x)がひとまとめにされて一引数関数とみなされるだけのことである．同様にカリー化を複数回適用し，n引数関数は，n回の一引数関数の適用に変換される．以下により n 引数関数を $n-1$ 引数から成る関数の一引数への適用に変換することができる．

$$\begin{aligned}&f\ x_1\ x_2 \ldots x_{n-1}\ x_n \\ &\Rightarrow g\ x_n\ \text{where}\ g = (f\ x_1\ x_2 \cdots x_{n-1})\end{aligned} \tag{7.3}$$

図 7.5 に，この変換を繰り返し適用した場合の直観的イメージを示した．左の f は多引数関数で，引数群 $x_1 \cdots x_n$ に適用する．一方で，右では，新しい一引数関数の g が用意され，これは，x_n に適用する．g は，(7.3) の変換を適用してさらに分解され，x_{n-1} に適用する一引数関数と残りに分解され

---

[5] バード [16] によると，カリー化とは，引数が複数ありそれらが構造を持っている場合に，その構造を捨象して単純な引数の列に置き換えることをいう．

[6] **where 式**は，図 2.1 でも見た let 式に相当する構文である．たとえば，

 g y where g = f x

は

 let g = f x in g y

と等価である．Haskell には let 式もあるが，let は先に局所定義を記述してから関数本体が記述されるため，式のプログラム変換を記述する場合には文構造が捉えにくい場合があるし，カリー化の参考文献の記述が where に基づくことから，本章では let の代わりに where を用いる．

第 7 章 三種類の項

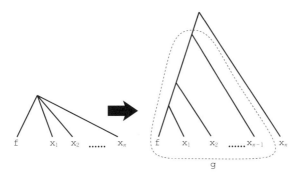

図 **7.5** カリー化：多引数関数の適用（左）が一引数関数適用の鎖に変換される（右）

る．さらに残りがまた x_{n-2} に適用する一引数関数と残りに分解され，このように (7.3) の変換を繰り返して，最終的には元の関数適用は一引数への適用の鎖に分解される．実はこの変換も，where 式や g などは不要で，

$$
\begin{aligned}
&\text{f } x_1 \ x_2 \ldots \ x_{n-1} \ x_n \\
&\text{=>} \ ((\ldots((\text{f } x_1) \ x_2)\ldots) \ x_{n-1}) \ x_n
\end{aligned}
\tag{7.4}
$$

と変形するというだけのことである．カリー化の意味するところは，式における多項関係は，二項関係の関係に分解されるということである．

このようにカリー化は式に対して適用することができるが，式は定義文の右辺に表れる．その際定義が再帰的である場合には，単純にカリー化するわけにはいかない．たとえば，

$$
x = \text{f } y_1 \ y_2 \ \cdots \ y_i \ x \ y_{i+1} \ \cdots \ y_n \tag{7.5}
$$

と定義されている場合に，右辺をこのまま単純にカリー化しても，右辺の x が，右辺全体で置き換え可能となるから，多引数関数適用を一引数関数適用の鎖に置き換えることはできない．したがって，ただちに二項関係に分解できるわけではない．

また，式は let 式や where 式による局所定義を含むことがある．その定義が再帰的でなければ，局所定義は不要である．たとえば，

$$
\text{f x where x = g z y} \tag{7.6}
$$

は，

$$f\ (g\ z\ y) \tag{7.7}$$

と局所定義を用いずに記述することができる．これは局所定義が複数ある場合でも，あるいは，上の式で f が局所定義されている場合でも，識別子が非再帰的であれば同様に局所定義を廃してカリー化を行うことができる．しかし，もし局所定義が再帰的であると，局所定義を置換により簡単には削除できない．

そこでまず，再帰的定義を不動点関数にすべて押し込め，不動点関数以外のプログラム部分は非再帰となるようにする．これは定義文にも，式中の局所定義文にも同様に行う．その上で，カリー化を適用することを考える．この再帰を封じ込めるための変換として，次のチャーチの変換を考える．

7.4 チャーチの変換

チャーチの変換は，定義文に適用される．再帰関数は第 4 章で見たように，定義する記号自身に即して定義されるもので，定義される記号自身が右辺の中に現れるという特徴を持つ．

本節で示す変換は 4.4 節で示した変換とほぼ同じであるが，Haskell かラムダ計算かが異なる．この差は言語仕様の差だけでなく，Haskell が型付き言語であるのに対し，第 4 章でみたラムダ計算は型付きではなかったという差でもある．型付き言語の場合には，4.4 節で説明したように，第 4 章の不動点関数はそのまま用いることができず，再帰を用いて定義せざるをえない．このことから，本節では Haskell の上で不動点関数を再度定義し，4.4 節で見た変換を再掲する．この変換は理論上は確立した内容であり，4.4 節同様に例を用いた変換の概要を示すにとどめられる．詳しくは [26][49] を参照されたい．

また，Haskell の定義文には，関数とデータ構造に関する二種類のものがあり，定義文の構文は異なる．たとえば，図 2.1 において，1〜3 行目はデータ構造の定義，5〜7 行目は関数定義であった．とはいえ，本章の冒頭ならびに第 3 章で説明したように，データも関数的なものとみなすのが関数型パラダイムの流儀であるし，また，チャーチがデータを関数表現する方法について

第 7 章　三種類の項

述べており [25]，その例としてはたとえば第 4 章でチャーチ数において見たとおりである．このことから，本章では関数の例のみを与えるが，同じ議論をデータ構造に関しても行うことができる．

変換は二つの例を通して示す．最初の関数は 4.4 節との対応から，正の整数 n に対して階乗を計算する factorial である．階乗は，Haskell では次のように定義される[7]．

```
factorial n
  = if (n==0) then 1 else n * factorial (n-1)
```
(7.8)

左辺で定義される関数名 factorial が，右辺にも現れている．正の整数を与えられると，factorial は 4.4 節同様にその数の階乗を計算する．

7.2 節において，定義文は，y = f x_1 ⋯ x_n と記述される，と述べたが，この定義文は左辺に factorial 以外に n があり，この形になっていない．しかし，第 4 章で示したラムダ式が Haskell にもあり，ラムダ式を用いれば，この定義文は次のように記述できる．

```
factorial
  = \n -> (if (n==0) then 1 else n * factorial (n-1))
```
(7.9)

第 4 章の λ n. の部分は，Haskell では\n -> と記述する．Haskell によるラムダ項の記述は，図 2.1 の第 15 行目でも出てきた．(7.8) と (7.9) の右辺は，\n -> 部分以外は同じであることをふまえると，すべての引数ありの関数定義はこのようにラムダ式 f を用いて y = f と記述することができる．

二つ目の例は，map 関数である．map 関数は f を引数であるリスト[8]の全要素に適用し，結果をリストとして返す関数である．定義は次のようなもので，やはり再帰的に定義される．

```
map f [] = []
map f (x:xs) = (f x):(map f xs)
```
(7.10)

ここで，(x:xs) はリストの最初の要素が x，残りが xs であるという意味である．:は，要素 x を xs の前に付けることを意味する．

---
[7]　n==0 は，n が零かどうかを調べる式である．
[8]　リストは図 2.1 の第 13 行目で出てきたが，列を一列に並べてに保持するデータ構造である．

map を用いてリスト [1,3,5] の各要素を階乗した場合の動作を下記に示す．→ がプログラムの実行のステップを表すものとして下記のように計算は進む．次に計算が進む部分を下線部により示している．

$$
\begin{aligned}
&\underline{\texttt{map factorial [1,3,5]}} \\
&\to \texttt{(factorial 1):}\underline{\texttt{map factorial [3,5]}} \\
&\to \texttt{1:(factorial 3):}\underline{\texttt{map factorial [5]}} \\
&\to \texttt{1:6:(factorial 5):}\underline{\texttt{map factorial []}} \\
&\to \texttt{1:6:120:[]} \\
&\to \texttt{[1,6,120]}
\end{aligned}
\tag{7.11}
$$

チャーチはすべての再帰を，不動点関数とそれ以外の非再帰部分に分解する方法を示した [57, p.115]．型付きの Haskell では，不動点関数 `fix` は次のように表現され，4.4 節で示した不動点関数に対応するものである．

$$\texttt{fix f = x where x = f x} \tag{7.12}$$

式 `fix f` は，`f` の不動点，つまり再帰的定義 `x = f x` の解としての `x` を出力する．`fix` の定義には，このチャーチが定義したもののほかにカリーが定義したものなど様々なものがある [111]．そのうちの一つが 4.4 節で示した型なしの場合のものである．

関数 `factorial` は `fix` を用いて次のように書き換えることができる．

```
factorial' = fix nonrec
  where
  nonrec f n = (if (n==0) then 1 else n * f (n-1))
```
(7.13)

`factorial'` は右辺に `factorial'` がないという意味では再帰ではないし，`nonrec` も同様である．つまり，もとの `factorial'` の再帰は `fix` の中に閉じ込められている．`factorial'` を 5 に適用した際の計算は下記のように進む．

$$
\begin{aligned}
&\underline{\texttt{factorial' 5}} \\
&\to \underline{\texttt{fix nonrec 5}} \\
&\to (\underline{\texttt{x}}\ \texttt{5})\ \texttt{where}\ \texttt{x = nonrec x} \\
&\to \underline{\texttt{(nonrec x 5)}}\ \texttt{where}\ \texttt{x = nonrec x} \\
&\to \texttt{(if 5==0 then 1 else}\ \underline{\texttt{5 * x (5-1)}}\texttt{) where x = nonrec x} \\
&\to \texttt{5 * (}\underline{\texttt{x}}\ \texttt{4) where x = nonrec x}
\end{aligned}
$$

```
→ 5 * (nonrec x 4) where x = nonrec x
→ 5 * (if 4==0 then 1 else 4 * x (4-1)) where x = nonrec x
→ 5 * 4 * (x 3) where x = nonrec x
...
→ 5 * 4 * 3 * 2 * 1 * 1
→ 120
```
(7.14)

同様に，map も fix に再帰部分を閉じ込めることができる．

```
map' = fix nonrec
  where
  nonrec m f [] = []
  nonrec m f (x:xs) = (f x):(m f xs)
```
(7.15)

map' においても，再帰は fix に封じ込められ，それ以外の部分は非再帰的である．他の再帰関数の変換も同様に推して知るべしであり，一般に再帰関数の再帰を fix に封じ込めることができる．

この変換の結果を観察すると，再帰関数には実際の引数とは別に，もう一つ引数が隠されていたということがわかる．というのも，factorial' も map' も，関数本体としての nonrec の引数の数は，もとの関数の引数の数よりも1だけ多い．factorial' の nonrec は二引数，map' の nonrec は三引数であるのに対し，もとの factorial は一引数，もとの map は二引数である．この増分は，再帰関数には再帰としての制約が隠されており，これがチャーチの変換を適用すると表面化する分であると考えることができる．

7.5 プログラム中の三次性

以上のカリー化とチャーチの変換を用いて，プログラムを変換し，結果をパースの普遍的範疇を用いて吟味する．式を含む定義文に再帰があったり，式中の局所定義に再帰があると，カリー化を適用することができないことを7.3節で見た．そこで，まずチャーチの変換を適用し，再帰はすべて不動点関

図 7.6 本章におけるプログラム変換の流れ

数に押し込め，その他の部分はすべて非再帰とする．その上でカリー化で項関係を二項関係に分解する．

プログラムは図 7.6 に示したような二段階で変換することになる．元のプログラムでは再帰関数と非再帰関数が定義され，関数は多引数のものもあるであろう．再帰の中には直接再帰だけでなく間接再帰——たとえば，A が B により定義され，B が A により定義される——によるものもあろう．これは，すべて直接再帰に簡単に書き換えることができる．たとえば，この A と B の例では，A か B のいずれかを削除すればよい．その上で，まず，チャーチの変換をプログラムのすべての再帰的定義に適用し，再帰部分を不動点関数 fix に封じ込める．このためには不動点関数 fix をプログラムに導入しなければならない．これにより，fix 中の局所定義としての x = f x 以外の，すべての再帰的定義が一掃される．すると，式の局所定義は今や非再帰であるから，すべて削除することができる．その上で，プログラムの式をカリー

化し，多引数関数を一引数関数の鎖にする．

結果のプログラムは，以下の三つを含む．

- f を fix か非再帰関数として，一引数関数の式 f x
- 非再帰的な定義文 y = f x ならびに y = x
- 不動点関数 fix の定義

この二番目の定義文について吟味すると，定義文で導入される識別子は非再帰である以上は，一時的に導入される識別子にすぎないため，すべて削除することができる．たとえば，下記を見てみよう．

```
x = g z
y = x                                           (7.16)
h y
```

このプログラムは x と y が定義され，計算に用いられているが，これらは不要であり，

```
h (g z)                                         (7.17)
```

と関数 h を直接 g z に適用すればよい．このように，定義される識別子が非再帰であればそれを削除することができる．つまり，上の二番目の項目の定義文 y = f x では，定義が非再帰であれば，y は導入する必要はなく，y = x でも同様である．このことから，この項目は削除され，残るものは以下である．

- f を fix か非再帰関数として，一引数関数の式 f x
- 不動点関数 fix の定義

この残ったものの普遍的範疇を見ていく．f が fix でない場合，式 f x において，x は引数なしであるので，これは一次性である．一方，f は一引数関数であるので，二項関係を表し，x を引数とする二次性である．fix は，本質的に三項関係で，三次性を表す．というのも，fix は引数が f だけで一引数の関数であるが，その計算にはさらに x が必要であるからである．

すなわち，チャーチの変換とカリー化の結果，プログラムには，一次性の x，二次性の f，そして，三次性の fix が残される．以上は表 7.1 にまとめ

表 7.1 プログラムにおける普遍的範疇

一次性	式 f x における x
二次性	式 f x の f ただし f は非再帰
三次性	`fix`

られている.さらに,以上の変換からプログラムの項関係の最大数は三であることもわかる.三次性であるものは `fix` だけで,後はすべて二次性以下に分解された.つまり,三次性の本質とは,以上の考察の範囲では,再帰にあるということである.

再帰によって得られるものとは,最終的にはある内容である.再帰とは,関連するものの中に在るものとして何かを位置付けることである.そのようなものとして内容を分節するには,まずはその何かを投機的に捉える手段が必要となり,その一つの方法が記号であるということである.再帰的な内容は,関連するものの中での位置付けを記述することを通して把握され,その記述を行うのが記号系である.つまり,三次性を持つ対象を分節する上で,記号系は大きな役割を果たす.第 4 章において,投機的に記号を導入することで,再帰が記述されることを見たが,記号の投機性は,三次性を持つ対象を分節し実現する上では,対象の特質上欠かせない.

そして,記号による記述を用いて内容を実現することは,その記述にあてはまる内容を全て記述が表すので,ある種の抽象化を免れえない.記号とは,何らかの内容を再帰的に見直した結果を抽象的に表現するためのひとつの手段である.その意味でも,6.4 節で述べたようにパースが記号を三次性を持つ対象の代表として挙げたことは納得がいく.また,前章で象徴記号が三次性とされることを見たが,その理由もここに来て明らかであろう.そして三次性に関するこのような考え方は,ロックやヘーゲルにおける三次性に相当するものが「抽象化」であるとする点とも合致するであろう.というのも,ある内容の抽象化とは,それを他の類似物との関連で再帰的に見直して表現することであるからである.

関連する計算機科学の一分野で,コンビネータ論理 [29][90] というものがあり,第 4 章で説明したラムダ計算との関係が深い.コンビネータ論理は,

第7章 三種類の項

項関係を操作するコンビネータと言われるものを用意し，それで計算を記述しようと試みるものである．計算可能な関数をすべて記述可能なコンビネータのセットとして最もよく知られるものに以下のSKIコンビネータがある：

- I x → x
- K x y → x
- S x y z → x z (y z)

Iは，与えられる項そのものを返すコンビネータ，Kは二項関係，Sは三項関係を表すコンビネータで，普遍的範疇との関係を暗示するが，右辺をどのように普遍的範疇との関係で解釈するのかが定かではない．SKI以外にも，同等の記述力を持つコンビネータのセットは他にも多く知られており[90]，それらを見ても普遍的範疇との関係はやはり明らかではない．普遍的範疇とコンビネータ論理の関係を明らかにすることは，今後の課題として残されている．

　先に進む前に，別の観点からの議論として，前章で見た記号の分類と普遍的範疇の関係がある．前章と7.1節で何度も強調しているように，普遍的範疇は抽象的な項に関するものであり，記号が項としての対象を表現する仕方に関するものではない．とはいえ，普遍的範疇として範疇化された三種類の項を記号がどのように表現し，それが記号の種類をどのように規定するか，ということは，興味深い問題であろう．パース自身は，対象の範疇が，それを表す記号の種類にどのように反映されるのかについては何ら述べてはいない[126]．この問題は，対象の種類が複数で，しかも記号による対象の表現も前章で見たように複数であるので，難しい問題である．

　本章で見た記号は，すべて指標記号であることを7.1節で述べた．すなわち x, f, fix はすべて指標記号である．これら指標記号が表す対象の範疇の差異がどのように記号のさらなる分類に影響を及ぼすかを考えてみることはできる．前章で見た類似，指標，象徴は，記号と対象との関係における三分類であったが，パースはこれよりはるかに精緻な記号の分類方法を提案している．記号には対象以外の構成要素があるから，記号それ自体[9]，あるいは記号

---

[9]　パースにおいては，記号と表意体との関係は記号それ自体の態様として捉えられている．

と解釈項との関係で普遍的範疇を考えることで，記号をさらに分類している．つまり，記号それ自体，記号と対象，記号と解釈項の三つの関係を普遍的範疇で三分類し，ある記号の種を (n_1, n_2, n_3) と記述することができる．ここで，n_1, n_2, n_3 は一次性の場合には 1，二次性の場合には 2，三次性の場合は 3 をとる．記号は構成要素一セットで一つの記号なので，$3^3=27$ 種類の記号があることになる．しかし，パースによれば，n_1, n_2, n_3 には $n_1 \geq n_2 \geq n_3$ の制約があり，結局 10 種類の記号があるという．この不等式は，次性の小さい構成要素の次性は高い構成要素の次性以上でなければならないというパースによる制約である [80, 2.264][10]．

問題の x, f, fix は指標記号であるので，$n_2 = 2$ である．すると，n_1 と n_3 がどうなるかが問題となる．$n_2=2$ であるものは，パースの 10 種類の記号分類の中には 4 種類しかなく，(2,2,1), (2,2,2), (3,2,1), (3,2,2) だけである．果たして x, f, fix はこれらのどれになるのか．しかし，このあたりで考察を止めたい．というのも，このような精緻な分類を行ったからといって，正当性を確かめようがないからである．実際に分類できたからといってこの議論から何を得ることができるのかもそもそも疑問である．パースの精緻な記号分類はおそらくさらに情報記号に適用可能であろうが，次章に示すような問題もあり，そのような考察には明確な動機が必要となろう．

以上の議論から，7.1 節で示した問題の答えは以下となろう．少なくともプログラムでは，計算対象は三項関係以下にすべて分解することができ，この意味で三項関係で十分である．すなわち，パースの普遍的範疇に関する見解は，情報記号系においてはどうやら正しそうである．そして分解結果を見ると，三次性の本質とは再帰であり，それ以外の計算対象はすべて二項関係以下に分解することができた．再帰には三項関係が必要であり，その実現には記号が本質的に関わる．

以上の考察を最初に示した三枚の絵画に適用することで本章は終わる．本章の主題は，記号が表す対象が何項関係から成るかという観点からの議論であったが，三枚の絵画についてもその主題が何項関係か，という観点で選ば

---

10) これはパースの「退化」の概念に基づくが，詳しくは原著もしくは [126][145] を当たられたい．

れている．図 7.1 の主題は，画家のイメージそのものであるので，一次性の性質を持つ．図 7.2 の主題は，現実の朝顔を画家が解釈したものであるので，現実の朝顔と画家の解釈の二項が関係する二次性の性質を持つ．最後の図 7.3 の主題は，朝顔と同様の二項に加え，描かれる対象が画家自身でなければならないという再帰的な制約下にあり，この制約が一項分を為し，三次性の性質を持つと考えられよう．

7.6 まとめ

本章では，プログラムにおける計算対象に，何種類のものがあるかを調べることを通して，パースの普遍的範疇における三次性の本質を論じた．Haskell のプログラムに対し，チャーチの変換とカリー化を行うと，多項関係にある計算対象は三項以下の関係に分解され，すべての定義文と式が，一引数関数適用の式と，不動点関数に分解された．これを吟味すると，一次性は一引数関数が適用する単項，二次性は非再帰的な一引数関数，三次性は不動点関数の特性であることが示唆された．このことから三次性の本質は再帰にあることが考察された．そして，三次性を実現する一手段としての役割を，記号が担うことが論じられた．

第8章 ある■・その■

> 言表は稀薄なものなので，人々はそれらを，統一的な全体性のうちに集めて，一つ一つに宿る意味を増大させる．
> ミッシェル・フーコー『知の考古学』[130, p.184] から．

8.1 是 態

絵画や彫刻は，普通は具体的な個物の実現である．それは芸術家の創造的活動の結実であり，成果物は他にはどこにもないただ一つのものである．これに真っ向から疑問を投げかけたのが，図 8.1 に示したデュシャンの「泉」であった．よく知られるようにこの作品は，既製品として大量生産されたものにサインを入れてデュシャンがアートと呼んだものである．既製品に基づくアートは，アートとは何かについて大きな論争を呼ぶことになる．大量生産は，まったく同じものを大量に生み出し，その一つ一つには，**是態**——つまり「そのもの」であることの所以，そのもの性——に欠ける．本章はある対象が是態を持つ条件について論じる．というのも，コンピュータ上の何ものも，いとも簡単に完璧なコピーができるため，本来是態を持ちにくい性質を有するからである．

本章における「是態」とは，ある個物を他の個物と異ならせる態様のことを指す．ある個物が他の個物から決定的に異なる個性をもっているとき，その個物は「是態を持つ」という．是態は，唯一無二であることと関連があり，唯一無二であればそれゆえに是態を持つであろうが，その逆は必ずしもいえないだろう．かつては，すべての物が唯一無二であり，それぞれが是態を持っていたが，大量生産が当たり前の現代では物から唯一無二性は剥奪されている．いわんや完全コピーが可能なディジタル世界では，どのようなものが是態を持つのか，コピー可能でありながら是態を持つための条件とは何か，是態を持つ個を求める計算とは何か，といった疑問を考えることが必要となる．

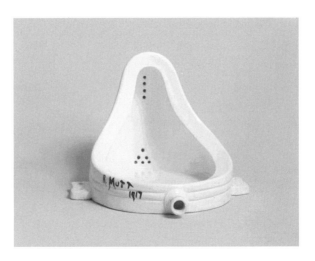

図 8.1 マルセル・デュシャン (1887–1968); 泉

　今日のコンピュータは大量の情報を処理し，その処理の背景のほとんどにはプログラムがある．プログラムのほとんどは，第2章で見たように，ある集合——**クラス**[1)]の要素に対する処理が抽象的に記述され，それは対象群のモデル化により得ることができるものである．実際の計算は，通常はクラスの一つの**インスタンス**[2)]を通して行われる．たとえば，「人は死ぬ，ソクラテスは人間である，ソクラテスは死ぬ」という演繹では，ソクラテスというインスタンスが，記号により参照され，演繹に使われる．この演繹では人間がクラス，ソクラテスがインスタンスである．この演繹に現れるクラスとインスタンスの構図は，プログラムにも当てはまり，特にオブジェクト指向言語ではそっくりそのまま現れる．たとえば，図2.2では，形，長方形，楕円，円

[1)] これまで「クラス」はオブジェクト指向言語の意味で用いてきたが，本章では，より一般的な意味で，同じような属性や機能を持つ要素の集合を表す．同様に，「インスタンス」も，ある集合として規定されるクラスの一要素を指し，日本語で近い語を挙げると個，個物，実例などである．クラス，インスタンスについては用語集参照．

[2)] 原著 [101] の章題は「An Instance versus The Instance」であるが，日本語には，冠詞もなければ instance にほぼ一致する訳語もない．たとえば，日本語では，単に「花を挿す」といったとき，個物としての「花」を生けるのか，生け花一般を指すのかは文脈でしか区別できない．この点英語は，冠詞によりこのような曖昧性が解消され，クラスなのかインスタンスなのかが明示される．本章の主題は，まさにこの日本語が苦手とする部分についての議論である．

が最初の 4 ブロックで定義され，21〜23 行目で実例が挙げられ，計算が行われる．オブジェクト指向言語では，classはクラスの定義，newはインスタンスを作ることを意味する．ここまでプログラム上キーワードで明示されるわけではないにせよ，関数型言語のプログラムにおいても状況は同じである．たとえば，Haskell の図 2.1 では，最初の二ブロックで，形に関するクラスとしての一般的なデータ構造と関数を定義し，抽象化した記述が行われた．実際の計算は具体的な形のインスタンスを 10〜12 行目で挙げることを通して行われた．

このように，プログラムでは，計算を目的とする対象を抽象化して捉え，一個物としてのインスタンスを通して計算を行う．この工程において，おおまかにはモデル化は帰納，計算は演繹に対応するが，その際に必要なインスタンス生成は，両方の間の微妙な位置にある．結果は，計算に用いたインスタンスに関わる．

もし入力が決まっていて，それに対して端的に計算をした結果だけが必要であれば，それでよい．もしインスタンスが，クラスの要素のうちのどれでもよい場合には，無作為のインスタンスを挙げればよいであろう．上の例でソクラテスは，実際誰でもよい．しかし，ソクラテスを挙げるということには，それ自体意味がある．ソクラテスは誰もが知る著名な賢人である．ソクラテスを挙げることは，そんな英知に富んだ優れた人でも，死ぬ運命からは逃れられない，いわんや他のただの人は逃れられないだろう，と説得効果を増す．すなわち，何かの説明においてよく「良い例」「悪い例」を人が挙げるように，是態を持つインスタンスとは「良い例」のことであり，それをどのように挙げるのかは人間の直感に拠るか，探し出さねばならないものである．

第 II 部の最終章では，このような是態を持つ個物について論じ，そこに記号がどのように関わるのかを見る．本章で扱う問題は，是態を持つ個物――良い例――が是態を持たない個物――悪い例――とどのように異なるのか，そしてどのように是態を持つ例を得ることができるのか，ということである．コンピュータ上では，どのような処理を行うことで，良いインスタンスを得ることができ，結果としてのインスタンスはどのような特徴を持っているのかについて考える．その動機としては，コンピュータ上で良い実例を得るこ

との難しさがある．そして，この問題は前章同様，内容の種類とそれとの記号の関わりについてのものであって，記号がどのように内容を指し示すかについてのものではない．

　個物の是態にまつわるこの問題を本当に一般的に扱おうとするならば，実はクラスの概念に拠らずに考えなければならないであろう．たとえば，インスタンスとしての絵画や彫刻では，クラスを前提として制作されるわけではない．プログラミングにおいても，クラス・インスタンスの峻別を廃することを試みた Self [112] といった言語もあるが，やはりほとんどの場合にはクラスとインスタンスの対比があり，抽象と個物の間を行き来する形でプログラムは記述される．このことから，個物の是態を考える上で，本章の範囲ではクラスを前提とし，クラスの要素の中で是態を持つインスタンスとは何かに焦点を当てて論じることとする．

8.2　語りの自動化——ある実例

　プロップは物語の構造を解析し，物語理論を構築した人物である [83][84]．ロシアの民話を徹底的に調べ，31 の物語素（物語の要素）と，物語構文があることを突き止めた．プロップのモデルでは，ロシアの民話は物語素を物語構文でつなげることで生成される．

　プログラマがプロップの著作物を読むと，プロップのモデルを用いてロシアの民話を自動生成するシステムを作ることができるような錯覚に陥る．実際，人工知能の分野では，プロップの枠組みに類似するものを用いて物語を自動生成する試みが行われている [66]．プロップの枠組みそのものを用いなくとも，およそ「語り」を自動化しようという試みでは，プロップの枠組みに似た物語素と物語構文に類する形式化が背景にあることが多い．語りの自動化のためのこれらのモデルに見られる共通性は，プロップの物語理論のアプローチの的確さを示している．

　しかし，語りの自動生成の難しいところは，実はモデル化にはない．むしろ難しいのは語りのインスタンスを生成する点にあるのである．筆者自身の実際の経験に即して例を挙げてみたい．筆者は以前 Mike というソフトウエア

> 赤4番のプレー，赤4番から赤3番，赤3番，赤チームの得点です，2点です，2対2，赤3番のセンターからのシュート！ 同点！ 赤3番がゴール，
> 赤チームは中央突破型です，黄色チームの速攻プレー，ロボカップ97準々決勝後半戦です．黄色は太田チーム，日本，赤はフンボルト，ドイツ，赤1番がとれそう，黄色チーム[3]，黄色5番の方向，赤6番がとれそう，なぜなら，赤6番は黄色6番をマークしています，赤5番がとれそう[4]，
> 赤チームのキックイン，赤8番，赤8番，黄色8番です，今度もまたシュートにつなげられるでしょうか[5]，

図 8.2 ロボカップで実際に使われた自動実況システム Mike の出力

を開発するプロジェクトに関わったことがある [7]．ロボカップ [60] という，自立ロボットやコンピュータプログラムがサッカーを競い合う研究コミュニティがあるが，Mike はサッカーの試合に対して自然言語で実時間で実況をするソフトウエアである．Mike はボールや選手の位置や向きなどから成る生データを 100 ミリ秒ごとに入力として与えられ，実時間で実況を自然言語で生成して出力する [107]．Mike の実況の生成例が図 8.2 に示されている[6]．赤チームと黄チームが対戦し，選手は背番号で参照されている．

Mike がロボカップサッカーの試合に対して実際に実況を生成したとき，問題が歴然と明らかになった．Mike の実況は人間にとって全くおもしろくなかったのである．Mike は次のように実況を生成する．まず，実世界の実況を解析し，プロップのモデル同様に物語素と物語構文に相当するものがモデル化され，プログラムが記述された [102]．実況内容は，サッカーの試合中に起きた事柄により決められ，さらに物語構文により続けられる．実際の出力は，可能性のあるものが複数あって一意には定まらないので，その中から無作為に選ばれる．たとえば，物語素の候補が複数あれば，その中から無作為に選ばれる．どのような言葉で出力するかも，可能性のあるものの中から無作為に選ばれる．総じて，Mike の実況は，文脈上可能性のある実況内容から無作

---

[3] 黄色チームが，赤チームよりボールを奪回し，黄色2番と黄色6番がボールを持っている状態．
[4] 予測が行われたが，ボールはここでフィールドから出てしまった．
[5] 黄色8番からパスを重ねてシュートに至る黄色チームの戦術がこの時点ですでに抽出されており，それに基づいて予測を行っている．
[6] この実況はある試合に対して実際に日本語で実時間で生成したもので [144] からの抜粋．

為に選ばれ生成される．

　Mikeの評判は，繰り返しが多く機械的であるというものであった．Mikeの失敗は，談話計画，つまり，ある側面で何を話すべきか，そして次に何を話すべきかを計画する方策が稚拙であったことに，その原因の一端がある．しかし，どのように語りのインスタンス生成を改善するかを考えてみると，進むべき方向は簡単には見えない．同様に，プロップの枠組みをもしそのまま利用して，ロシア民話のインスタンスを自動生成するならば，同じ問題が起きることは必定である．プロップの物語素と，物語構文からは指数的な組み合わせの民話を生成することができるが，その中から，どのように長きにわたって人々が語り継ぐ物語のインスタンスを選ぶことができるのかについてプロップは述べてはいない．つまり，インスタンス生成の方法が欠落している点に，プロップのモデルの最大の難点がある．

　一方で，「語り」に関するソフトウエアで同じ問題に陥らないものがある．それは，コンピュータゲームである．ゲームの中でもロールプレイングゲームと言われるものは，ゲームそのものが物語の構成をしており，ゲームで遊ぶユーザは登場人物として物語に参加する．物語の細部は，ユーザのその時点時点での選択に依存し，ユーザに個別のものとなる．ロールプレイングゲームの基本的構造はMikeやプロップの物語理論のそれに類似しており，物語素と物語構文に類するものを用いるものが多い．というのも，ロールプレイングゲームは専用ソフトウエアを用いて作られており，これが類似の構造をしているからである．ゲームのデザイナーは，ヴァーチャルな物語の場と登場人物を設計し，物語素を作成し，それを物語構文の類でつなぐのである．

　このように基本的な構成の上では，自動実況とロールプレイングゲームには共通するものがある．にもかかわらず，一方で聴衆は楽しめず，一方でプレーヤーは楽しむことができ，その反応は全く反対であるといえよう．この差の一つの原因は，二つのソフトウエアが同種のものに見えながら，物語のインスタンスの生成方法がまったく異なることにあると思われるのである．

8.3 是態の種類

クラスとインスタンスの対比に類する問題はギリシャ時代に遡り，イデアは存在するか，するならばどこに存在するか，という問題において考えられてきた．プラトンはものごとのイデアが存在すると考えたのに対し，アリストテレスはイデアは個とは分離不可能と考えていた．この論争は，スコラ派における普遍論争に引き継がれ普遍の所在が問われた [141]．普遍との対比において，あるものがそのものであることとはどういうことか，是態あるいは個性原理についても個性や唯一無二であることとの関係で論じられた．たとえば，ドゥンス・スコトゥスは，本質に加え，すべてのインスタンスにそのものたらしめる何かがあると考えていた．ではあるが，総じてこの一連の論争の主題は是態よりは普遍に焦点があった．

普遍に対する追求は，帰納や演繹など推論の枠組みを確立させた．演繹は完璧無比の推論で，数学や論理学の分野で発達した．一方，帰納の方は，複数の類似物を抽象化することから始まるが，これは演繹に比べて弱い推論である．したがって，帰納をいかに推論として強化し，正当化し，形式化するかということは大きな課題であった．帰納と演繹はその後，仮説を立て，検証するという科学的方法の基盤へとつながっていく [14][82]．

一方で，このような普遍の追求は，インスタンスの地位を貶めることになる．インスタンスについては，これまでに次の三つのもの[7]が表れてきたと考えることができよう[8]．

1. 再生産不可能なインスタンス．これは実世界対象としてのインスタンスである．たとえば絵画などである．
2. 実世界対象を元にした再生産可能なインスタンス．たとえば，写真や演奏の録音である．この場合には，インスタンスは実世界対象を表す記号の形をと

---

[7] 関係する考え方として，ボードリヤールはシミュラークルに3つのレベルがあるとする [136]．この分類は本章の三分類と関係なくはないが，どちらかというとコピーについてのものである一方で，本章の主題は，オリジナルとしてのインスタンスにある．
[8] この帰結は第3章の39ページの脚注3) で述べた記号の仮想化とも関係するだろう．

る．インスタンス自体は再生産可能であるが，元となった実世界対象は再生産不可能である．
3. 対象も記号であり，再生産可能なインスタンス．たとえば，コンピュータグラフィクスや電子音楽である．

　古く，インスタンスはすべて唯一無二のものであり，インスタンスは今ここだけにしかないものであった．インスタンスは再生産不可能であったため，希有で代替不可能な貴重なものであった．インスタンスの生成は神か天才の仕事であり，インスタンスは唯一無二であるがゆえのアウラを持っていた．ベンヤミン [133] によれば，再生産不可能であったがゆえに，アウラは普遍的であった．

　インスタンス生成が記号を介して行われるようになった背景には，コピー技術がある．印刷技術や蓄音機は現実のものを記号化して記録する．記号列になると，再生産可能となり，唯一無二ではなくなる．その意味でアウラはもはやない．しかし，そのインスタンスの元となった実世界は今ここだけのものであり，唯一無二の香りをまだ漂わせている．それはたとえば，無作為な写真は撮れても，良い写真はなかなか撮れないといった形で表れる．良い写真は再生産可能であるが，是態を持ちうる．

　最後の，対象も記号であるインスタンスは，完全に再生産可能なインスタンスである．コンピュータの世界はディジタルなビット列だけから成り，完全に再生しうる．そのために，インスタンスはただのインスタンスになり下がってしまうかに見える．

　このように，唯一無二であるものに基礎付けられていたからこそかつてインスタンスは普遍であった．しかし，時間的に，空間的に希少のものを普遍化しようとするコピー技術，ディジタル技術が生まれ，それらを基盤として作られるインスタンスは，用いている技術の性質上もはや唯一無二たりえない．それでも，たとえばすばらしいコンピュータグラフィクスは，今ここ限りの何かに基づくわけでもなく完全にコピー可能なまま，アウラを持ちうるであろう．とすると，インスタンスが唯一無二でなく是態を持つとはどういうことか，是態の本質とは何かということについて考えなければならない．手がかりは，是態を持つインスタンスを得るプロセスに求められるだろう．

8.4 是態の復旧

8.4.1 最適化

ベンヤミン [133, p.598] は近代技術が「いろいろなやり方を倦むことなく試してゆくものである実験」であると述べている．コンピュータはこのような試行錯誤を行う実験には向いている機械で，計画的かつ網羅的に良いインスタンスを探索することができる．クラスはインスタンスの集合を定義するのだから，すべてのインスタンスを吟味し，最も良いインスタンスを選べば，それにはクラス代表としての意義付けが為される．網羅的な吟味の末，ある観点で選ばれたインスタンスには**最適性**，つまりクラスの中で最良であるという是態が与えられる．

最適化は二つの意味において自明ではない処理である．第一に，最適化の処理自体が自明ではない．通常，クラスが規定するインスタンスはその属性の数に対して組み合わせの数だけあり，時には指数的な数になる．すると，最適化は，属性の値を変化させつつ莫大な組み合わせ探索問題を解くこととなる．問題によっては最適化処理は近似とならざるをえず，すると近似解しか得られないことも多い．この場合には，得られるインスタンスは，部分クラスの中での最適なもの，あるいは局所解となるだろう．

第二に，インスタンスを評価し最適なものを選ぶには，**評価関数**が必要である．そして，そのような評価関数をどのように得るのかは決して自明ではない．良い例が人間の直感に拠るように，評価関数も人間の直感に拠ることが多い．評価関数は文脈やニーズに依存するので，それを考慮して設計しなければならない．良い評価関数なしでは，結果としてのインスタンスは無作為抽出と同じになってしまい，是態を勝ち取ることができない．

様々な評価関数がありうる中で，もっともよく使われるのが，「自然の鏡」評価関数である[9]．インスタンスがどの程度「自然か」を評価するものとして，評価関数を構築するのである．このような評価関数は，自然の中でサンプリングされた大量の学習データから構築される．対象は部分に分解してモ

---

[9] この「自然の鏡」という用語はローティの著作 [138] の題から来ている．

図 8.3 書の自動生成例（Xu らによる論文 [114] から抜粋）

デル化され，部分に関する評価を総合した全体評価として評価関数が記述され，学習データに最も合致するように構築される．その上で，インスタンスを網羅的に評価し，評価関数による評価が高いものほど，「より自然な」インスタンスであると判断する．インスタンスの集合の中から，最良の評価を得たインスタンスを選ぶことは，最も自然なインスタンスを選ぶということである．

　このような「自然の鏡」評価関数を用いた最適化は昨今のコンピュータ上のあらゆる合成において行われていることである．たとえば，書を自動生成するには，大量の書をまず学習データとして集める．書を部分に分解して，部分の評価の組み合わせとして書全体の善し悪しを評価する評価関数を学習データから構築する．そして様々な字を合成し，評価関数を最大化するものを探索して選ぶのである．[114] に示されている研究成果の例を図 8.3 に示した．「永」の字に対して様々な書体の自動生成の結果が示されている．異なる書体の学習データから学習した評価関数を用いて合成されたものである．

　この観点で 8.2 節で示した「語り」の自動合成の例としての Mike について考えてみると，Mike の生成は最終的には候補からの無作為選択であったので，稚拙な評価関数を用いていたといえる．実際の実況中継では，無作為

に実況することはないであろう．その場その場で最適なひとことを選んでこそ，プロの実況であろう．とすると，実況中継においても，大量の実況中継を集め，「自然の鏡」に基づいた評価関数を用いることでより自然な語りの合成ができるかもしれない．

昨今では，このように多数の学習データから評価関数を構築することは，コンピュータにおける解析や合成において音声，自然言語，画像，ロボットなど，あらゆる問題に対して行われている．評価関数さえ決まれば，コンピュータを用いて網羅的な探索を行って，最適なインスタンスという意味での是態を持つものを求める可能性が出てくる．「自然の鏡」としての評価関数は，機械に人間の作業を高速に肩代わりさせるニーズから重要であり，今はまさにそのような成果が百花繚乱の時代である．

とはいえ，ベンヤミンは再生産可能性が増して人間は自然から遠ざかり始めたことを指摘している．このことは，是態を復旧することができる評価関数として「自然の鏡」以外にどのようなものがあるかを考えることが今後重要となることを示唆しているであろう．新しい是態は新しい評価関数にかかっている．この点に関しては第 11 章で再考する．

8.4.2 インタラクション

別の是態の復旧方法のヒントは 8.2 節の最後に示したゲームにある——**インタラクション**である．ユーザがあるインスタンスを選ぶと，その行為がインスタンスに「今ここ」で選んだという意義を付与する．インスタンス自体が唯一無二でなくともあるユーザにとって「今ここ」は唯一無二であり，その意味で，インタラクションはインスタンスに是態を復旧する．インタラクションは，それに関わった人にとってしか，インスタンスに是態を復旧しえない．

コンピュータゲームやインタラクティヴアートは，ユーザが関わるとそのユーザにとってインスタンスが有意味になる，というインタラクションの特殊な性質を活用するものである．たとえば，ロールプレイングゲームはインタラクティヴに進められ，ゲーム進行の経緯がユーザにとっては自分の履歴として意味を持つ．ゲームの各側面でインスタンスがユーザ自身によって

選ばれるからこそ，ユーザにとってプレーの履歴は有意味である．

インタラクションは，コンピュータが提示するインスタンスを，ユーザの持つ評価関数でユーザが評価し選択するということでもある．一方，システム側でもユーザに示すインスタンスの候補を選んでいる以上は，評価関数に相当するものがあることになる．ということは，インタラクションはユーザとシステムの二つの評価関数が出会う場となり，評価が一致しないこともままあるであろう．実際，ロールプレイングゲームでは，全体の物語進行が計画されているのに対し，ユーザがその場その場でシステムの意図から外れる選択をしたりすると，物語が進まないことがある．インタラクションでは，このように二つの評価関数をいかにバランスさせるかを考えなければならない．

このバランス問題が生じない一つの方法は**適応**で，インタラクションと「自然の鏡」評価関数が折衷するインタラクションの特殊な場合である．ユーザがインタラクションをするたびに，情報システムはユーザの振る舞いに適応する．これはシステム側の評価関数を少しずつユーザという鏡に合わせるようにすることで実現する．8.4.1 において，評価関数を構築する際には学習データを用いることを述べたが，適応ではユーザとのインタラクションを通して学習が行われ，評価関数はユーザに適応する．この学習プロセスは今ここの連続であるので，結果としてインスタンスを生み出す評価関数がユーザにとっての個人履歴の具現化として特別のものになり，適応した情報システムは是態を持つことになる．

適応はユーザインターフェースの分野ではよく用いられる技術である．たとえば，昨今の文書入力ソフトウエアでは，ユーザが入力する語句を予測して示す [68]．入力ソフトウエアは，ユーザの文脈に適応し，文脈から次の入力を予測する．ソフトウエアの使い始めは，評価関数は「自然の鏡」方式による一般的なものである．しかし，ユーザはシステムが予測したものを必ずしも用いず，独自の選択を行うだろう．使っていくうちに，ユーザがよく使う単語やフレーズを入力ソフトウエアが学習し，ユーザに最適な予測を行うようになる．

8.4.3　是態と再帰

　以上のように，再生産可能なインスタンスに是態を復旧するには，クラスの中のインスタンス群の中の一つに，唯一無二とまではいかないまでも，何らかの観点からの単一性，あるいは希少性を与えることが必要となる．最適化はクラスの中で最適な要素を選択し，そしてインタラクションや適応はユーザにとって特別の要素を決定する．

　本章の冒頭で述べたように，プログラムは帰納と演繹を基盤とする．インスタンスを用いて計算が行われ，インスタンスが生成されてそれに基づいて評価が行われる以上，計算に関わるインスタンスをどのように決めるのかは大きな問題である．最適化やインタラクションのように評価関数が付帯する枠組みでは，適切なインスタンスを得る目的で評価関数を用いることができるので，それによりインスタンスに是態を復旧することができる．もともとはインスタンスは評価関数に対する入力であるが，逆に，評価関数を最大とするインスタンスを得るために，評価関数を使うのである．それは，評価の高いインスタンスを得るのに，ある入力に対する評価結果に基づいて次の入力を決めて試行錯誤をする，再帰的なプロセスを生み出す．

　再帰については，これまでは主に記号の再帰的定義を論じてきた．第 4 章と第 7 章では $x = f\ x$ に基づき，f を繰り返し適用することで不動点に向かう計算を見た．このように再帰により得られる不動点は，より広い観点から，複数の記号から成る系を f としても考えることができる．本書では以降，系自身の出力を再帰的に入力することを繰り返して不動点へと向かうことを**系の再帰**という．

　最適化は系の再帰であると考えることができる．まず，あるインスタンスから始め，結果が評価される．その評価に応じて，インスタンスを少し変化させ，結果を評価する，ということを繰り返し，評価関数の観点で最良のインスタンスに到達する．あるインスタンスから次のインスタンスに移る時に，むやみに変更するのではなく，もし可能ならば，評価を良くする方向にインスタンスを変化させることができると，莫大な数のインスタンスの探索範囲を狭めることができる．つまり，最適化とは不動点を求めることに近い．そも

そも，計算理論上は，計算とは不動点を求めることと捉えられている [49] ので，その観点では，所詮どのような計算も再帰に基づく不動点を求める処理であるといえるが，特に是態を復旧するような難しい処理の背景には，手の込んだ系の再帰が隠れている場合が多い．

インタラクションや適応も，ユーザと情報システムの評価関数にまつわる以上，同様に系の再帰に基づくと考えることができる．そもそもインタラクションとは，前の出力をふまえて次の入力を決めることから，再帰的な過程である．しかも，システムの評価関数は，ユーザの応答に応じて振る舞いを変えることがある．ユーザ自身もシステムの出力を見て自身の振る舞いを変える．インタラクションは二つの評価関数の再帰が出会う場でもある．

評価関数に基づく系の再帰を通して得たインスタンスが是態を持つということは，是態を持つインスタンスとは系の再帰の不動点相当であるということである．つまり，最適化やインタラクションでインスタンスが獲得する単一性，希少性の一つの態様とは，クラスの集合の中の不動点としての特異性である．

筆者の考えでは再帰とは，もともと仮想的な記号あるいは記号系の中で，ある内容をその内容でなければならないものにする一つの手段である．記号あるいは記号系の使用を通して内容に意義を注入し，凝固させる一つの手段である．むろん，再帰以外の他の方法でも是態は復旧されようし，何らかの再帰の不動点であるからといって，必ずしもそれが是態を勝ち得るとは限らない．本来，意義とは，実世界に即して獲得されるべきものであろう．しかし，汎記号主義の無根拠な記号世界において意義を生み出さなくてはならないなら，再帰は，それを有せしめる一つの手段であると考えられるのである．

8.5　その■の種類

これまではクラスとインスタンスを完全に分離して議論を進めてきた．しかし，すでに明らかなように，モデルとしてクラスの記述が先にあって，インスタンスが事後的に選ばれるわけではなく，是態を持つインスタンスを生

成することがクラス全体の設計にすでに関わることである．とすると，評価関数は，クラスに属するものであり，不動点としてのインスタンスとはクラス代表のインスタンスである．このような是態を持つインスタンスとはどのようなものなのであろうか．

　前章では普遍的範疇の観点で，三つの対象が説明された．fを非再帰として，一次性としてのf xのx，二次性としてのf xのf，そして三次性としてのfixである．そして，fixを求める上ではx = f xの計算が必要であった．前節をふまえ，是態を持つインスタンスの一つの有り様が不動点x = f xの解のようなものであるとするならば，このfix中に現れるx = f xのxやfは一体何次性の存在といえるのであろうか．前章ではfixは三次性であると論じられたが，その定義中のxは，三次性の中で一次性ともいえる性質を持つものであるのか．是態を持つインスタンスとはこのようにクラス・インスタンス，普遍的範疇のカテゴリーを超える存在である．

　パースはスコラ派の個性原理を否定しており，形相と質料は別であるとする[80, 8.208][145]．当然それらと自然に対応するクラスとインスタンスもパースにおいては別ものである．とはいえ，パースは複数の次性が混交する側面があることは意識しており，これを「次性の退化」として形式化している[80, 1.365–366, 1.521–529]．次性の退化は第II部の各章ですでに出てきた概念で，三次性は退化して二次性としても一次性としても現れる．とするならば，是態を持つインスタンスはたとえばfixの退化した姿として考えることもできよう．しかしながら，米盛[145]によると「退化」に関するパースの思想は未完成である側面があり，このような考え方の正当性は確かめようがない．パースの思想を用いた別の方向からの議論として，7.5節で見た記号の分類同様に，一次性の項xを，再帰的に普遍的範疇で三分類してみることもありうるのかもしれない．しかし，退化による論もこの方法による論も，xを次性で三種に分類しなければならない点にそもそも問題がある．というのも，是態の観点からのxは連続的だからである．一次性としての無作為のxと，究極のx = f xのxの間には最適化の近似の度合いに応じて，クラスとインスタンスが異なる度合いで混交したような様々なxが存在しうる．このような連続的なxをどのようなものとしてパースの普遍的範疇上捉えるべきかは

難しい．

　別の観点からの考察として，x を得る時に関わる推論の観点から x の特殊性を捉えてみることも挙げられる．パースは推論を三種類に分類していた [145]——帰納，演繹，仮説推論である[10]．しかし，パースはこれらの推論が普遍的範疇上のどのように考えられるのかは示していない．米盛 [145] によれば，仮説推論は直感に基づくため一次性で，演繹と帰納を二，三次性とする案と，仮説推論は高度な推論であるため，演繹，帰納，仮説推論を一，二，三次性とする案の二つが考えられるという．パースが推論を次性付けしなかったことは，パースは推論の普遍的範疇について確信が持てなかったのではないかと推察される．

　最適化にせよ，インタラクションにせよ，是態を持つ x を得る工程にはどのみち複数の推論が混交する．最適化については，最適化処理自体は演繹であるが，評価関数を得ることは帰納ないしは仮説推論のような弱い推論を要する．インタラクションや適応は，ユーザが関わる観点ではその選択は，演繹とも帰納ともいえない．今ここ性がインスタンスに織り込まれて，インスタンスに是態が与えられる．このように，是態を持つインスタンスは，異なる種の推論，あるいはそれを超えたものが混交した結果として得られる．

　すなわち，是態を持つインスタンスとは，クラスとインスタンス，強い推論と弱い推論が一体化した何かなのである．クラスとインスタンスの峻別は，是態を持つインスタンスにおいては不可能である．単なるインスタンスを是態を持つインスタンスへと変える個性原理はスコラ派においては普遍に対置されるものであったが，本章の議論からすると，それは普遍と個物が融合した側面を持つことになろう．このような二つの対極が瓦解する融合点としての脱構築は，ポストモダンの思想に顕著である．たとえば，デリダは，西洋の主観/客観，形相/質料，普遍/個物など二元的な対置が瓦解する契機を指摘している [121]．是態を持つインスタンスが $x = f\ x$ の模式で表されるとす

---

[10] パースの仮説推論とは，観察に基づいて仮説を立てることをいう．驚くような事柄 C があったとして（たとえば，C=「山で魚の化石が見つかった」），仮説推論はここから C を説明する仮説 A を立てる（同じ例では，A=「その山は昔海の底であった」）[80, 2.625]．パースによると，仮説推論は A が間違っている可能性も十分ある，「弱い種類の論証」である．

るのであれば，この模式はデリダの差延に喩えることができよう．x を，それとは異なる f x として捉え直し，その行為を反復することで，脱構築的な融合点が実現される．すなわち，x の脱構築的な性質とは，差延の反復により到達する，クラスを代表とする特異点としての性質である，と捉えることができよう．このような存在の脱構築的性質が問われることになった背景には，普遍が追求された帰結として，冒頭に示したデュシャンの作品がアートと宣言されるほどに内容から唯一無二性が剥奪され，あるインスタンスがなぜそれでなければならないのか，インスタンスを代替不可能なものにする条件とは何なのかを，考えなければならなかったことがあろう．

そして，7.5 節で述べたように，不動点としての是態を持つ内容を実現する一つの手段は記号を媒介することによる．これまで脱構築的な融合点が，汎記号主義の機械の記号系においても表れ，それが形式的な世界で捉えるのが難しい何かを含んでいることを見てきた．人間の記号を機械に移植しようとするたびに，何かの峻別の融合点が登場し，そこに再帰が絡む．もし是態が再帰として説明されるのであれば，より人間的なその価値をどこまで人間同様に機械が処理しうるかが問われるであろう．次の章では情報記号系の再帰性の限界に焦点を当て，そこから見える機械と人間の記号系の差について論じる．

8.6　まとめ

コンピュータでは特別なインスタンスの生成が重要な問題であり，それ自体が計算の目的であることがある．コンピュータを通して得られるインスタンスは，唯一無二たりえないが，それでも特別なインスタンスはあり，それがどのようなもので，どのようにして得られるものであるのかについて論じてきた．まず様々な実例を通し，最適化とインタラクションのプロセスにより，有意味なインスタンスの生成が行われる可能性を見た．これらのプロセスにはインスタンスを評価する評価関数を持つという特徴があり，これを用いて最も高い評価を得るインスタンスを得て，それに是態を復旧させることができる．そのプロセスは，あるインスタンスに対する評価結果に基づいて

次に評価するインスタンスを決めることを繰り返す再帰的処理に基づくことが多い．すなわち，インスタンスの是態の一つの可能性は，評価関数の再帰処理を通して得た不動点としての，クラスの中での特異性にあると考えることができる．再帰は汎記号主義の無根拠な記号世界において，根拠を対象に有せしめる一つの手段である．最後に，このような是態を持つインスタンスがどのようなものかを論じ，それはクラスとインスタンスの二元的対置の脱構築的な融合点においてあるものであることを論じた．

第III部
記号のシステム

第9章 構造的・構成的

> 蟹　全体論はこの世で最も自然に把握できるものさ．それはたんに「全体はその各部分の総和より大きい」という信念だ．まともな精神の持ち主なら誰も全体論を拒絶できないね．
>
> 蟻食　還元論はこの世で最も自然に把握できるものさ．それはたんに，「全体は，その各部分とその和の性格とを理解すれば完全に理解されうる」という信念だ．まともな精神の持ち主なら，誰も還元論を拒絶できないね．
>
> ダグラス・ホフスタッター
> 『ゲーデル・エッシャー・バッハ』[134, p. 313] から．

9.1 暴走する機械

「2001年宇宙の旅」のHAL 9000や，*I Robot* のSpeedyは，暴走するコンピュータである．HALもSpeedyもフィクションかもしれないが，多くの人にとって，コンピュータが暴走するというのは現実の問題でもあるだろう．コンピュータが思うように動かなくなり困ることは日常的に起こることである．しばしば，コンピュータは固まってしまい，どんなコマンドを与えても無視するようになる．そのような時は，コンピュータを再起動しなければならないし，それでもおかしいときには，コンピュータのOSを再インストールしなければならないことすらある．それで大事な仕事が二，三日滞る時には，コンピュータを叩きたくなることもあろう．なぜコンピュータは長い年月研究開発されてなお，こうも使いにくいのか．

コンピュータは2.5節で紹介した汎記号主義の上で捉えることができる．計算は，低レベルの0と1から成るビット列から，高レベルのプログラムの記述に至るまで，すべて記号に基づく．一方，人間の思索には感情なども関わるから全部が全部記号処理ではないと思う読者もいようが，コンピュータを制御する，などという論理的な事態においては，確かに人間の思考は自然言語の記号に基づく．人間の思考も機械の計算も共通の基盤としての記号の処理に基づくと考えることができる．

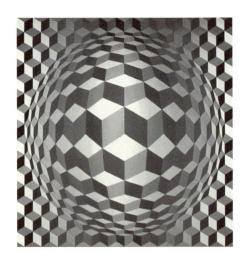

図 9.1 ヴィクトル・ヴァザルリ (1908–1997);
球面による球体, Musée Vasarely

図 9.2 カシミール・マレーヴィチ (1878–1935);
シュープレマティスト絵画, Stedelijk Museum, Amsterdam

第 9 章　構造的・構成的

　しかしながら，機械と人間の記号系には異なる側面があり，この違いを原因の一つとして人間と機械の間は時にうまくいかない．この違いを，本論に行く前に，これまで同様に二枚の絵画に直観的に喩えてみることにする．図 9.1 と図 9.2 は，いずれも四角だけから成る絵画であるが，その構築的態様が異なる．図 9.1 は，四角の群から成る視覚的錯覚が楽しい絵画である．この錯覚は絵画全体の四角の配置があってはじめて得られるものである．一つ，二つの四角を取り除くと，錯覚の効果は弱くはなるであろうが，それでも全体としてのつながりが壊れない以上，同じような錯覚効果が維持されるであろう．つまり，この絵画はより全体論的で頑健であるといえるだろう．一方の図 9.2 では，四角はある四角を別の四角の上に配置するという基本的な構成を基盤とする[1]．つまり，四角の間には半順序関係があり，むやみと四角を取り除くわけにはいかない．たとえば，左方にある黒の大きな四角を取り除くと，その四角の上にある四角をどうするのかなど問題が生じる．このように，二枚の絵は共に四角の集合から作られる絵画であるのに，四角と四角の間の関係は異なるし，結果としての全体の構築的態様も異なる．この差に人間と機械の記号系の差を喩えることができると思われるのである．

　第 III 部では記号の系について考えていくが，その第一歩としての本章は，人間と機械の記号系の構築的態様の違いを，再帰の扱いの違いの観点から論じる．本書における記号系とは，冒頭で示したが，記号の連関とその解釈のことをいう．プログラミング言語における記号の解釈層がいろいろ考えられる中で，これまで第 6 章以外の章ではプログラミング言語の中にそれを置き，記号の定義と使用の上で考えてきた（2.3 節参照）．本章でも，同じアプローチを取る．同様に，比較対象としての自然言語の記号においても，自然言語の記号の解釈層を記号の定義と使用の上で考え，言語系に外在するところの実対象物などは考えには入れない．

---

[1] マレーヴィチの同じシュープレマティスト絵画とされるものには，白地に黒や，白地に赤の四角が配置されているといった，ミニマルな絵画がある．

9.2 記号と再帰

言語はその解釈系で解釈可能であろう文を通して用いられる．文には，解釈できるかどうか微妙なものがあり，そのうちの一つが再帰を用いるそれである．第4章や第7章において導入したように，再帰的な記号とは，自身に即して定義された記号を意味する．自然言語における再帰としては，「目的は目的を達成することである」などを例として挙げることができる．ここで定義されている記号は「目的」であるが，それは「目的」自身に即して定義されている．別のもっと有名な例として，エピメニデスのパラドックス「この文は偽である」を挙げることができよう．文は文自身を参照しており，言明は文を真としても偽としても矛盾する．このような直接的な再帰以外に，本章では間接的な再帰も再帰のうちに含める．たとえば，二つの文「鶏は卵を産む」と「卵は鶏に孵る」は，間接的な再帰文であり，「鶏は，鶏に孵る卵を産む」という直接的な再帰文として言い換えることができる．

再帰的に定義された記号のすべての解釈が問題となるわけではない．たとえば，第4章や第7章で見た階乗などは高校で習う単なる漸化式であり，解釈上何ら問題はない．再帰のうちの一部は，再帰を用いない形式に書き換えることができる．しかし，このような書き換えが可能な例は限定され，再帰的に定義された記号の解釈は問題となることが多く，定義された記号の内容がなかったり，矛盾したりする．たとえば，前の「目的」の文は具体的な目的が何なのかがわからないし，エピメニデスのパラドックスは矛盾する．

第4章において，記号の再帰は，記号に内容を定義する定義文と共に導入された．再帰的定義は，記号を自身の内容を指すものとして投機的に導入し，その使用に基づいて内容を分節するものであった．記号をこのように投機的に導入することは，分節されきってはいない段階で「自身を参照する」ことを可能とする．当然，矛盾する内容や内容がないものを指し示すことができるようになってしまうのである．記号のこの投機的性質——確定しない内容を指し示すこと——は自然言語の記号においても情報記号においても同様に見る

第 9 章　構造的・構成的

ことができる．

　次節以降の布石のために，第 4 章で見た議論を，本章ではより直観的なものとして，プログラミング言語と自然言語の両方において見返してみる．どのような記号も，第 2 章で見たように定義されて使用されることから，再帰を両方の側面から見てみる．定義に関しては，解釈層を記号系内に限定するなら，記号を新規に記号系に導入するときそれは他の記号を用いて定義されることになる．記号 A が他の記号 B によって「A は B である」の形で定義される．自然言語では，辞書や百科事典にこのような定義は表れるし，プログラミング言語では，「A=B」という定義文として表れる．ここで B の部分に A が含まれると，A は A 自身に即して定義されることになる．たとえば，B が「X Y A Z」であったとすると，A の定義は自然言語では「A は X Y A Z である」，プログラミング言語では「A = X Y A Z」となる．上の鶏の例では，A が鶏で，「X Y A Z」が「鶏に孵る卵を産む」に相当する．プログラミングにおいても，同様に階乗の計算が再帰的に定義されることを見た．このように定義文は，特段の制約を定めない限り，再帰的定義を可能とする．

　一方の使用も再帰と密接な関わりがある．まず，再帰的な記号「A は X Y A Z である」において，右辺の A の使用が A の内容を規定するという側面がある．同様に，情報記号でも，再帰的定義では，右辺でどのように自身の記号が使われたかが内容を規定する（4.4 節参照）．たとえば，「A = X Y A Z」の右辺での A の使用が A の内容を決める．また，自然言語では使用自体が語彙の意味を決めることがよくある．記号 A が，「A は C である」と使われたとすると，この使用自体が，「A は「A は C である」として使われる記号である」として，A の内容を規定する．したがって，使用自体が再帰的である．この点，情報記号において，再帰的な場合を除くと，使用は記号の意味を規定しないと思う読者もいるかもしれない．確かに，使用が記号の内容に必ず影響を与えるわけではないが，使用が記号の意味を定める側面は，プログラミング言語において多く取り入れられている．たとえば，3.3.2 節において，使用の差が同型の記号を導入することを有意味にすることを見た（図 3.5 参照）．また，型が使用において曖昧性を解消する役割を担うことを 4.4 節で見た．

　そして定義と使用は再帰では混交する．「A は X Y A Z である」は，A の

定義文であり使用である．「A は C である」と使われることにより「A は「A は C である」として使われる記号である」と A を規定し，これは A の定義文でもある．情報記号においても，「A = X Y A Z」が A の定義であると同時に使用であり，再帰的に定義される記号が使用を通して内容を分節することは，第 4 章において見たとおりである．その結果として，再帰的な記号ではソシュールの二元論とパースの三元論が等価なモデルとなったのであった．

　第 4 章の内容の直観的な再掲として以上見てきたことからいえるのは，自然言語でも情報記号でも記号は再帰的に用いることができるということである．未確定の内容を指示するために記号を投機的に導入することができる以上は，記号の再帰は記号の避け難い本来的な性質であり，これは様々な記号系に共通して現れる．以上は記号一般の性質で，そこには人間の記号と機械の記号の間に大きな差はない．自然言語とコンピュータの記号系の差は，再帰を解釈する仕方の差に原因の一端があり，それが記号系の構築的態様の違いを生み出すのである．

9.3　自然言語：構造的な記号系

　わからない言語表現や文を前にした時，人は解釈することを端的にやめることができる．解釈ができない文があるからといって他のすべての思考活動が滞ることはない．たとえば，「目的は目的を達成することである」は，実際の目的が何であるかの解釈に限界があるが，この文の解釈に集中して他のすべてが止まるということはない．ある文の解釈について人は，わからないからあきらめるのか，とりあえず置いておくのか，さらにわかろうとするのか，を選択することができる．実際，わからない文について他の情報が得られることもあろう．たとえば，「目的は抱負に関すること」などの追加情報を得ることができれば，前の文に戻って解釈を続けることができる．このように人は，文の解釈を続けたりやめたり，あるいは一時停止したり再開したりすることができる．

　このような頑健な解釈戦略をとると，ある記号の再帰の解釈がゆえに系全体の動作が滞ることはないが，一方で記号の具体的な内実を曖昧なままにし，

記号系の中で確定しないままに保留するという状態を作り出す．この状況は記号がどのように記号系に導入され，どのように記号系が発展していくのかの観点から，次のように説明することができるであろう．記号は，その言い表す内容が確定しないまま，投機的に記号系に導入される．記号の具体的内容は定義や使用を重ねることによって，次第次第に決まっていく．たとえば，ある研究プロジェクトで「プロジェクト X」という記号が導入されたとしよう．記号が導入されたときはプロジェクトの内実は普通はそこまで具体的には定まっていない．というのもプロジェクトは普通未来の活動を指すものだからである．そうであったとしても皆がそのプロジェクトについて議論をするには名前が必要であるので，「プロジェクト X」という記号を使うことで皆が合意したとしよう．プロジェクトが始まり，プロジェクトは遂行され，終わるであろう．そしてその時初めて，そのプロジェクトが何であったかが確定する．プロジェクトが走っている時には，「プロジェクト X はつまらない」や「プロジェクト X の予算は二倍になった」といった文により参照され，プロジェクト X はつまらないプロジェクトであること，予算が二倍になったプロジェクトであること，として「プロジェクト X」の内容が規定される．「プロジェクト X」がどう使われたかで，「プロジェクト X」が次第次第に分節されていく．第 4 章で見たハーダーの言葉を借りれば，記号の使用が意味へと凍り付いていく．すなわち，「プロジェクト X」の使用が再帰的に記号の意味を規定する．同様にほとんどの自然言語の記号は使用されるたびにその意味が規定される．自然言語のほとんどの単語は再帰的に意味が規定され，その連関としての記号系全体が再帰系となるのである．

さらに，記号の使用や内容は時間を通して変化し，指示子が指し示していたものは時間と共に変化していく．その契機の一つは，第 6 章で見たような記号の派生的な指示であろう．指示子の本来の使用が派生的な内容の指示を生み出し，それが新たな使用を生み出す．たとえば，「スパム」は当初は食品のことを指していたが，今日では不要な電子メールとしての「スパム」を指すことの方が当たり前である．このように，スパムメールという用法は，ハムとスパムのアナロジーをきっかけとして一般的になった．直接指示内容を規定する使用が，派生的な内容を示唆し，それが新たな使用を生み，指示子

が指し示す全体が変化する．

　結果として，自然言語の記号の具体的な内容をきちんと定義することは単純な記号についてですら難しい．階乗は再帰的定義を解消して単なる一連の積として明示することができたが，自然言語の記号において同様のことは普通は不可能である．たとえば，「水」といった単純な単語であっても，その具体的内容を完全に示すことは難しい．『広辞苑』では「酸素と水素との化合物．分子式 H_2O．純粋のものは無色・無味・無臭で，常温では液状をなす．」と定義されるが，「水」の実体は「水道」「井戸水」など，その使用の中に込められている．このように水と共に用いるすべてが，水の何たるかを規定する．

　このように，自然言語の記号の意味は，共に使用された記号のネットワークの中に浮かんだ状態である．記号は他の記号から参照され，それらがまた別のところから参照され，最初の記号は記号系全体に関与する．指示子はそれに関与する内実と使用のすべての核なのである．指示子としての核に使用や内容が付与していく．指示子はかくして意味を分節する——意味が先にあって指示子がそれに後付けで付与されるのではない[2]．

　このような記号系に関する全体論的な視点は，ソシュールの構造主義にその端緒がある [125]．記号系はその要素としての記号の価値が系全体に関わる時，**構造的**であるという．「構造主義」がソシュールが提唱してから大きく変化してきたことはたとえば [96] などを通して見ることができるが，その根源となる考え方は，ソシュールの次の言葉に表れている [125, p. 167]：

---

[2] このことは次のようなことからも経験されるのかもしれない．人はイメージや内容を先に見せられ，それを単語で何というのかを思い出そうとするとなかなか思い出せない．たとえば，「「磁針がほとんど南北を指す特性を利用し，船舶・航空機などで方位を測定する用具」（『広辞苑』）はなーんだ？」と問われた場合，単語が出かかって出ない「度忘れ」の状態に陥ることがある [3]．答えは羅針盤であるが，「羅針盤」と言われて何か思い出すことよりも，このように内容や使用を先に与えられて指示子を思い出すことの方が難しい．また，知った人の前にいる時にその人の名前を思い出すことができないという感覚も「度忘れ」に類するものでまどろっこしいものである．一方，名前を与えられて誰かを思い出すのは，知っているか知らないかの問題であろう．このような経験は，指示子が内容を思い出すための核，あるいはトリガーになっており，「度忘れ」の時に指示子を思い出そうとすることはイメージが先に与えられて逆問題を解くことに相当するから難しいと考えることができるように思われる．すなわち，内容から指示子を思い出すことは，頭の中の記号の海の中からイメージに最も合う記号を探索することに相当すると考えられよう．

「システムを導くには,語,項[3]から始めてはなりません.これでは,項が絶対的な価値をあらかじめ持っていると仮定することになり,そうすると,あるものの上に別のものを積み重ねていくことだけでシステムが得られることになってしまいます.そうではなく,システム,互いにつながっている全体から始める必要があります.これが個別の項へと分解されるのです.もっとも,一見そう思えるほど簡単には項を区別することはできません.」

記号がどのように導入されて,記号系がどのように作られていくかを吟味することで,自然言語の系のこの構造的な側面を見ることができる.記号が投機的に導入され,その使用が再帰的に内容を定義し,再帰的に構造的な系が作られていくのである.

9.4 情報記号系:構成的な記号系

コンピュータは再帰を人間とは全く異なる方法で処理する.再帰一般が x = f x の形式で代表されることはこれまでも見てきたとおりだが,これは,だいたい以下のような形で実行される.まず,求めたいのは不動点 x であるが,これは f x である.この f x の x は x = f x なので置き換えると,f (f x) を計算することになる.この x はやはり f x で置き換えることができ,f (f (f x)) を計算することになる.これを繰り返すことになり,結局,f (f (f ...(f (f x)) ...)) を計算することになる.以上のような計算については第 4 章の不動点関数においても見たとおりである.階乗の場合のように,f を 1 回適用した結果がもとの問題の部分問題になるなど何かの方法でこの計算が収束に向かわなければ,f の適用は無限ループとなる.コンピュータは再帰を解釈する際は常に無限ループに陥る危険と隣り合わせである.

ならばプログラムが止まるかどうかを計算を始める前に調べ,人間同様に動的に解釈戦略を変えればよいと思う読者もいるかもしれない.しかし,チューリングマシンを用いて任意のプログラムが停止するかどうかを判定すること

---

[3] この「項」は,第 6 章と第 7 章の普遍的範疇で用いた項とは異なり,ソシュールの文脈で用いられたもので,「記号」の意味である.

はできないことが論理的に証明されており [87]，これは停止性問題として知られる．すなわち，コンピュータプログラムを用いて任意のプログラムが停止するかどうかを判断することはできない．したがってコンピュータは一分以内に終わるプログラムと計算が終わらないプログラムの区別が付かない．プログラムが停止するかどうかの判断をせぬまま，プログラムは走り始める．

プログラマはこのような状況の中，本来的に再帰的な記号を用い，停止するプログラムを書かなければならない．その意味で，プログラミング言語には潜在的に欠陥があり，それは記号の再帰という言語の本質的な性質に関わるのである．プログラマはプログラムを書くときには，この欠陥を確実に避けるようにしなければならない．プログラムでは，記号は原初的にはプログラミング言語において事前に定められた基本データや関数などとして与えられる．これらを用いてライブラリが用意されている．プログラマは以上で定義された確実に停止する記号を複合的に用いて，確実に停止するプログラムを書くことになる．すると，記号系は小さな構成から大きな構成へとボトムアップな記号の積み重ねとして構築されざるをえない．

停止性問題はプログラミングにおいて大きな問題であり，プログラミング言語の歴史の一側面は，正しく止まるプログラムをプログラマが書くことを支援する枠組作りにあったともいえるだろう．昨今のプログラミング言語の多くにはこのようなノウハウが取り入れられている．まず，止まる計算とは何かということについて，計算と不動点を求めることとの関係が理論的に整理され——これは第 8 章でもふれた——，関数が不動点を持つ条件について明らかにされてきた [49][108]．

第二に，プログラミング言語にはプログラムを支援する様々な言語的制約が設けられている．たとえば，記号を抽象的な解釈レベルで規定する型である．第 4 章で見たように，型を導入することで，x x のような再帰と深く関係する式が表現できなくなる．同様に，型を用いることで，様々な矛盾を生む式を表現することができなくなる．たとえば，集合の集合を集合とみなすと，矛盾を生み出すことが知られているが，集合の集合は集合とは型が異なるため矛盾を回避することができる．

別の言語的制約の例は，4.2 節でも紹介した記号の有効範囲（スコープ）で

ある．記号が大域的に用いられると，プログラムのどこでどう使われているかの全貌を把握しにくく，誤って再帰的定義を行ってしまうことがある．たとえば，プログラムのある場所でxをyを用いて定義し，このことをうっかり忘れて，全く別の場所でyをxを用いて定義すると，これは間接的な再帰で，無限ループに陥る恐れがある．そこで，ほとんどのプログラミング言語には，有効範囲の概念があり，記号がどこからどこまで有効なのかが規定され，これがプログラムに登場する全記号を管理する助けとなる．局所的な有効範囲で定義された記号は大域的に用いることができない．そして，局所的にのみ使用される記号の方が，確実に管理することができる．記号が宣言され，使用され，廃棄されるまで，完全に管理されていれば，再帰がうっかり紛れ込むということも起きにくい．

記号の再帰は実は不動点関数に完全に封じ込めることができることを，第4章や第7章で見た．そうすることで，不動点関数の周囲にだけに注目して再帰が止まるかどうかを確認するだけで済むかもしれない．しかし，プログラマは普通自然言語で思考するから，再帰的な記号の扱いに慣れているのに，プログラムにおいて再帰表現をかくも封じ込めることは，記述を不自然なものにしてしまう．他，さまざまな理由から，記号の再帰的定義が不可能なプログラミング言語はまれであるし，不動点関数だけを用いて巨大なプログラムを記述することも皆無であるといってよい．プログラミング言語の設計においては，プログラマがなるべく記号を自由に使うことができるようにすることと，記号の使用を制限して停止する安全なプログラムを書くことができるようにすることのバランスをとる必要がある．

このような様々な工夫を用いて作られるプログラムは，**構成的**な記号系を形作る．この本における構成的な記号系とは大きな構成が小さな構成から複合的に作られることを意味する．どの情報記号も順番に導入され，小さなものから大きなものが作られる．プログラミング言語には言語仕様の中で定義される基礎となる記号群がある．これは数，文字，真偽値などと，これらに適用する最低限の関数群を含む．プログラマの責任は，最終的にはすべての計算がこの基礎に還元されるようにプログラムを書くことである．構成的にプログラムを書かなければならないことは，再帰的定義についても同じで，再

帰も最終的には基礎に還元されなければならない．プログラムを書くことは，対象の構成的全貌を記述することなのである．

この「構成的」という用語は，構成的論理学，構成的数学，構成的プログラミングといった分野の背景にある考え方に相通じるものである．これらの分野では，計算対象なり数学の対象が存在するならば，それは構成されうるものでなければならず，明示的に見つけられうるものでなければならない，と考える．このような考え方はブラウワーの直観主義論理学において提唱され [20][21]，ビショップらの構成的数学 [17][18] において発展した．直観主義論理学では，背理法が許されない点に特徴があり，数学の式の存在を明示的に示さないような間接的な証明は行うことはできない．この理論は構成的プログラミングと言われるプログラミングの一分野を基礎付ける．

9.5 構造的・構成的

以上，自然言語の記号系とプログラミング言語の記号系の違いを見てきた．「構造的」と「構成的」という用語は両方とも系の構築的態様に言及する語であるが，背景にある考え方は対照的である．9.3 節で示したソシュールの文の冒頭に即して述べるならば，構造的な系を導くには，語，項から始めてはならないが，構成的な系を導くには，語，項から始めなくてはならない．この二つの系の直観的な差を図 9.3 に示した．左には全体論的で構造的な系が示

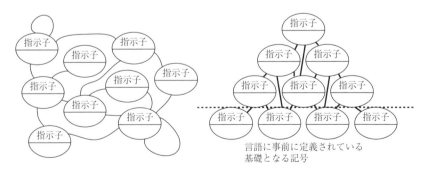

図 9.3　構造的な系（左）と構成的な系（右）：直観的な図

され，記号の関係は自然に結ばれている．対照的に，右側には構成的な系が示され，記号の関係は階層的にボトムアップに作られ，最終的には言語システムでもともと提供される基本データならびに関数に還元される．構造的な記号系は何ら形式的な制約なく自然に作られたもので，そこでは記号は自由に関係する．結果としての記号系は全体論的で，最小の基底となる何かに還元することはできず，系自身が再帰的である．一方で，構成的な記号系は停止性が保証される最小の記号群から始め，停止性の制約下でボトムアップに構築される．記号の間の関係は必然的であり，すべての記号が最小の記号群に還元される．

　この差は系の頑健性と関係する．構造的な記号系では意味が明示的ではないため，記号の意味はいつもある程度曖昧であり，他の記号との重なりもある．異なる言語表現がほとんど同じ意味を表すこともままある．したがって，ある記号が一つ削除されたからといって，すべての系が動かなくなることはなく，同じとまではいかなくとも，補強を要しつつも何とか系全体が動き続ける．一方で，構成的な記号系では，記号は投機的に導入されても最終的には明示的で曖昧性のない内容となるように定められなければならない．当然，ある同じ内容を表現するときは，プログラムコードの重複によるバグを避けるためにも同じ記号に集約させることになる．すると記号間の重なりはほとんどなく，同じ意味で異なる記号を用意する無駄はほとんど排除される．このため，記号を一つ削除することは，その記号に拠る系の全部分に影響が及ぶ事態となる．

　この差は本章の最初に導入した，図9.1と図9.2の二枚の絵に喩えられる．四角の関係は記号の関係に喩えられるであろう．図9.1は四角の構造的な系を示すかのようであり，図9.2は四角の構成的な系を示すかのようである．図9.1は，オプアートといわれる美術運動の代表的な芸術家によるものであり，簡単な形から錯視を起こす絵画である．四角の群の全体論的な関係に基づいてこの視覚的効果は得られている．この中の四角の関係は比較的頑健であり，一つ二つ無作為に四角を除くと錯視の効果は薄れるかもしれないが，それでも同じ効果が得られるであろう．一方の，図9.2は，構成的な絵画である．一つの四角を別のものの上に重ねるという基本的操作を用いて，この絵は構成

されている．この絵には四角同士に依存関係があるため，四角を無作為に取り除くことはできない．マレーヴィチは，ロシア構成主義といわれる美術運動の代表的な芸術家である．ここでいう構成主義と，本章で定義した「構成的」の意味がどこまで同じかは何ともいえないが，マレーヴィチの絵画は少なくとも情報記号系の基本構造を暗示するだろう．

　構造的な記号系と構成的な記号系の関係についていえば，前者は後者を含むが，後者は前者を含みえない．階乗の計算は両方の系で表現可能であるが，再帰的に定義された多くの自然言語の単語は構成的な記号系には含みえない．

　したがって，構造的で頑健な記号系に慣れた人間がプログラムを書くとき，構成的な考え方に基づくことを強要される．プログラマは再帰に基づく記号を用いつつ，記号が最終的にどのような値を得るかを考えつつ，停止するプログラムを書かなければならない．プログラマは記号がどう関係するかの全貌を把握し，すべての記号を管理しなければならない．ソフトウエアはプログラムによって生成されるので，現在のコンピュータのユーザは，本来構造的な記号系に生きているのに，コンピュータを使う上では構成的たることを強要される．そして，ソフトウエアの多くは，プログラムが無限ループに陥らないように様々な安全策を取っているので，これがさらにユーザーの自由な記号の使用を妨げ，コンピュータを扱うときには，不自然で機械的な感じがする．

　より人間に近いプログラミング言語を作るには，完全に構成的な記号系を再構築し，構造的な記号系を実現することであるのかもしれない．その一つの要は再帰をどのようにコンピュータ上で扱うかにある．前述のように，再帰の扱いについては，情報科学・技術の歴史始まって以来の問題でもあり，プログラミングにおける中心的な問題であった．第11章でこの点をさらに見る．構造的コンピュータをどう作るかが，HAL 9000 や Speedy を止め，自然な計算機環境やより自然な人工的存在を構築する鍵となるのかもしれない．

9.6 まとめ

本章では，記号の本来的性質としての再帰性が示された後，その解釈の仕方の差から，構造的な系と構成的な系が作られることを論じた．自然言語の系は，記号の内容が使用を通して再帰的に規定されるため，記号の連関の中に記号の内容が曖昧なまま保持される構造的な系となる．一方，情報記号系は，再帰が停止性問題に抵触するため，動作が保証される小さな単位から大きな単位へとボトムアップに構築される構成的な系となる．このことから，人間がコンピュータを使いにくいと感じる一つの原因は，本来構造的な系にある人間が構成的たることを強要されることにあると考えられよう．

第10章 記号と時間

> 現在の時過去の時は
> おそらく共に未来の時の中に存在し
> 未来の時はまた過去の時の中に在るのだ．
> 時がことごとく不断に存在するものならば
> 時はことごとく贖い得ないものとなる．
> かくもあったろう，とは抽象で
> どこまでも可能性に止まるというのは
> 思索の世界においてだけだ．
> かくもあったろうと，かくあったとの
> 終わる所はただ一つ，それがいつも今在るのだ．
>
> トマス・エリオット
> 『バーント・ノートン』[44] の和訳 [119] の冒頭部分から．

10.1 インタラクション

これまでの記号や記号系に関する論は，ある一つの記号系の中だけに閉じて進んできており，記号系の外界との関わりについては（8章でのインタラクションに関する議論を除いては）見てこなかった（図3.8参照）．第 I 部，第 II 部ではプログラムという記号系の中の記号のモデルや種類について論じてきたし，前章では，ある一つの記号系の構築的態様について述べた．しかし，すべての記号系は外界と関わってはじめて有意味である．人間においては，外界との関わりは，言語を介したコミュニケーションなどに相当するであろうし，コンピュータの場合には，それは外界とのインタラクションに相当する．すなわち，外界との関わりは，人間，機械の両方の記号系に見られ，記号系の重要な一側面である．

本書の最後の二章は，外界の中の記号系について論じる．ここでも汎記号主義を取っており，外界も記号系の中から見ると記号を媒介してのみ捉えうる系である．インタラクションを行うにはプログラム中でインタラクションを記述しなければならない．本章ではまずその記述にまつわる問題とそこから浮上するインタラクションにおける記号の役割をふまえ，次章では他の記号系とのインタラクションを論じる．本章の主題の背景には，記号系がどの

図 10.1　副島種臣 (1828–1905); 帰雲飛雨額, 佐賀県立美術館

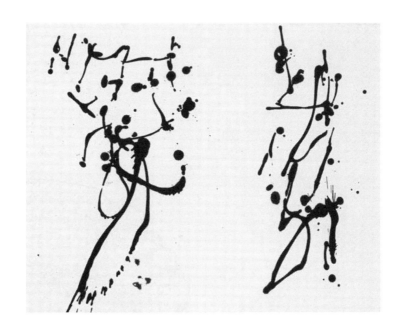

図 10.2　ジャクソン・ポロック (1912–1956);
Number 1A 1948, ニューヨーク近代美術館

第 10 章　記号と時間

ように外界を内部で表現して外界と関係し，記号がそれにどのように関わるのか，といった疑問がある．

　他の章同様に絵画による導入を試みるならば，絵画はキャンバスに画家が描き入れて完成していくものであることはいうまでもない．当初キャンバスには何も描かれていなかったのが，主題とその解釈を胸に秘めた画家が一筆一筆入れていくことの集大成として視覚表現が完成する．この当たり前の工程は近代以前の西洋絵画では明示的ではなく，完成品は筆遣いを感じさせないものが多い．一方，東洋の絵画や書，また一部の現代アートでは，その工程が顕著なものが多い．たとえば，図 10.1 は日本の書家の代表の一人である副島種臣の書である．芸術家の筆遣いを追うことができ，書に取り組んでいる芸術家の集中や期待が感じられるかのようである．同様に，現代アート，特にアクションペインティングでも，どのようにして絵画が構築されたのかを窺うことができるものがある．たとえば，ポロックの例が図 10.2 に示されている．ほとんどの絵は時間の流れに沿った工程を経てできあがり，工程が終わると，絵は変化を止め完成する．

　この当たり前のことは，記号系においても同じことであろう．記号系は外界とのやりとりを行うことで徐々に構築される．それが止まった時に変化を止めてしまう以上，入出力は記号系が拡張・発展するには必要不可欠である．このような事態は情報記号系においても同様の側面がある．インタラクションのような予測不可能な処理のない計算の前後では，系は同質である．外部の異質な何かを取り込んで発展するには，インタラクションが必要である．そして，入出力を通して記号系が構築されていくには時間の流れが前提となる．入出力についてみることは，記号系の存在を条件付けるものをみることでもある．

　情報記号系でインタラクションを行うには，それをプログラム中で記述する必要がある．それは，プログラムにとっては予測不可能な何かを記述することである．現在，そのような決定的ではない計算を記述することは，識別子の値の変化に基づく．簡単には，インタラクション用に記憶領域が用意され，当初その値は未確定のままである．そのうち，外界とのインタラクションが行われ，値は定まり，するとそれがシステム中の計算を引き起こす．

値の変化をコンピュータ上でどのように記述するのかということは，コンピュータの，特に形式性や理論を重んじる分野では大きな問題であり続けてきた．というのも，コンピュータ上の計算は数学や論理学を背景としているし，さらにコンピュータは機械なのだから，一貫しているべきものであるからである．しかし，値が変化することは，ある時コンピュータはこうと言い，別の時はああと言うということであり，扱いが難しい．そして，識別子の値を常に一貫させる方法として生み出されたのが**参照透明性**という考え方である．参照透明性とは，プログラミング言語システムに課す形式的な制約であり，あらゆる式が唯一の値しか持たないという性質である [16]．この制約下で，インタラクションをどのように記述するのか，ということがかつて問題となった．この問題は皮肉な帰結を迎えるが，それを説明することを通し，記号系におけるインタラクションの意義について見ていく．

10.2　状態遷移機械

現代のコンピュータはフォン・ノイマン型コンピュータであり，これは状態遷移機械である．**状態**とは，6.2 節でも述べたが，記憶領域——CPU のレジスタ，主記憶，二次記憶——中のビット列のことをいう．状態遷移機械では，現在の状態をもとに CPU において命令が実行され，その結果，状態が遷移する．このハードウエア上の実態と合うように，原始的なプログラミング言語は，状態遷移を記述するものである．状態遷移機械はチューリングマシンでモデル化されているコンピュータの本質でもある．プログラムでは記憶領域中の状態の変化を記述する．たとえば，次のプログラムは識別子の値の変化により状態遷移を記述するプログラムである[1]．

```
1: x := 3
2: print x+1
3: x := 5
4: print x+1
5: x := 7
```
(10.1)

---

[1] :=は代入，=は定義文に用いられることを思い出されたい（第 6 章ならびに用語集参照）．

1 行目で値 3 が識別子 x に入れられ，コンピュータは 3 を識別子 x のアドレスが指し示す場所に格納する．3 行目で値は 3 から 5 に変更される．5 行目で値をさらに 7 に変更している．2 行目と 4 行目で出力される値はそれぞれ 4, 6 であり，異なるものとなる．

　以上は，プログラムは上から下に実行されるという前提に基づく説明である．しかし，もし実行の順序をたとえば下から上に行うとした場合，4 行目と 2 行目で出力される値は前の説明とは異なり，それぞれ 8, 6 となるであろう．すなわち，識別子の値を自由に変更することができると，その値が時点ごとに何であるか異なる場合があり，それは文の実行順序に依存する．つまり，プログラムの出力は文の実行順序に依存する．

　このように値が変化することは，プログラムの振る舞いの検証を難しくする．プログラムの正しさは，文が実行される順番も含めて検証しなければならない．プログラムにバグがあるとわかっているときには，プログラムを文が実行される順序に沿って読み進め，すべての識別子の値が正しく変遷していくかを確認することになる．プログラムの正しさは，式や文といったプログラムの要素の正しさだけからは検証できず，バグ取りをするには，プログラムを頭の中で仮想的に実行することを要する．

　この問題は，識別子が恣意的であるという点と関係する．定数であっても，識別子は恣意的である．恣意的であるということは，識別子に必然性はなく，その値は変化しうるということである．自然言語においても単語の意味は変化し，これは識別子の値の変化に類似しているといえる．しかし，自然言語では，ある記号の内容を変化させる場合には，それを使う全員が同様に内容を変えてはじめて変化が有効となる．たとえば，9.3 節で挙げた例を再考すると，「スパム」はかつて食品を意味していたが，今やそれはスパムメールのことをも意味する．この変化は，語「スパム」を用いるすべての人がほぼ等しくスパムの意味を変えてはじめて有効となり，たとえば「今日百通もスパムが来た」という文が有意味となる．このように，内容の変化が大域的でなければならないことが，自然言語の語の意味が簡単に変わることを阻止し，結果的に自然言語の記号の意味は安定している．記号がこのように大域的であることは，ソシュールにおいては社会的慣習と呼ばれ，第 4 章で見たとおり

である.ソシュールが言うように,記号は恣意的であると同時に束縛されている [124]. 一方で,情報記号の場合には,記号は有範囲内で局所的に使われ,社会的慣習のような制約が課されないために,記号の値を定着させるものがない.

10.3 参照透明性

実はプログラミングにおいても記号の値が変化することを阻止する人工的な制約があり,これを**参照透明性**という.参照透明性は特に関数型パラダイムの一分野で発達し,この制約下にある言語にはたとえば Haskell がある.

参照透明性はプログラミング言語システムに課す制約で,参照透明な言語ではすべての式が唯一の値を持つ [16]. これは,一度識別子の値が確定すると,二度と変更できないという制約である.たとえば,識別子 x を導入し,その値はプログラムが実行される間にある値に決まる.以降,その値は二度と変更できない.プログラムの実行中は,x を使った式は,常に同じ値に基づいて計算される.

参照透明性を導入することで,プログラミング言語を二つの意味で整理することができる.第一は,プログラムの実行結果が文や式の実行順序に依存しなくなるという点である.どのような順序でプログラムを実行しても計算が停止するならば必ず同じ結果が得られる.この点に関しては,第 4 章でチャーチ・ロッサーの定理として見た.一回しか識別子に値を定義できず,式の値は識別子の値により決まるのだから当然である.プログラムの検証も,したがって,個々の文や式の記述が正しいかだけを検証すればよく,実行の順序は考えなくてよい.

第二に,参照透明性の導入はプログラムの記号や計算を整理することにつながる.計算の整理については次節で見ることにし,本節では記号の整理についてみる.たとえば次の状態遷移に基づくプログラムが,上から下へと実行されるとする.

```
1: x := f 1
2: print x
3: y := g x                                    (10.2)
4: print x
5: print y
```

このプログラムが参照透明性の制約下にない場合，3行目のgは，xの値を変える可能性がある．その場合には，2行目と4行目で出力される値は異なるものとなる．一方，このプログラムが参照透明なプログラムであれば，gによるxの書き換えは禁止されている．すると，2行目と4行目の出力は同じものとなる．もし，2, 4行目で途中の出力が不要で，最終的な結果としてのyだけが出力されればよいのであればxやyといった識別子は不要となり，上のプログラムは次の簡単なプログラムに書き換えることができる．

```
print (g (f 1))                                (10.3)
```

このように，仮の識別子を削除することは，7.5節においても見たとおりである．仮の識別子を削除してプログラムを整理することで，プログラムの実行効率も向上する．というのも，識別子を導入することは，それ用に記憶領域を用意して，そこに値を格納することであるからである．無駄な記憶領域の使用は当然プログラムの実行速度を落とすことになる．無駄な識別子の削除は非再帰的な識別子の場合には簡単であるが，再帰的である場合にはそれほど簡単ではなく，不動点関数などを用いてそれを行うことになる．この方法については，第4章と第7章で見た．関数型プログラミングにおける研究の一つは，自動的にプログラムを変換し，実行効率を下げる無駄な記号を取り除くことにある．

このように，参照透明性の制約により，記号の必要性が明らかにされ，記号は整理される．プログラムの結果は実行順序に依存しなくなり，自動変換によりプログラムの効率が向上し，理想的であるかに思える．しかし，この制約は実用のソフトウエアを構築するときに用いられることはまれである．というのも，実用的なソフトウエアに必要不可欠なある種の計算を，参照透明性の制約の元でどのように効率的に記述すべきかが，自明ではないからである．

10.4　副作用

参照透明性の制約下にある言語では，参照透明でない処理はすべて参照透明なものに書き換えられなければならない．その意味で参照透明性を言語に導入することには，もう一つの効果があり，それは計算を整理し，参照透明なものとそうでないものに分けるというものである．後者は**副作用**のある処理という．

プログラミングにおける副作用とは，普通はプログラムの実行時に識別子の値がプログラマの意図に反して思いがけなく書き換わってしまうことをいう．要するに，プログラムのバグを指すことが多い．一方で，より狭い意味では，識別子の値の変化を前提とした計算処理を意味する [53][56]．このような計算は参照透明性を言語に導入すると浮き彫りになるものである．たとえば，例外処理，非決定的な処理，並列処理，そして本章のテーマであるインタラクションなどがそれに含まれる．以降，副作用とは，この狭い意味で用いる．

プログラミング言語に参照透明性を導入すると，どのように本来的に副作用を伴う計算を参照透明に記述するのか考えなければならない．最終的な解決方法は，どの副作用でもほぼ同じであるし，本章の主題はインタラクションにあるので，以降インタラクションに絞って，これまでにプログラミングの分野で提案された解を見ていくことにする．

インタラクションはプログラムと外部とのやりとり全般を指し，マウス，キーボードなどによる入力，画面出力，そして音情報の再生や録音などが含まれる．インタラクションはコンピュータ全体を制御する OS を介して行われ，このため OS とのやりとりをするプログラムとして，外部とやりとりすることを想定して記述される．

次のプログラムは，状態遷移に基づいて記述された，簡単なインタラクションを行うプログラムの例である．プログラムは関数 `read_c` を用いて一文字読み込み，これを関数 `f` によって処理し，結果を `write_c` により出力するものである．

第 10 章　記号と時間

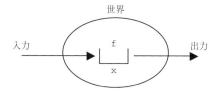

図 10.3　状態遷移に基づく最も単純なインタラクション

```
1: interact = {
2:   repeat
3:     x := read_c
4:     write_c (f x)
5:   end
6: }
```
(10.4)

このプログラムが実行されると，記憶領域内にインタラクションに用いるための記号 x の場所が割り当てられる．何か入力が読み込まれるたびに，それは x に入れられ，f が適用され，結果が出力される．入力が行われるたびに，x は異なる値をとる．このため，このプログラムは x の値の変化を前提とする状態遷移に基づくもので，参照透明の制約の下では禁止されている．

このプログラムを実行している時の状況のイメージが図 10.3 に示されている．ここで**世界**とは，ワドラーが導入した概念で [113]，プログラムを含む環境を抽象的に示した全体である．インタラクションを行うシステムは OS にも関わるものであるため，そのような環境全体が世界には含まれる．この世界の中にシステムが配置され，その中に x があってインタラクションに用いられ，インタラクションを行う時は，x だけでなく，世界全体に関わる．たとえば，キーボード入力はプログラムの状態だけでなく，OS の状態も変化させる．このインタラクションに関わる全体が世界である．

このプログラムは，あるトリックを用いることで，参照透明なプログラムに書き換えることができる [113]．それは，記号を**使い捨て**にするのである．インタラクションが行われる時には，必ず新しい領域をメモリ中に用意して用いる．上の x の例では，入力が得られるたびに x を新たに記憶領域中に割り当て直すのである．インタラクションのたびに使う領域，すなわち記号は

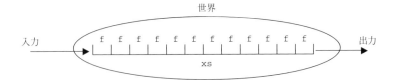

図 10.4　ダイアローグ方式による参照透明なインタラクション

異なるからプログラムは当然参照透明である．

　記号を使い捨てにする方法には二つ提案されている．

- 値が変化する記号だけを使い捨てにする．
- 世界全体を使い捨てにする．

前者の解決方法は**ダイアローグ**方式 [55][56]，後者は**モナド**方式 [113] と言われ，いずれも関数型言語の研究者たちによって提案されたものである．

　最初のダイアローグ方式では，記号 x が記憶領域の列のリスト xs として実現され，プログラム (10.4) 中の x の代わりにこの xs が用いられる．インタラクションが行われるたびに，リストの未使用の領域が一回だけ使われ，参照透明性は保持される．ダイアローグ方式を用いてプログラム (10.4) を書き換えると，下記のようになる．

```
1: interact =
2:   let
3:     xs = read_s
4:   in
5:     write_s (map f xs)
```
(10.5)

このプログラムの xs は前節の記号の必要性の観点からは不要で，実は write_s (map f read_s) というだけのプログラムであるが，以降の説明のためにこのように記述している．ここで用いられている let 式は第 2 章，第 4 章で見たとおりである．このプログラムが実行される様子のイメージを図 10.4 に示した．xs は read_s により次々と読み込まれた入力を保持し，入力が新たに得られるたびにそれは未使用の領域に格納される．次に書き込んで読み出す領域を特定することは read_s と write_s の中で実現されている．ダイア

ローグ方式では，単なる一つの値としての x を，線形に並んだ値の列 xs として表現し，一つ一つの x 相当の領域を使い捨てにする．すると，f も map を用いてすべての xs の要素に適用させなければならない[2]．f をリストの個々の要素に適用した後，リストの要素は write_s により出力される．

二番目のモナド[3]方式 [113] は，世界全体をインタラクションが起きるたびに全更新する．この世界は本節の図 10.3 で説明した世界に相当し，インタラクションが行われるシステムを含む環境全体を指す．モナド方式では，プログラムは次のように記述される．

```
1: interact w =
2:   let
3:     (x,w') = read_m w
4:     (r,w'') = write_m (f x) w'
5:   in
6:     interact w''
```
(10.6)

プログラム (10.4) との差は，入出力用の関数 read_m と write_m が，値だけでなく，世界にも関わるものになり，入出力が起きるたびに w から w' が，そしてそれから w'' が生成される．上のプログラムは次のように実行される．

a. 関数 interact は世界 w を引数とする（1 行目）．
b. 関数 read_m を w に適用すると，新しい世界 w' が生み出され，その中で入力の値がシステムに読み込まれ，x で表される（3 行目）．
c. f を x に適用する．f は参照透明なので，世界 w' はそのままである．w' と結果を write_m の入力にすると，(f x) が出力され，新しい世界 w'' が作られ，r が得られる．ここで，r は出力が正しく行われたかどうかを示すものである（4 行目）．
d. w'' を再度システムの入力とし，1 行目に戻る（6 行目）．

---

[2] map 関数は，第 7 章で説明した．
[3] このモナドは純粋数学の圏論から来ている．圏論のモナドは二つの異なる構造を数学的に橋渡しするものである [11][69]．ワドラーのモナドは OS と個別システムを橋渡しするが，その構造が圏論のモナドと代数的に同じ構造を持つことからこの語が用いられる．なお，このモナドは哲学の上でのモナドとは何ら関係なく，同じ名前であるのは単なる偶然である．哲学上のモナドは，不可分な進化する単体のことを言い，たとえば [62] において吟味されている．この哲学上のモナドには本書では 11.5 節において言及する．

図 10.5 モナド方式を用いて一回分のインタラクションが実行される様子

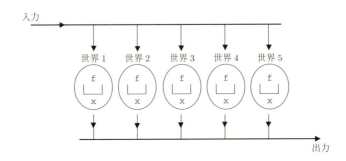

図 10.6 モナド方式による参照透明なインタラクションが実行される様子

b, c に相当するプログラム部分が実行される様子を図 10.5 に示す．この図では時間は左から右に流れ，w から w′ が生成され，そこから w″ が生成される様子が示されている．

b, c は一回のインタラクションを示している．(10.6) の 6 行目にある再帰によりこのインタラクションは次々と繰り返されることになる．その様子のイメージが図 10.6 に示されている．この図でも時間は左から右に流れ，1 回の interact の実行で世界 1 から世界 2 が生成される．世界 1，2 は上のプログラムでは w, w″ にそれぞれ相当する．d において interact をもう一度実行すると，今度は世界 2 から世界 3 が構築される．今度はこれらが w, w″ にそれぞれ対応する．前のダイアローグ方式の場合には，単体の値をリストに変形して使い捨てとしたのに対し，このモナド方式では，世界を使い捨てにするのである．入力 x は，世界ごとに同じように扱われているが，世界そのものが異なるので，x 自身も異なる．

このように，インタラクションを参照透明に記述しようと思うと，せっかく前節で記号を整理して不要なものを削除したのに，莫大な量の記号を使い

捨てなければならない．モナド方式ををまともに実装しようものならば，世界全体をインタラクションのたびにすべて再構築するのだから，とんでもなく非効率的である．ペイトン・ジョーンズら [58] によると，この問題はインタラクションに関わる操作を状態遷移としてシステムに反映させることで解決できるという．すなわち，プログラムではインタラクションが起きるたびに世界全体を再構築することになっているが，実際は値変化の部分だけを世界に反映させるのである．するとプログラム上は参照透明かもしれないが，実際は状態遷移に基づいてインタラクションを行うことになり，プログラムと実際の動作の間には乖離が生じることになってしまう．

このように，参照透明の制約下では，記号を何かと使い捨てることになり，大量の記号のゴミが出る．使い捨てられ不要となった記憶領域はゴミ領域として集め，再度記号を割り当てられるようにリサイクルしなければならない[4]．一般に，参照透明なプログラミング言語システムは記憶領域の使用の観点で効率がよいとはいえず，それを一つの原因として通常の参照透明でない言語と比べるとプログラムの実行速度が遅いことがある．このため，教育目的や，理論的な研究のために用いられることも多い．

これまで以下のような経緯を見てきた．

1. 識別子の値が変化すると，プログラムの結果が実行順序に依存して変化し，プログラムのバグ取りや管理上問題であった．
2. 参照透明性の制約が導入された．プログラムの結果は実行順序に依存しなくなり，記号も整理された．計算も参照透明な処理とそうでないものに分離された．
3. 本来的に副作用のあるインタラクションなどの処理は，使い捨ての記号を用いることで参照透明に記述された．

参照透明性を導入したことで，当初の問題は本当に解決されたのであろうか．問題は計算の実行結果がプログラムの文や式の実行順序に依存し，それをプログラマが管理しなければならないということであった．しかし，ダイアローグ方式やモナド方式を導入し，参照透明にインタラクションを記述すると，

---

[4] このような処理をプログラミング言語の分野ではガーベージ・コレクション（ごみ集め）という．

本来一つの識別子が示すはずの一連の値変化を，時間に沿った順序構造として管理しなければならなくなる．つまり，順序の管理の問題が別の順序の管理の問題にすり替えられただけである．結局，参照透明であろうとなかろうと，インタラクションを行うプログラムを書くことは，記号の値の変化とその時に生じる値の順序関係をどのように管理しプログラムとして実現するか，ということになる．

10.5 記号の時間性

副作用を参照透明に記述するという無理難題の帰結として，記号の値の変化と値の順序に焦点を当てることになった．それには記号の空間的な側面と時間的な側面が関わるため，それを吟味することにする．

記号の二元論でいえば，記号には指示子と内容がある．ハードウエアのレベルでのそれぞれの意味は，2.4 節でも述べたように，指示子は記憶領域のアドレスであり，内容はそのアドレスの場所に入れられる値である．それぞれの役割を時間空間の観点から捉えると，指示子は記号の空間的側面を特徴付けるのに対し，内容は値の空間的側面と共に時間的側面も併せ持つ．指示子は記憶領域の中の値を格納する空間を特定する．一方で，内容はその場所に入れられる値で，その空間領域を占めるものであるが，状態遷移機械では値は別のものに書き換えられ変わっていく．ある値から別の値に変化すると，二つの値は同じ場所を示す指示子によって指示され，値は指示子に対して互いに時間的に排他的である．

記号の空間的側面と時間的側面では，空間的側面の方が時間的側面に先立つ．記憶領域の割り当てがなければ，値は変化させることはできない．記号を使うには，ハードウエア上の記憶領域のどこかに割り当てがまずなければならず，値はその後，そこに格納され，変化させることができる．その意味で，コンピュータ上では，指示子は内容に先立つ．内容未確定の指示子を用意することはできるが，指示子未確定の内容を用意することはできない．内容はコンピュータ上のどこかの記憶領域——レジスタ，主記憶，二次記憶——に格納することで初めて存在しうる．指示子と内容が記号系に導入される順

第 10 章 記号と時間

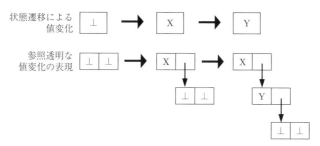

図 **10.7** 記号の内容の変化

序について，第 4 章の LG において見た時は，先に分節されているラムダ項に対して，後付けで記号を割り当てることもできた．しかし，これは解釈層をプログラミング言語内にとどめたときの話で，現実に LG を実装する場合には，ラムダ項それぞれを記憶領域内に格納せざるをえない以上，各ラムダ項は実は指示子ありきなのである．すなわち，記号についてハードウエアのレベルでその実体を見ると，指示子は常に内容に先立つ．記号とは，将来確定する値を保持する投機的媒体なのである．ダイアローグにおける xs において値が未決定のリストの要素はまさにこの「投機」を表現している．内容が未決定の記号を用意することにどのような意義があるのかと思う読者もいるかもしれないが，その点こそは以下見ていく点である．

記号は記憶領域に割り当てられた後，計算結果をふまえ，ビット列としての値が格納され，そしてさらなる計算の結果により値が変わっていく．この様子は図 10.7 に示されている．当初の割り当て時は，その値は**未定義**とされるが，内容は全くないわけではなく無作為の値となっており，この意味で，記号のシニフィアンとシニフィエは常に不可分である．未定義の値は図で $\bot$[5][16]と表示される．しばらくすると，$\bot$ は具体的な値に変化し，これを X と図示している．この値はさらに Y という別の値に変化する．

このように図示すると，$\bot$ から X への変化と，X から Y への変化はまるで同じに見えるが，実は二つは異なる．前者では，$\bot$ は計算して将来出来上がる未定義の値を示している．$\bot$ から値への変化は前章で述べた停止性問題と

---

[5] この記号は，関数型言語の分野ではボトム，と読む．

深い関係がある．任意の記号が本当に⊥から値に変化するかどうかは，プログラムを用いては判定できない．

一方，二番目の値 X から値 Y への変化は，前節で示した使い捨ての記号を用いると分解でき，これは図 10.7 の下部に示されている．記号が割り当てられ⊥が値に変化すると，次の値の変化について同じことが再び始まる（下段，左から二番目の図）．次に決まるであろう値を保持するために投機的に新しく領域が用意され，当初の値⊥から具体的な値へと変化する．Y は X の後に来るものなので，その依存関係が矢印で示されている．さらにこの⊥が Y に確定すると，次に得られる値のために，また新しい領域が割り当てられ，下段右図のようになる．このように，値変化は，次の二つに分解される．

- 使い捨ての記号において⊥から具体的な値への変化
- 記号間の依存関係

ここで，使い捨ての記号を用意することと記号間の依存関係は空間的なものであることに注意すると，参照透明性の制約は，状態遷移における値，つまり記号の内容の変化の時間的側面を可能な限り空間的なものへと変換することであることがわかる．残った時間性こそは，情報記号の時間性の本質で，それは⊥から値への変化である．つまり，記号の**時間性**とは⊥から値への変化に集約される．

10.6 副作用と記号系

計算にかかる時間が，⊥から値への変化に要する時間であることは副作用があろうとなかろうと，同じである．しかし，副作用がある計算とない計算とでは，⊥の本質は異なる．

インタラクションなどの副作用のない計算では，⊥は計算の終了を待っている状態を示す．⊥の結果は，記号系の中にすでに内包されており，計算が終了すれば，⊥は値となる．むろん停止性問題があるので，計算が本当に止まって値を得ることができるかはわからないが，普通はプログラマは停止しないプログラムは避け，きちんと停止するプログラムを書くだろう．すると，⊥

から値への変化は記号系に内包されるものである．

　一方，インタラクションなどの副作用がある場合には，$\perp$は，計算の終了を待っている状態を示してはいない．$\perp$は記号系が一時停止している状態を示しており，外部のどこかから値が降ってくるのを待っている時間である．$\perp$の将来の値は記号系に内包されているものではない．副作用が起こってはじめて，記号系に外界の影響が取り込まれる．外界環境は記号系のコントロールの範囲外にあって予測不可能である以上，それとインタラクションを行うには，「分節したい外界のある部分」に関して，観測を取り込めるように投機的に記号の下準備をして，やってくる何かを待つほかはない．すなわち，記号の役割は，「未知のものを表す手段」で，表す対象が未知のものである以上，記号は将来確定するものとして投機的に導入される必要がある．とすると，記号の値は最初は未定義として出発しなければならない．

　副作用がない場合とある場合の$\perp$の違いは，記号系のレベルにおいても考えられる．副作用がない場合には，万事順調であれば計算は止まり，以降，記号系は停止し，時間性を持つ記号はなくなる．必要な計算が終われば$\perp$は消滅し，非時間的な状態となる．この工程は演繹に過ぎず計算前と後のシステムの状態は同質である．一方で，副作用がある限り，系は時間的であり続ける．副作用を持つ系は異質な外環境の「世界」の中で動作し，この副作用が常に記号系に新しい影響を及ぼす．副作用のある系の$\perp$は予測不可能である以上，非時間的な状態へは向かわない．副作用が起きるたびに，記号系は異質な何かを取り込んだ別の系に変質するのである．このように，インタラクションを通して記号系を異質なものへと発展させるには，記号の時間性が大きな役割を果たす．

　以上，外界とのインタラクションにおける記号の役割と，記号の時間性について見てきた．本章の内容は情報記号を通しての考察にすぎないが，見てきた内容は情報記号に限らず一般の記号系におけるインタラクションについて考えるきっかけにもなりうるであろう．そもそも，情報記号がインタラクションにおいて役割を果たす上では，次の二つのことを前提とした．

- 記号は，将来確定するであろう内容を指示するものとして投機的に導入されるものであること

- 記号系が世界の中で動作するということ

人間の記号系についてこの点考えてみると，同様の条件が成り立っている．前者は前章で見たとおりである．確かにハードウエア上の記号の実態はコンピュータの記憶領域の中の一領域であるから，生物である人における記号のそれとは異なるものである．しかし人間においても記号は投機的に導入され，未来に確定する何かを指し示すことができる．そして後者については，人間の記号系はもちろん外界の中で動作し，外界とのインタラクションがないということは死を意味し，それはその人の記号系は非時間的であることを意味する．

外界とのインタラクションに関する記号の役割について，ハイデッガー [127] は以下のように述べている．

> 「記号とは，もうひとつの事物と表示関係に立っている事物というようなものではなく，ひとまとまりの道具立て全体をことさらに配視に浮かび上がらせて，それと同時に，用具的存在者の世界適合性が通じるようにする道具である．」

記号とは，外界に存在する何か未知のひとまとまりのものを表すもので，それは外界とのインタラクションを通して徐々に既知へと確定していくものである．この見方は，本章で見たインタラクションにおける記号の役割と相通じる何かではなかろうか．すなわち，記号とは，外界を超越論的に把握するための投機的媒体，あるいは手段である．そして，第4章ならびに第7章において見たように，記号が投機的媒体であることは，再帰を実現するための前提でもある．

ハイデッガーの大著は未完であり最後は次の疑問文で終わる [127, 488]――「根源的な時間から存在の意味へ通じる道があるであろうか．」[6] この問いを考察する一つの方法は，汎記号主義的な観点から存在を記号系として再考することにあるのではないか．記号系では，外界とのインタラクションも，⊥から値への変化を基本とする記号に拠る．投機的に記号を導入し記号を通して外界の未知の対象を手元にある用具的存在[7]として関わり，それを繰り返すことで，徐々に手前にある事物的なものへと凝固させていく．記号をこの

---

[6] 正確には，これは最後から二番目の文である．
[7] 5.5 節参照．

ように次々と構築し，記号間の連関を構築し，記号系は存在として徐々に大きくなる．あたかも，図 10.1 や図 10.2 における一筆が次の一筆を内包し，そのような分節の連続の総体が作品へと結実するかのように．

ハイデッガーの主題としての存在とは「自身が存在していることを了解している存在」という条件が付いている [127, 12]．この存在了解条件は究極的に再帰的であり，ハイデッガーはここに存在の本質があるという．むろん，情報記号系などこのような存在了解の観点からは，人間にはおよびも付かず，名著の最も魅力的な部分は情報記号系とは無関係である．しかし，これまでに見てきたように，情報記号系も，投機性を本質とする記号に根ざす以上，記号は必然的に再帰的であり，系も再帰性を持つ．この点を本書を終える前に最後に論じることにする．

10.7 まとめ

記号系がどのように外界と関係して外界を表現し，記号がどのようにそれに関わるのか，という疑問を背景に，記号のインタラクションにおける役割をその時間性の観点から論じた．まず，インタラクションをプログラムにおいてどのように記述するのかについて，参照透明性との関係で見た．参照透明性とは，記号の値は一度定まったら，二度と変更できないという制約である．参照透明性とは相性の悪いインタラクションを参照透明に記述する試みの帰結として，インタラクションを記述することは結局のところ変化する値の順序を記述することにあることを見た．それに関し記号を空間的・時間的な観点から吟味した結果，記号における時間は ⊥ から値への変化に集約されることが説明された．情報記号は，ハードウエアのレベルでは指示子は内容に先立ち，将来確定するであろう内容を指し示すための投機的媒体である．この性質がゆえに，記号はインタラクションにおいて未知のものを表し，記号系に外部から異質なものを取り込み，再帰を用いて使用により内容を分節し，系を発展させることができる．最後に，人間の記号についての本章の主題に類似する考え方に言及した．

第11章 系の再帰と進化

> ここに於いて，言語使用とゲームの類比が，ことの真相を明らかにしはしないであろうか？ 確かに我々は，人々が野原でボール遊びを楽しんでいる，という状況を，まったく容易に想像する事が出来る．彼らは，様々な既存のボールゲームを始めるのだが，大抵は最後まではやらず，その間に，ボールを無計画に投げ上げ，ふざけながらボールを持ってお互いに追いかけ合い，ボールを投げつけ合い，等々，をするのである．さて，その様子を見ていた或る人が言う：彼らは，その全時間を通じて，或る一つのボールゲームをしているのである；そしてそれ故，彼らは，ボールをいつ投げるときにも，或る一定の規則にしたがっているのである．
> そして，我々がゲームをし，そして——「ゲームをやりながら規則を作ってゆく」——という場合もまた無いであろうか？ それどころか，——ゲームをやりながら——規則を変更する場合すら，あるのである．
> ルードヴィヒ・ウィトゲンシュタイン『哲学的探求』[118, p. 83] から．

11.1 自然言語系の再帰性

最終章では再帰性を引き続き見ていくが，第III部の主題は系にあるので，本章では系の再帰について考える．系の再帰は 8.4.3 節で導入されたが，系が自身の出力を再度入力とすることをいう．一旦出力したものは通常は別の記号系への入力となることが多いが，その特殊な場合として，この別の系が自身である場合を系の再帰という．つまり，系の再帰とは系が系自身とインタラクションを行うことと捉えることができる．系の再帰は系のインタラクションを前提として行われ，その意味で，本章は前章をふまえたものである．

ある系の他の系との関わりは，絵画中に別の絵画を含む画中画に喩えることができよう．たとえば，図 11.1 では，ルネッサンス期の著名絵画をずらりと配した絵画を示しており，各絵画が絵画の中でそれぞれ記号系として扱われ，全体の絵画の意味に寄与する．ドールス [125] によれば，この絵画はルネッサンスの終焉を意味するそうである．また，画中画ではフェルメールの作品は有名である．たとえば，図 11.2 の背景には「最後の審判」が掛けられ

図 11.1　ダヴィッド・テニールス (1610–1690);
レオポルド・ウィリアム大公の絵画館, プラド美術館

図 11.2　ヨハネス・フェルメール (1632–1675);
天秤を持つ女, ワシントン国立美術館

第 11 章 系の再帰と進化

ており,スノウ [91] によれば,女性の前にある天秤とこの最後の審判とが相まって寓意を有するという.これらの二例は他の絵画を画中に配し,「ある系における他の系に関する像」の喩えと捉えられよう.とすると,自身の出力をもって自身を規定する系の再帰は,絵画自身を画中画とする絵画に喩えられよう.代表的なものはエッシャーの「プリントギャラリー」であり,本書の冒頭に掲示している.この絵画の真ん中は空白であるが,この部分を適切に埋めるとどのような絵画となるのかという研究が行われ [37],それによるとこの空白部分はこの絵画自身となるという.つまり「プリントギャラリー」は,その空白部分に絵画自身が埋め込まれ,その中の空白部分にさらに自身が埋め込まれ,これを無限に中心に向かって繰り返す画中画である.

　自然言語系は再帰的であり,それはいろいろな形で表れる.人間一人の場合には,自身で解釈可能な出力を生成する——自分に言い聞かせる——ことで,自身を制御したり,自身が進化したりするであろう.「言ってみて」あるいは「書いてみて」はじめてわかるという経験には多くの読者も同意されるであろうが,言語表現を発することが考えを客観化し,それを自身に向けた言葉として再度吟味し直すことで,自身に影響を与えることができる.人間の場合には,自身が解釈できない言葉を発することはまれなことであろう.むろん,何もわからずに他人の言ったことを鸚鵡返しにしているだけかもしれないが,それでもその言葉を発すること自体,その言葉が表す内容に関心が向かっていることを示していよう.何回もその言葉を自身で使ってみることが,より深くその言葉を理解することのきっかけにはなるであろう.したがって,人間の場合には,ある人が言葉を発していることは,それを理解していること,あるいは少なくとも理解しようとしていることの現れであると捉えることができる.このように,再帰的に自身の出力を入力として再解釈することで,人の自然言語系は変化し,改良され,進化する.

　再帰性は複数の自然言語系,つまり複数人の間でも起こりうる.あるグループのうちの一人が言葉を発すると,グループ中の別の人に対するコミュニケーションとしては再帰ではないが,その言葉は関わったメンバー全員にある効果をもたらすであろうから,グループという総体の観点からは再帰的な働きをする.複数人で話し合うことにより,互いに影響し合い,複数の言語系の

総体が，変化し，改良され，進化するであろう．このように，再帰による進化は一つの系だけでなく，複数の系から成る系の進化をも促す．自身，二人，コミュニティで再帰的に系が発展し，これが有機的につながることで，全体が進化する．

第 9 章で見たように，自然言語系は，記号の再帰性の自然な帰結として系も再帰的で，構造的な系となる．全体を再帰させても破綻することはあまりない．記号の内容が曖昧でも記号系は破綻せず，使用を通して記号の内容を規定することで解釈系自体を変化させる．このように構造的な系は自然に再帰的である．当然，自然発生的な記号系の再帰性に関しては過去より多くの言及があり，最も著名なものの一つとしては，クワインの思想が挙げられるであろう [122, pp. 3f]．ノイラートの船の喩え——すなわち，言語，あるいはそれに基礎付けられる人間の知は，海で船上にあって船を改造しながら航海するようなものである——という喩えは，人間の構造的な記号系の本質的な再帰性を端的に表している．再帰性の考え方は，ウィトゲンシュタインの思想にも見られ，それは冒頭に示した引用からも読み取れるであろう．再帰は生物系でも基本概念であり，たとえばオートポイエーシス [72] や，ホフマイヤーの生物記号論 [52][135] を基礎付ける．

一方，情報記号系は，第 9 章で見たように，停止性問題をその端緒として構成的な系となり，再帰との相性はよいとはいえない．そもそも，構成的な系では，解釈できるものとそうでないものの線引きが比較的明確で，解釈できないものを解釈すると，系が破綻する危険があるのである．そのような情報記号系においてでも，系全体の再帰性は言語系の記述力を考える上で一つの基準となりうる．つまり，コンピュータの言語システムで記述力の高いものは再帰性を持つのである．本章の目的はプログラミング言語を含む様々なコンピュータ上の言語を再帰性の観点から見ることにある．

11.2 記号系の再帰性

プログラミング言語システムの再帰性は，歴史的にはホモアイコニシティ (homoiconicity) という概念と関連する．この語は，1960 年代に計算機科

学上のものとして導入されたものであるが [73]，現在はそれほど一般的な用語ではない．しかし，プログラマならばその概念は誰でも知っている．ホモアイコニシティとは，プログラミング言語の性質であり，プログラムと，プログラムが入出力とするデータとが同じ形式であるという性質である．Lisp はホモアイコニックな言語の代表で，データとプログラムが共に S 式と呼ばれる括弧による単純な形式で表現される．たとえば，Lisp 上のデータは (10 5 30) などと表され，一方のプログラムも 2+4×5 は (add 2 (mul 4 5)) などと表される．ホモアイコニシティは，Lisp 以外の完成された高水準言語ではあまり見られないように思われるかもしれないが，データもプログラムも究極的には全部 0 と 1 のビット列から成る形式をとる以上，今日のコンピュータはホモアイコニックである．

データは普通はプログラムの入力や出力となるものである．したがって，プログラミング言語がホモアイコニックであるということは，データ同様にプログラムもプログラムの入出力となるということである．そして，出力がプログラムを含むと，それを自身に再入力することで，自身を変更するプログラムとして用いることができる．

情報記号上の以上の経緯から「ホモアイコニシティ」を「系の再帰」の代わりに用いることも可能であったが，ホモアイコニシティは情報科学・技術の分野でもあまり用いられる語彙ではないこと，また「アイコニシティ」が，言語学や記号論では専門的な意味を持つことなどを総合し，本章ではより広く「系の再帰」により，関連する概念について論じる．まず，記号系一般の観点から，系の再帰について整理する．

本書では「系」や「システム」は次のように用いられている[1]．まず，**系**は記号論上の記号の系を指す一方で，**システム**は，情報科学・技術の観点から特に情報記号が作り出す情報システムを意味する．情報システムを記号論的に捉える場合にはそれを情報記号系と表現する．本節は広く記号系の上で再帰性を定義しその性質を論じ，次節以降はその一分野としての情報システムの再帰性を論じる．以下「系」について用語を整理するが，これは「システ

---

[1] 用語集も参照．

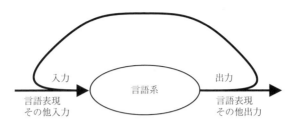

図 11.3　言語系の再帰

ム」においても同様に当てはまる．

　系あるいは**記号系**とは，本書の冒頭でも示したが，記号の連関とその解釈を表す．解釈とは，記号系で事前に定められている規則に基づいて記号表現を解析し，意味を捉えることをいう．**言語系**は，記号系の一種であり，言語記号の連関と解釈をいう．自然言語の系やプログラミング言語システムなどは，言語系の例である．言語系は記号系の一種であるが，記号系には言語系を用いて構築されるものが含まれる．特に情報システムの多くは言語システムを用いて構築され，それは，この後見ることになるが，言語システム自身も含まれる．言語の系を表す場合には，常に「言語系」との用語を用いる．一方，「言語」によって修飾されない「系」や「記号系」は言語系を含むより広く一般の系を表す．

　言語系が再帰的であるとは，本章の冒頭にも示したように，言語系の出力の一部を入力として解釈することをいう．直観的なイメージを図11.3に示した．記号系は前述のように言語系を用いて作られる場合があり，もとの言語系が再帰的であると，それを用いて作られる記号系も再帰性を有する場合がある．たとえば，もとの言語の解釈系を新しい記号系に埋め込むことで，その系は再帰性を持つ．したがって，再帰性は系一般の属性であり，言語系に限った属性というわけではない．

　自身の出力を解釈するかどうかは，系が自身の振る舞いに影響を与えるかどうかに関わる．系が再帰的であれば，系を変化させ，修正し，拡張し，改良し，そしてひょっとすると進化させられるかもしれない．また，再帰に基づく拡張能力は，自身の系だけでなく，複数の系から成る系を拡張すること

に用いることができる．たとえば，二つの同じ再帰的な系 X と Y について考えてみると，Y は X の出力を解釈し，X 自身もそれを解釈する．すると，Y と X には X の出力によりほぼ同じ影響が及ぶ．この連帯を新たな系と見なすと，それは再帰的な性質を持ち，二つの系が連帯して再帰的に発展することができる．X の出力を Y は解釈するが X 自身が解釈しない場合には，X は Y に与えた影響をふまえることができず，Y は発展するかもしれないが，X は取り残されるままであろう．このように，系の再帰は，系の系においても考えることができる．

複数の系が関わる場合には，関連する重要な概念に触れる必要がある．それは，系が**開かれている**か**閉じられている**かということである．本書における「開かれている系」とは，記号表現がどのように系において解釈されるかが開示されていることを言い，「閉じられている系」とはこれが系の中に閉じられていることをいう．ここで，閉じられた系は，外部とのインタラクションがないということを意味しない．閉じられた記号系は記号過程を通して他とインタラクションすることはできるが，記号過程を解釈することによって得られる効果，たとえば言語表現であればそれがどのように解釈されるかは外部からは完全には知りえず，言語系の中に閉じられたままとなる．本書でいう閉じられた系は哲学におけるモナドの無窓性に近い[2]．

開かれた系の場合には，複数の解釈系が全く同じであることがあり，その場合にはそれぞれの系の出力は同じ入力に対しては同じとなる．また，開かれた系は無防備である．解釈が外部に開示されているということは，記号系を破壊する入力とは何かを外部に開示しているのと同じことである．

一方，閉じられた系の場合には，同じ入力に対する出力は系ごとに異なる．

---

[2] 哲学におけるモナドとは，分割不可能な進化する単位のことを言い，アリストテレス以来，複数の哲学者たちがモナドに関する考察を行ってきた．そのうち代表的なものは，ライプニッツのモナドロジーである [62]．ここではモナドは不可分な単体として定義され，不可分であることから部分には分けることができないことを意味する [62, 第 1 節]．ライプニッツのモナドは無窓であるという性質を持ち，[62, 第 7 節] によるとモナドには窓がなく，何も入ってくることができず出ていくこともできない．単純な解釈では，この無窓性を「コミュニケーションすらしない」と捉えがちであり，実際そのような考えに基づく著作も多く見られる．しかし，無窓性に関する解釈には本文中で述べているようなものも多く見られ，たとえば現象学上の無窓性の解釈にも見ることができる．

というのも，閉じられた系は，その解釈系が閉じられている以上，閉じられた中で拡張・発展してきた独自の解釈系を有しており，それに基づいて解釈され得られる出力は独自のものとなるからである．そして，系が閉じられている以上，二つの閉じられた系が記号過程を用いてインタラクションを行う場合，各系に対するその影響は間接的にしか互いに知りえない．たとえば，記号表現を出力する系（話し手）は，それを入力とする系（聞き手）における解釈を，系自身の解釈を元に推測することができるだけである．閉じられた系が記号過程を用いて関わる時，話し手，聞き手両方において，相手のその解釈を推測する上で，系の再帰性は重要な役割を果たす．たとえば話者においては以下のような推測が行われるであろう．

- 自身の出力を自身で解釈する．
- 聞き手の解釈を自身の解釈に基づいて推測する．
- この推測に基づいて出力を生成する．
- 自身の出力を聞き手がどう解釈するかに基づいて自身の出力を解釈する．

このような推測において再帰の度合いは無限に深くなりうる．また，同様の推測は聞き手の側においても考えることができる．しかし，双方，相手の解釈を直接は体験しえず，再帰的解釈に基づく間接的な推測に留まる．相互理解の上でのこのような限界を他者性と呼ぶならば，他者性は閉じられた系の中で解釈系を私有に限定せざるをえないことに一因があり，図 11.1 や図 11.2 で示した絵に喩えたように，他者は自己の中のイメージに過ぎないことになる．以上のように，系の系においては，系が閉じられているか開かれているかの観点があり，閉じられている場合には，系の系を系として有機的に結びつけるために系の再帰性が大きな役割を果たす．

　自然言語系が閉じられているかということについては一概にはいえず，中にはウィトゲンシュタインによるものをはじめ，様々な独我論的な論もある．独我論に対する一つの抗弁としては，自然言語系の中に，解釈が明示されている開かれた言語系を人々は構築し続けてきているという点である．たとえば，辞書や百科事典で言葉の意味を定義するということは，言葉の解釈を標準化し，閉じられた系を開く一つの方法である．より明らかな例としては，論

理学や数学であり，これらは開かれた言語系である．第8章でプログラミング言語システムがこれらを基盤とすることを簡単に見たが，それに加え，プログラミング言語システムは式の解釈を機械で行う以上，情報システムは原理的には開かれた系である．

以上のような系の再帰性が情報記号系にどのように現れるかを以下では見ていく．

11.3 言語系の再帰性の種類

コンピュータ上で言語と言われるもののすべてが再帰的であるわけではない．その多くが，自身の出力は解釈できず，他のシステムが解釈するための何かを出力する．たとえば，HTMLなどマークアップ言語は，自身の出力は解釈できない．HTMLの解釈システムの入力はHTML文書で，出力は人が読む形式の画像である．出力された画像をHTMLの解釈システムに入力することは想定外である．したがって，少なくともコンピュータ上の言語システムには，再帰的なものとそうでないものがあることがわかる．

再帰的な言語システムは自身が解釈可能な出力を行う．自身が解釈可能な出力を行うコンピュータ上の言語としてプリプロセス言語を挙げることができる[3]．プリプロセス言語はプログラムをコンパイラにより解釈する前に，事前処理するための言語である．主な例としては，様々な言語のマクロがあり，C言語のためのCマクロや，JavaやC++のためのジェネリック言語などがある．プリプロセス言語は，ほぼ同じプログラムが複数必要な場合に，その記述を一カ所にまとめるなどの目的で使われる．プリプロセス言語を含むプログラムを解釈実行する時には，まずプリプロセス言語の解釈システムでそれを解釈し，プリプロセス言語を含まないプログラムを生成する．たとえば，

---

[3] プリプロセス言語，マクロ，メタ言語には，様々な用語があり，意味は文脈に依存する．本章ではプリプロセス言語と，メタ言語を区別しており，メタ言語の定義は 11.4 節に示される．マクロは，本書ではプリプロセス言語の一種として位置付けているが，その記述力は，どのプログラミング言語のマクロかで異なるため，CマクロやLispマクロなどと，プリプロセスを対象とするプログラミング言語を明記する．

CマクロがCのプログラム中に含まれていれば，まずCマクロが解釈され，CマクロのないCプログラムが生成される．

プリプロセス言語の解釈は置換に基づく[45]．置換途中の式にさらに置換可能な部分が含まれていることがあるので，プログラム中のマクロが完全になくなるまで，複数回マクロを解釈しなければならないことがある．たとえば，[45]に挙げられている次の例を見てみよう．

```
#define m(a) a(w)
#define w 0,1

m(m)
```
(11.1)

最初の二行のマクロを用いて，m(m)を置換する．第一行目では，m(a)がa(w)で置き換えられることを表す．m(m)とm(a)をパターンマッチさせると，二番目のmがaとマッチするので，これをa(w)に適用しm(w)が得られる．つぎに，第二行目の置換ルールを用い，m(w)のwが0,1に置き換わり，m(0,1)が得られ，マクロの解釈は終了し，これがCのプログラムである．この例のポイントは，最初の置換によりm(w)が得られた際，これには第一行目の置換を再び適用することができるので，それを行ってw(w)を得るという解釈戦略もあるという点である．しかし，Cマクロにおいては，このように同じルールを繰り返し適用することはしない．この制限により，置換が無限ループに陥るということはない[44]．

置換が単純ながら高い記述力を持ち，その形式化の方法によっては，チューリングマシン同様の記述力を持ちうることは第4章で見たとおりである．しかし，プリプロセス言語は記述力をあえて下げることにより停止するように作られている．たとえば，上のCマクロよりも記述力が高いC++のジェネリック言語は，Cマクロでは制限されている再帰的な置換が実現されているが，再帰が一定回数以上行われると，強制停止するように設計されている[31, pp. 406–413]．つまり，何回自身の出力を入力とすることができるかという観点で人為的な上限が設けられており，それを超えないようにプリプロセス言語は処理される．図11.3において上のループを回る回数は，プリプロセスの場合には上限があるということである．

第 11 章 系の再帰と進化

　一方，普通のプログラミング言語では，図 11.3 の上のループを回る回数は無限であってもよい．その典型的な例が，ハッカーたちのお遊び**クワインプログラム**である [19][22][109]．この名前はもちろん本章の最初にも現れた哲学者クワインにちなんで付けられたものである．このゲームのお題は，トリビアルではない自身を出力するクワインプログラムを書くことである．ここでトリビアルなプログラムとは，空白プログラムが空白プログラムを生成することなどを指す．たとえば，Haskell でのクワインプログラムは次のようなものである [54]．

$$\texttt{main=putStr\$q++show q;q="main=putStr\$q++show q;q="} \quad (11.2)$$

プログラムは頭から ; までの前半とその後ろの後半に分かれる．前半は q を二回出力し，後半では，q を

$$\texttt{main=putStr\$q++show q;q=} \quad (11.3)$$

という文字列として定義している．つまり，このプログラムの前半でこの文字列が出力されるわけである．前半の `putStr$q++show q` は，`putStr (q ++ show q)` に等しく，`" "` に囲まない q と囲んだ q を `putStr` により出力する．すなわち，プログラム自身が出力されることになる．他のプログラミング言語でのクワインも，このプログラムとほとんど同等の構造を用いて記述することができる．

　クワインプログラムは言語システムに入力されて実行されると同じプログラムが出力されるので，それをまた入力することができ，これをくり返すと無限ループになる．クワインプログラムは，プログラミング言語システムを f とみなしたときの不動点 `x = f x` に喩えることができよう．

　プリプロセス言語とプログラミング言語を比べると，自身で解釈可能なプログラムが有限回しか出力できないのか，無限回出力できるのかの違いがあることがわかる．結局，言語系の再帰性の観点から何回出力が入力となりうるかについて，三種類のものを見てきた．

1. 非再帰的な言語系
2. 有限回再帰的な言語系

3. 無限に再帰的な言語系

計算理論においては，言語を分類する（結局は等価な）理論が二つある．第一は，チューリングマシンと等価な記述力を持つかどうかにより言語を二分し，等価な場合には言語はチューリング完全であるという [30, p. 175]．第二は，計算可能性に関するもので [30][87]，与えられた入力に対し，繰り返しの回数が決定可能な計算と，そうでないものにより計算を二分する．当然，無限回の繰り返しが必要となるような計算は後者に分類される．計算の分類と言語の分類は異なるように見えるかもしれないが，計算は言語を用いて記述されるので，計算の二分はそのまま言語を二分することになる．

計算可能性と本章で考えている言語システムの再帰性の関係は，何かの繰り返しが有限か無限かという点からの分類であるという点で似ていなくもないが，その対応は難しい．ある言語がチューリング完全である場合，トリビアルでないクワインプログラムがあることが示されている [61][86]．実際，多くの実用のプログラミング言語にはクワインプログラムの存在が知られている．一つでもクワインがあれば，無限に再帰的なプログラムが少なくとも一つはあるということである．しかし，言語システムがクワインを持ったからといって，チューリング完全な言語とは限らない．すなわち，無限に再帰的なプログラムを一つでも持つプログラミング言語の集合は，チューリング完全な言語を含む．二つの集合の大きさの差分を形式的に考えるには，言語が無限に再帰的であるということをより厳密に形式化する必要があり，この点は今後の課題の一つである．

11.4 情報記号系の再帰性

プログラミング言語の基盤となるシステムは，コンパイラとインタープリタである．インタープリタはプログラムを解析し実行するソフトウエアである．コンパイラはインタープリタを持つ他の言語にプログラムを翻訳するソフトウエアである．他の言語の典型は機械語で，コンパイラの多くはプログラムを機械語のプログラムに翻訳する．インタープリタによる直接の実行は，

コンパイラで翻訳してから実行することよりも速度が遅い一方で，コンパイルせずにすぐさま実行することができる，という利点がある．プログラミング言語システムを作ることは，言語仕様を設計した上でインタープリタあるいはコンパイラを作ることに相当する．

　ある言語システムを作る時は，コンパイラもインタープリタもすでにあるプログラミング言語を用いて作られることが多い．そのような言語として，コンピュータのハードウエアを精密に制御する機能を持つ C 言語がよく用いられる．C はもちろん無限に再帰的な言語であるので，そこから生成されたプログラミング言語も無限に再帰的でありうる．

　それでは，C 言語のシステムはどのように作られたのか．C 言語のコンパイラである C コンパイラは，C 言語で書かれている [59][109]．まず，C コンパイラを作るのに必要な言語の部分について，インタープリタをアセンブリ言語で作る[4]．C 言語による C コンパイラをこのインタープリタで解釈すると，コンパイラシステムが出来上がる．このコンパイラで C コンパイラのプログラムをコンパイルすると，C コンパイラが出来上がる．これを第 0 版のコンパイラとする．第 0 版の C コンパイラを少し拡張した第 1 版のコンパイラのプログラムを第 0 版のコンパイラでコンパイルすると，第 1 版のコンパイラが作られる．すなわち，第 $n+1$ 版のコンパイラのプログラムを第 n 版のコンパイラでコンパイルすると，第 $n+1$ 版のコンパイラができる．このようにコンパイラは再帰的に改良される．インタープリタも同様に再帰的に作ることができる．このようにプログラミング言語システムでは古いコンパイラやインタープリタに新しいコンパイラやインタープリタのプログラムを解釈させることで再帰的に拡張される．

　C 言語のコンパイラやインタープリタを拡張することは，言語の再帰的な特性をうまく活用することで行われる．しかし，それは全自動というわけではない．改良を自動化し，システムが自身で再帰的に拡張されるようにする

---

[4] アセンブリ言語で作るのは，インタープリタではなく，コンパイラでもよい．まず，C 言語のサブセットをコンパイル可能なコンパイラをアセンブリ言語で作る．そのコンパイラで「C 言語のサブセット」で記述した「C 言語のフルセットをコンパイル可能なコンパイラプログラム」をコンパイルすると，C 言語のフルセットをコンパイル可能な第 0 版のコンパイラが出来上がる．後はインタープリタの場合と同じである．

には，次の二つの機能が必要となるであろう．改良したプログラムを自動生成する機能と，プログラムの実行中に解釈を変更する機能である．

　前者の，自身で解釈可能なプログラムを生成すること自体は，前節で見たとおり可能は可能である．むしろ問題となるのは，Cコンパイラの改良は，バグを修正したり新しい言語機能を付けることにあり，これが人間の創意に基づく点である．改良されたプログラムを自動で生成するとなると，この創意——コンパイラをどのように改良して拡張するか——という点を明らかにし，プログラムとして記述する必要がある．第8章で最適解を求める場合に「自然の鏡」としての評価関数を見たが，Cコンパイラの場合には，お手本は自然にはない．改良を自動化するには，コンパイラに関する評価関数を明確に記述する必要がある．

　評価関数が明確であり，再帰的な拡張が自動で行われるような例もある．たとえば，最適化ソフトウエアである [2, II, pp. 887, 888]．最適化ソフトウエアはプログラムをコンパイルする前に最適化するソフトウエアで，具体的には記憶領域の消費量を減らしたり，計算負荷を小さくする．つまり，最適化ソフトウエアの入力も出力も共にプログラムである．すると，最適化ソフトウエアのプログラム自身も最適化することができ，これを自身に入力すると，最適化されたプログラムが得られる．第0版の最適化ソフトウエアを記述するプログラムをコンパイルして第0版の最適化ソフトウエアを得る．第n版の最適化ソフトウエアのプログラムを第n版の最適化ソフトウエアで最適化すると，第$n+1$版の最適化ソフトウエアのプログラムを得ることができる．これをコンパイルすると，第$n+1$版の最適化ソフトウエアを得ることができる．以上を繰り返すことで，最適化ソフトウエアを次々に自動で生成することができ，最適化は無限に続く可能性がある．

　同様に，Cコンパイラの場合にも，どのように改良・拡張すべきかが明確になれば，Cコンパイラの生成も自動化される．現実にはそのような改良に際した明確な指標はなく，人の試行錯誤が介在し，コンパイラの改良は自動化はされてはいない．つまり，プログラミング言語システムには再帰的に自身を改良・拡張するための機能はあるが，問題はむしろ，どのような方向で改良・拡張するのか，つまり評価関数の形式化にある．

第 11 章 系の再帰と進化

　コンパイラの改良を自動化するために必要な二つ目の点は，プログラムの実行中に解釈を変更する機能である．これはメタプログラミング[5]として古くからある概念である．本書におけるメタプログラミングとは，プログラムの実行中にプログラムのコードを動的に生成して解釈するようなプログラムを記述することをいう．メタプログラムを含むプログラムには，プログラム中にメタ言語による記述が埋まっており，それによりプログラムが動的に生成され実行される．つまりメタ言語とは言語中言語である．

　メタ言語には，実行時のプログラムの解釈のための命令と，動的なプログラム生成のための命令の二種類がある．前者は eval という名の特殊関数としてプログラミング言語中に備えられてきた．eval 関数は，プログラム実行中に生成されたプログラムのコードを実行する．eval 関数は 1960 年代に，ホモアイコニックな Lisp 言語（11.2 節参照）に導入され，現在では他の多くの言語に，相当する関数が用意されている．eval 関数を用いると，動的にシステムの動作を変更することができる．

　関数 eval はメタ言語により生成されたプログラムをプログラムの実行途中に実行する．メタ言語には，プログラム生成のための命令だけでなく，現在実行されているプログラムコードを得るための命令などが含まれる．これを用い，プログラムコードを動的に得て，計算を変更したりするなどの制御を行う．メタプログラミングの考え方はオブジェクト指向でもリフレクション [88][89] として実現された例がある．

　メタプログラミングがなければ，すべてのプログラムの動作を実行前に静的に確定しなければならず，現在の情報システムの多くはそのように作られている．しかし，実際のプログラムの動作はその時々の計算に依存することがありそのような場合にメタプログラミングは有効である．たとえば，データを様々な形式で出力するシステムでは，その出力形式が入力のデータ構造に依存することがある．この場合には，システム中に小さな言語を埋め込んで

---

[5] 前述のプリプロセス言語も，一種のメタ言語とみなすことができるので，メタプログラミングの範疇にプリプロセスを含める考え方もある．しかし，一般には，プリプロセスはコンパイル前の静的なコード生成のことを指し，メタプログラミングは動的なプログラム生成を指すことが多い．本書もこの典型的な用法に従う．

おく．ユーザは，入力のデータ構造を，その小さな言語を用いて記述し，これをシステムがプログラム実行中に解釈し，それに基づいて出力する構造を動的に決める．このように実行中に動的に動作を変更するには，メタ言語が有効である．

　動的にプログラムを生成してそれを実行するメタプログラミングは，プログラミング言語の再帰性に基づくものである．メタプログラムを含むプログラムではプログラムが動的に生成されて次の動作を決める．これがまたプログラムを生成して次の動作を決める．プログラミング言語の研究開発の歴史の一側面は，言語の再帰性を生かし，言語をいかに動的なものにするかという点にあるといえるであろう．

11.5　情報記号系の系の再帰性

　系の系を考えるにあたっては系の開閉をふまえる必要があることを11.2節において見た．プログラミング言語システムは人為的な処置を用いて系を閉じてしまわない限り，基本的には開かれた系である．コンピュータも，CPUや記憶領域，インストール済みのソフトウエアなどの環境が異なることもあろうが，プログラミング言語システムはこれらの差異を吸収するように構築されており，言語の解釈はコンピュータが異なっても同一である．プログラミング言語の文や式はどのコンピュータでも全く同じように解釈される．

　11.2節では開かれた系は無防備であることを見たが，コンピュータのシステムはプログラムにより簡単に破壊される．開かれているということは，外部に自身をどう破壊することができるかを公開しているのと同じことである．さらに，破壊プログラムが再帰的に用いられると，コンピュータウィルスとなる．トンプソン[109]は，トロイの木馬をクワインプログラムから簡単に作ることができることを指摘している．クワインに悪さをするコードを埋め込むことで言語システムを破壊するコンピュータウィルスを作り出すことができる．つまり，システムが再帰的で開かれていると，ウィルスの脅威に結びつく．

　この問題に対処するために，複数のシステムが関わるときには，コンピュー

第 11 章 系の再帰と進化

タは閉じて用いられる．そして，閉じる以上は，ある入力がどのように解釈されるのかが見えなくなるということであり，そこでは 11.2 節において述べたように再帰性が重要な役割を担うことになる．開かれた系を閉じるには少なくとも二つの方法があるであろう．

- アクセス制限により人工的に系を閉じる．
- 系を適応的にする．

第一の方法の場合，コンピュータは管理者にとっては開かれた系のまま，外部に対してだけ閉じられた系にすることができるという利点がある．第二の方法は，系は万人に対して閉じられてしまう．

最初の方法については，異質な外部の何かによる侵入を防ぐためにセキュリティソフトウエアでコンピュータを守ることに相当する．昨今のコンピュータシステムはネットワークにつながれていることが多く，コンピュータの中でも複数のシステムが共存しており，多段階で系の系となっている．そして，各システムのレベルで何を外に公開して，何を内に閉じるのかということを設計しなければならない．マシンのレベルから個別のソフトウエアのレベルまで，公開・非公開が設定される．この設定の内容には，どこまで公開するのかの有効範囲も含まれる．たとえば，マシンの中で閉じるのか，LAN，WAN，公共ネットワークなどいくつもの階層があるであろう．OS やプログラムにおいて，どの部分を公開してよいのかも細かく設定される．開示した部分は危険と隣り合わせであるので，管理者は多層において公開・非公開を設定する必要がある．

各システムがこのように閉じられると，内部を見ることができないシステム同士で系を組むこととなる．閉じられた系において再帰性が必要不可欠であることを 11.2 節で見たが，メタプログラミングはこのように閉じられたシステム群においても有効である．たとえば，あるマシン上に必要なソフトウエアがない場合，別のコンピュータに処理を委譲する場合などである．その場合には，必要なソフトウエアのあるコンピュータを探さなければならないが，このとき，実行中のプログラムのコードを得ることのできるメタ言語を用いたりすることになる．つまり，プログラムがプログラムをやりとりする

ことで，ソフトウエアのありかを探すことになる．計算の委譲により外部プログラムをインストールしなくても済み，システムをウィルスの危険にさらすことなく役割分担をすることができる．

　系を閉じるための第二の方法は，第8章でも示した**適応**である．適応は，自身を書き換えながら変化（あるいは進化）することに相当する．システムは，他のシステムとのインタラクションを通じて，それに適応していく．そのようなシステムを構築する最も単純な方法は，システム中の何らかのパラメータを適応的に変化させるというものである．適応がよりソフトウエアの根幹に抵触する場合には，メタプログラミングを用いることができ，根幹を為すプログラムのコードを書き換えながら適応することになるであろう．適応は人とシステムの間だけではなく，二つの情報システムの間で行われることもある．たとえば，人工知能の分野ではリフレクションを用いて，複数のシステムが協調して役割分担するように自身を書き換えるような研究が行われている．このように，再帰を利用して複数のシステムを改良・拡張することができる．一方で，適応はシステムを万人に対して閉じてしまうことでもある．というのも，適応したシステムは，それまでシステムに対して行われた入出力の総体として規定されるからである．したがって，適応済みのシステムを思い通りに制御することは難しい．適応的なシステムについては，それが簡単なユーザインターフェースのようなものであっても，開かれた系の制御のしやすさを犠牲にしてまで，機械を適応的にして系を閉じるべきか否かの賛否両論がある．

　このように，系の再帰性を用いて，複数の情報記号システムが互いを拡張したり改良することができる．とはいえ，複数の情報記号システムが関わる側面での再帰性の活用は，未だ限られているといわざるをえない．プログラムの動的な生成・実行はまだまだ発展途上である．根本的な問題は，前節のCコンパイラの例で見たように，一つの系でも評価関数をどのように構築すべきかが未知である以上，複数の系ではなお一層系をどのように進化させてよいかが未知である点にある．しかも，ここに系の安全性の問題が大きく関わる．系の系において再帰性を活用するには，系の安全性を保ったままどの方向に進化させるのかを明確に記述する必要がある．

第 11 章 系の再帰と進化

　以上見てきたように，情報記号系は，自然言語の記号系同様，記号系一般の性質としての再帰性を持つ．ただ，それを生かし，系を安全にある方向に向かわせるための制御方法が未知であること，またそれ以上に，その方向性が未知であることが問題であるのである．そのような方向性を定めることは，系の不動点を定めることとして捉えられ，図 11.2 や図 11.1 に喩えたように外部の記号系を自身の記号系の中で位置付け，同様に，表紙のエッシャーの装画のように，自身を自身の記号系の中で位置付けることに他ならない．人間の知においても，向かうべき方向は長い時間をかけて勝ち取ってきたものであり，向かうべき方向を定めることは難しいのである．再帰を生かす制御方法の確立と，向かうべき方向性を定めることは，引き続き問うべき課題であろう．

11.6　まとめ

　本章では，系の再帰性について論じた．系の再帰性とは，系の出力を再び自身の入力とすることができるかどうかという系の性質をいう．記号系の再帰性についての一般的な観点から，単体の記号系ならびに複数の記号系からなる系についてまとめた．コンピュータ上の言語を再帰性の観点から分類し，現在のプログラミング言語の多くが再帰性を有していることを論じた．その上で，現在のプログラミング言語システムが再帰性を利用して構築されていることも見た．さらに，複数の情報システムにおける再帰性の活用の現状とその可能性について論じた．

　結局，コンピュータは自身で進化することができるのか．原理的にはプログラミング言語もコンピュータも再帰的である以上，潜在的な可能性はある．しかしそれには未だ進化の方向性という大きな問題があることを本章では見た．自身を改良するには進化の方向性を測る評価関数がプログラムとして形式的に記述されなければならない．11.4 節では，評価関数が明確な場合の例として最適化ソフトウエアを見たが，同様に明確な軸は他の多くの情報記号系の場合には未だ不在である．このように，どの方向に進化したらよいのかがわからないという点は，複数の系が関わるときも同様である．つまり，現

在のコンピュータは，進化するための基本的な機能を備えているが，進化の方向性が未知である．しかも，安全性を保ったままその方向へと向かわなければならないのである．プログラミング言語システムは開かれた系であり，その点で無防備である．だからといって，アクセス制限や適応により閉じられた系とすると，制御のしやすさを犠牲することもままある．安全性と制御可能性のバランスをどこでとるのかはただでさえ難しい問題であり，進化はそのバランスの上に成立するものである．

　本章で見た以上のような問題に加え，第9章で述べた停止性問題があり，それは構成的な情報システムの再帰性に直接関わる問題である．結局，現在の情報システムは進化するとは言い難いものにとどまっている．しかし，記号ならびに記号系が本来的に再帰的であることは本書を通してみてきたとおりである．構成的な記号系にどのように再帰性を取り入れて活用するかが，今後も引き続き課題となり続けるであろう．

第12章 結　語

　本書の主題は，記号論をプログラミング言語に適用することを通し，記号と記号系の性質としての再帰について考えることにあった．プログラミング言語は，人間の解釈系に外在する解釈系を持つ点でこれまで記号論の対象とされてきたものとは異なる．プログラム中の記号と記号系の持つ性質が，自然言語のそれとの対比において吟味され，記号に汎用の性質と，情報記号の持つ特徴的な性質とを論じてきた．記号論の基盤となる問題を情報記号に適用することを通して，記号論を形式的に再考し，問題に対して仮説的な解を与えた．同時に，プログラミング言語を記号論の枠組みで捉えなおし，プログラミング言語がなぜ現在のような形になっているのかについてその必然性を論じた．

　第Ⅰ部では，二つの記号のモデルとして二元論と三元論の関係が吟味された．第3章では，ソシュールの二元論とパースの三元論が導入され，二つのモデルの構成要素の対応が論じられた．関数型言語ならびにオブジェクト指向言語の二つのプログラミング言語パラダイムと各モデルの対応を考察することを通して，既存の説とは異なる対応関係が仮説付けられた．この章で，記号は，指示のための要素としての指示子のほか，意味論的側面としての内容と，実用論的側面としての使用から成ることが整理された．第4章では，プログラミング言語の最も原初的な形式であるラムダ計算において，どのように記号が実現されているかを見ることを通して，指示子の記号における役割が論じられた．本来，記号系には自己適用による再帰性が内在するが，定義文を記号系に導入すると，記号の再帰的な定義としてそれは顕在化する．すると，投機的に導入された指示子を用いて，記号の内容が使用を通して分節されるようになる．再帰的な記号では，指示子を媒介として使用と内容が

融合し，第3章で見た二元論と三元論も等価となるばかりか，再帰こそは記号の使用が意味へと凝固する契機であることが論じられた．第5章では，記号間の「である」と「する」の二つの関係構造に注目した．プログラムでは，計算対象の関係はプログラムとして記述されなければならないが，そこに「である」「する」の対比が生まれる．記号の意味論的側面，実用論的側面のどちらに注目して計算対象の関係を構築するかにより「である」に基づく関係構造と「する」に基づく関係構造が構築されることを論じた．このような対比がオブジェクト指向言語，すなわち三元論において特に顕著であることから，関係構造は記号のモデルが規定することが仮説付けられた．

第II部では，記号の構成の細部に着目し，記号の種類や記号の内容の種類に関する論を展開した．第6章では，プログラムでは，ある値が型，アドレス，値の三つの異なる表現レベルで記号として示されることが確認された．このような複数の表現レベルは，記号の指示の曖昧性の問題を生む．二元論と三元論におけるそれぞれの記号の種類に関する枠組みが，どのように表現レベルと対応するかを見た．そして，識別子の曖昧性の問題が二元論と三元論においてどのように捉えうるかを考察した．二元論，三元論の記号の種類の対応に関する論はこれまで皆無であったが，情報記号上の対応を通して二つの枠組みの対応が仮説付けられ，二元論と三元論に共通する記号の普遍的な種類が明らかにされた．第II部の残りの二章は，内容の種類とそれとの記号の関わりを扱った．第7章では，パースによる普遍的範疇——あらゆる項は関係する項数により一次性，二次性，三次性に分類することができるとの考え方——に基づき，プログラムに現れる項に何種類のものがあるかを論じた．プログラム変換を用いてプログラム中の項関係を最小のものに分解すると，単項，二項関係，三項関係に分解され，パースの普遍的範疇が計算においてもいえることが示された．ここで三項関係を吟味すると，それは再帰を表現することが明らかとなった．そして，三次性を実現する一手段としての役割を，記号が担うことが論じられた．第8章では引き続き内容の種類として，インスタンスの種類を論じた．計算はインスタンスを通して行われるが，インスタンスにも無作為のインスタンスと特別なインスタンスがあり，後者は得ることが難しくそれ自体が計算の目的になりうる．古く，実世界上のインスタ

第 12 章 結 語

ンスは唯一無二であることで特別たりえたが，コンピュータ上ではインスタンスは完全にコピーすることができるので，別の観点で「特別」であることを確保しなければならない．その方法として，最適化とインタラクションが挙げられ，その処理の背景に，再帰が内在することが論じられた．再帰とは，汎記号主義の無根拠な記号世界において是態を対象に有せしめる一つの手段である．最後に，特別なインスタンスの種類を前章をふまえて考察し，それはクラスとインスタンスが融合した脱構築的な性質を持つものであることが論じられた．

　第 III 部では，記号が為す記号系について論じた．本書では記号系とは記号の連関とその解釈のことをいう．まず第 9 章では，記号系の二つの特徴的な構築的態様が対比された．構造的な系と構成的な系である．前者の典型例は自然言語系であり，後者のそれは情報記号系である．この差は，記号の再帰性の扱いの差を一つの原因として生まれる．自然言語系では，記号の再帰は解釈系を破綻させることはないので，内容が確定する前に記号が投機的に導入され，その使用を通して記号が次第次第に分節されていく．すると各記号の具体的な内容は全体論的価値として曖昧なままに置かれ，記号の再帰を引き継いで系全体も再帰的である．一方，情報記号系では再帰は停止性問題に抵触するため，停止することが確実な記号の積み重ねとして記号系を構築せざるをえず，構成的な系とならざるをえない．構成的な系をいかに構造的な系にするかが，より柔軟で自然に近い情報記号系を構築するための一つの鍵となるであろうことを論じた．最後の二つの章では，記号系が外部世界の中に置かれる場合について論じた．第 10 章では，外界とのインタラクションを記述するプログラムを見ることで，記号系のインタラクションにおける記号の役割を論じた．記号系におけるインタラクションとは，予測不可能な記号の値変化を扱うことである．値変化は，未定義の記号の値が確定する過程として集約され，これを実現するためには，記号は値が未定義のうちから投機的に導入されなければならない．記号は，外部の未知な何かを投機的に表すことにより，値変化を通して，記号系の中に異質なものを取り込み，記号系を拡張するための手段である．このことは，情報記号に限らず，一般の記号の性質である可能性について，既存の類似の考えに言及することを通して論じた．最終章の第 11 章では，記号

系の再帰性について論じた．本書において記号系が再帰的であるとは，記号系の出力を自身の入力として再解釈することをいい，再帰的な系は自身に即して自身が規定される．記号系一般の再帰性に関してまとめた後，系の再帰性の度合いを分類した．そして，現代のプログラミング言語システムと情報システムにおける再帰性の現状をまとめた．

　本書の内容は人間と機械の記号系の対比にも関わる．コンピュータには何ができないのかについてはドレイファスの著作 [41] などが知られているが，この種の論ではよく挙げられる両者の違いが二つある．第一は，人間は身体を持っているということ，第二は人間は生物であり機械ではないということである．このような観点からの論もありうるであろう．一方，本書の視点は，両者を記号系という共通の基盤の上で捉えることで，その違いについて見てきた．同じ記号系とはいっても，人間のそれと機械のそれとでは規模や仕組みも異なると思われる読者もいようが，およそ言語を形式的に捉える分野では，自然言語とプログラミング言語の線引きはそこまではっきりはしていない．本書では，記号と記号系の原初的な観点で両者を対比させてきた．

　自然言語記号も，情報記号も，記号そのものはほぼ同様の性質を持つ．記号は投機的に記号系に導入されるものである．それにより，外部の未知な何かを記号系に取り込み，それを用いることで徐々に分節を進め，再帰的に記号系を拡大するための手段である．しかし，このことは，記号の内容を曖昧なままに残し，無意味な記述や矛盾を系に導入する危険を孕むことでもある．そしてその扱いの違いが自然な記号系と情報記号系の違いの一端を生む．

　第 I 部では，人間の言語においては等価な記号のモデルがプログラミング言語では別のパラダイムとして峻別されることを見た．等価性は記号が再帰的に分節される時に成り立つことであり，人間の記号はその大半が再帰的なものである．一方，情報記号の多くは再帰的ではないために異なる記号のモデルが別のパラダイムとして顕在化する．第 II 部では，是態を持ち意義を持つインスタンスが，一つには記号によって実現される存在としてあり，それは計算コスト上高価な再帰的な計算の行く末に得られ，しかも形式化が難しい脱構築的なものとしてあることを見た．第 III 部では，記号は投機性に根ざす再帰的な性質を持つという点では共通するのに，再帰性の解釈戦略の差

第12章 結　語

が記号系の構築的態様の差となって現れることを見た．人間の記号系は，再帰的な記号を自然に扱うが，その分，系は閉じられており，外部からの制御が難しい．一方で，機械は再帰が不得手なので，構成的で，原理的には開かれた系であるが，その分それは無防備である．そして機械における再帰性の限界は機械の自己拡張の限界となっている．

　総じて，記号が投機的媒体であることは，記号論の範囲では機械でも人間でも変わらない．その一つの必然的な帰結が再帰である．だからこそ，再帰はコンピュータにおいて根本問題であり続けてきたのに，今なお，コンピュータは再帰が苦手である．結局，コンピュータを進化させられるかどうかは，再帰をどのように機械において扱うかという問題であり続けるだろう．本書はある意味このありふれた論を，プログラムという機械を制御する形式的な記号系において，人間学としての記号論の観点から今一度見直し，これまで来た道と今を再解釈することにより，今後を見つめ直す一つのきっかけである．

謝　辞

　本書は下記のすばらしいみなさまに支えられて完成させることができた．
　本書のきっかけは，2001 年に，東京大学教授の西垣通先生から「パースの理論とオブジェクト指向の関係を考えてみてはどうか」という個人的にいただいたテーマにある．情報記号論の萌芽が見られる時期にこの研究テーマをいただいたことに深く感謝する．
　テーマをいただいて以来，いくつか原稿を書いてみたものの，日本の記号論，情報科学・技術に関する学会の状況を鑑みると，両者が交差するような場所があるはずもなく，挫折要因しかない状況であった．その中で，ここに至ることができたのは，以下の優れた方々の支えがあったからである．
　まず第一に，東京大学教授の影浦峡氏である．影浦氏はこのテーマに関し，いつも大きな興味を持って下さった．時間を割いて筆者の考えを聞いて下さり，重要で本質的なコメントをいくつも下さった．挫折要因しかない中で，最後まで何とかたどりつけたのは，影浦氏の力強い支えがあったからである．影浦氏の明晰さ，知識，人徳にはいつも救われてきており，本書も影浦氏に救われたものの一つである．
　第二に，Toronto 大学教授の Marcel Danesi 先生である．Danesi 先生は記号論の雑誌論文 *Semiotica* 誌の編集長である．当初行き場のない原稿を最初に公的に評価して下さったのは Danesi 先生である．本書に含まれる論のほとんどが，まず *Semiotica* で刊行されたものである．また，本として刊行することも Danesi 先生からいただいた助言による．
　第三に Loughborough 大学の John H. Connolly 先生である．Connolly 先生は情報記号論の分野の第一人者である．Connolly 先生は，第 3 章を最初に論文として *Semiotica* に提出する時から，支えとなってくださった．また，英文版においては，ケンブリッジ大学出版局による査読を担当して下さり，その際は前向きで本質的な意見を多くいただいた．

謝　辞

　第四に Toronto 大学講師の Peter Marteinson 氏である．Marteinson 氏は，若いながら *Applied Semiotics* 誌の副編集長である．理系文系に通じている Marteinson 氏からは，英語版を完成させる際に，貴重な意見を多くいただいた．

　2008 年に，東京大学出版会の後藤健介氏を通じ，ケンブリッジ大学出版局から本書の元となる英文版を出版する機会を得た．英語版原稿完成後，後藤氏からは日本語版の機会をいただき，本書が刊行される運びとなった．本の編集をその内容とは分離して捉える編集者が増える中で，後藤氏は本の内容に直接関わる優れたコメントを多くくださった．後藤氏の厚いサポートは，本の質を向上させる動機付けとなり，本書の完成は後藤氏に拠るところが大きい．

　2008 年夏に，東京大学名誉教授の和田英一先生に英文原稿を見ていただいた．当初の原稿は未だ完成度が低いものであったにもかかわらず，読んで下さった．そして，プログラマとしてのコメントと，内容に関係する重要な関連文献を多く教えていただいた．思えば本書の最初のきっかけは，大学の学部時代に和田先生のプログラミングの講義を通してプログラミングの楽しさを教わったことにあるのかもしれない．

　初版発行後，多くの御感想や御意見をいただいた．東京大学教授の室田一雄先生が読んでくださり，重要な御指摘をいくつかくださった．多くの皆様が拙著を理解してくださり，拙著に言及してくださった．文理を超えて，また世代を超えて，多くの優れた読者に恵まれ，これ以上の幸せはない．重版に際しては，いただいた多くの御意見を元に本書を若干改訂した．

　最後に，本書は夫石井裕一郎に拠るところが大きい．現在は法律家である夫は，大学院時代はプログラマであり，また関数プログラミングの副作用に関する研究を行った．本書のテーマに関しては，週末のたびに議論につきあってもらい，本書の各章の内容はその議論の中から生まれたものも多い．このような人物が身近な存在であることは，本書においては大きい．

　以上の方々に支えられ，本書は何とか完成に至ることができた．以上の方々

は，忙しい中にありながら，所詮は他人の未熟な考えに，人生で一度きりの貴重な時間を多く割いて下さり，真摯に向き合って下さった，暖かい方々である．本書を通して，多くのことをこれらの方々から学ぶことができた．これらの方々に出会い，これらの方々に支えられ，本書を完成させることができた．ここに深く，深く感謝の意を表する．(2010年6月初版)

新装版へのあとがき

初版が出版されてから，多くの方々に本書に関して感想やコメントをいただく栄誉に恵まれた．まず，海外では2012年にFields Instituteでの記号論をめぐる会合で，John Deely先生をはじめアメリカの記号論や哲学界の重鎮に直接お言葉をいただく機会を得た．また，本書がきっかけとなり，*International Handbook of Semiotics* (Springer, 2016) の一章を担当した．本著を端緒とする海外での関係は未来に向けて開かれたものとなっている．

国内では，本書が関係するプログラミング分野，ならびに思想分野の方々が言及してくださった．第一に，プログラミング工学に対して本書は直接的な貢献が少ないにもかかわらず，同分野においてさまざまな機会をいただいた．第19回大川出版賞受賞の際には，米澤明憲先生から書評ならびにお言葉を賜った．玉井哲雄先生からは，本書に関して重要なコメントならびに書評をいただいた．プログラミング工学など関連諸分野で講演の機会を得た．また，多くの優れたプログラマたちは，直接に，またそうでなければネット上に本質を突いたコメントを書いてくださった．ハッカーたちの優れたコメントを読み，かつて武市正人教授の御指導で楽しくプログラミング分野の勉強をした昔を懐かしく思い出す．以上の先達同胞は，驚くほど暖かく興味を示してくださった．

第二に，思想分野においては，第32回サントリー学芸賞（思想・歴史部門）受賞の際に，岩井克人先生から，内容に関する書評を賜り，また多方面よりご指導いただき，光栄の限りである．2013年頃から思想界の様々な先生方から，御高著をいただいたり，会合参加に誘われたりお声かけいただくよう

謝　辞

になった．多くの優れた先生方にお目にかかり，学ぶところが大きかったが，それに留まらず，これら先生方とはどこか本著の態度のようなものが通じるのではないかと感じている．うんうんと考えることは自由なことであり，また，世界は広いのであり，状況の中で対話する可能性をどう見出すのか，それを模索する態度のようなものである．日本の思想界は若返り，自身の考えを世界に向けて発信する開かれた方向へと変わっていっているように見える．

以上の皆様に支えられ，このたび新装版が刊行されることとなった．未熟な拙著を暖かく受け止めてくださったことに，ここに深く深く感謝する．新装版ではいただいたコメントなどを元に初版を推敲し直したが，内容に本質的な差はない．最後に，改訂の機会をくださった東京大学出版会に，心より御礼申し上げる．特に初版以来引き続きご担当くださった後藤健介氏は，未熟な考えをここまで育ててくださり，編集者として以上の心をかけていただいた．第二版になっても，まだ不備の多い本著ではあるが，より気軽な装丁となって，未来へと可能性が広がることを願っている．

2017 年 1 月

田中久美子

用語集

　この用語集は，記号論とプログラミングの両分野に関して，本書で用いる重要語の定義とその用法をまとめたものである．記号論とプログラミングそれぞれの分野で専門的な語彙が用いられ，しかも複数の意味で用いられるものがある．さらに，本書の内容は意味や意義に関わるものであるため，用語が複雑になりがちである．混乱を避けるために，いくつかの語は，一般的な意味と比べると，限定的に用いている．以下では各用語の説明の後，本書において主として現れる場所を括弧内に示した．

記号論

意味： 本書における記号の意味とは，記号が担う全体から指示子を除いたものを表す．

解釈： ある記号系あるいは言語系において，その系で扱いうる記号から成る記号過程の意味を，事前に定められた方法に則って明らかにすることをいう．

解釈項： パースは記号のモデルとして三元論を用い，三つの要素を表意体，対象，解釈項と呼んだ．解釈項は，表意体と対象をつなげる役割を持ち，解釈項により記号過程が生成される．本書では，解釈項は記号の**使用**を担うと考えられている（第 3 章，第 4 章）．

価値： 記号の価値は，記号論においては，記号が担うすべてから指示子を除いたものを指す．つまり，記号の意味と記号の価値は，本書の記号論の上では同等である．しかし，本書における「価値」は，記号の意味の中でも特に，ソシュールの理論における記号系の全体論的価値の全体，あるいはその部分についていうことが多い．この場合は，記号の使用を通して生まれる記号の価値を指す．

間接指示記号： イェルムスレウはそのグロセマティクスにおいて，記号の指示子，内容が再帰的に記号を形成すると考える．イェルムスレウによれば，ある記号 A の指示子が記号 B である場合には，直接指示記号 B に対して，A は間接指示記号となる（6.3 節）．

記号： 本書における記号とは意味を担う媒体のことを表す．他に二つの一般的

な定義を挙げておく．一つは，『広辞苑』から．

「一定の事柄を指し示すために用いる知覚の対象物」

もう一つの定義はソシュール [125, p. 94] から．

「言語記号は，二つのとても異なるものが頭の中で結びついた上にあるものです．その二つのものは，心理的なもので主体の中にあるものです．聴覚イメージが概念と結び付けられているのです．」

本書の記号は，以上の定義に従うが，特に情報記号の定義については第 2 章で与えられる．

記号過程： 記号系において，複数の記号を記号列あるいは記号表現として運用することをいう（第 3 章）．

系： 記号の連関とその解釈のことを表す．言語系，たとえば自然言語は記号系の一種である．記号論上の「システム」は，以上と同じ意味であるが，本書では第 9 章に示すソシュールの引用中の訳語にしか表れない．本書で「システム」は，特に情報科学・技術上の意味を指すために用い，「系」という時には，記号論の意味，あるいは，分野を超えて広く記号一般としての系を表す．なお，情報システムについても，それを記号論の観点から記号系として捉えている時には，「系」が用いられる（次節**プログラミング**の**システム**の項目参照）．

指示子： 記号の項目で示したように，ソシュールは記号を二元論に基づいてモデル化した．聴覚イメージに相当する要素はソシュールの理論の上ではシニフィアンと呼ばれ，概念に相当する要素はシニフィエと呼ばれる．本書では，シニフィアンに対応する要素を**指示子**で表し，シニフィエに対応する要素を**内容**で表す（第 3 章）．

シニフィアン： 指示子参照．

シニフィエ： 指示子参照．

指標記号： パースの記号分類においては，記号と記号の三つの要素それぞれ（表意体，対象，解釈項）との関係を，普遍的範疇で分類する．指標記号とは，パースの用語で，記号とその対象との関係が二次性である記号をいう（6.4 節）．

使用： 記号過程の中で記号を用いることを言う（第 3 章）．

象徴記号： 英語 symbol の訳としてその記号論上の意味は多岐にわたる．本書では，象徴記号はパースの理論上の意味でしか用いない．パースの記号分類においては，記号と記号の三つの要素それぞれ（表意体，対象，解釈項）との関

係を，普遍的範疇で分類する．象徴記号とは，パースの用語で，記号とその対象との関係が三次性である記号をいう（6.4節）．

対象： 本書には次の二種類の意味で表れる．広義には，記号によって表されるものを表す．対象には実世界の実物のほか，その心的な像，また，対応する実物が必ずしもない記号の内容に相当する心的な像を含む．狭義には，パースの三元論の一要素を表す．パースの対象は実世界の実物を表す動的対象と，その像など記号に直接含まれる心的な直接対象に二分される．第3章以降ではパースの対象を表すときには，すべて直接対象を意味する（第3章，第5章）．

対象言語： メタ言語参照．

直接指示記号： 間接指示記号参照．

内容： イェルムスレウは，記号を二元論で捉え，ソシュールのシニフィエに相当する記号の要素を内容(content)と呼んだ．本書でも，ソシュールのシニフィエ，パースの直接対象に相当する記号の要素を**内容**と呼ぶ（3.5節，6.3節）．なお，日本語の著作ではパースの解釈項を解釈内容と訳しているものもあるため，用語の違いに注意されたい．本書では，パースの解釈項には**使用**を当てている．

媒介項： ノス [77, pp. 88, 90] による用語に沿って，ノスを参照する第3章の冒頭でのみ用いられる．媒介項は記号の要素の一つで，本書の指示子に相当する．

表意体： パースは記号を三元論を用いてモデル化したが，表意体は三つの要素のうちの指示子に相当するものを表す（第3章）．

表現： ある記号系あるいは言語系において，解釈することができる一連の記号列をいう．また，イェルムスレウの記号論においては，「表現」はソシュールのシニフィアンあるいは本書の指示子に相当するが，この意味での用語は6.3節において紹介されるにとどめられる．

普遍的範疇： パースが提唱した基礎的な概念で，任意の項を，関係する項数に基づいて分類する考え方 [80]．単項のみの項を一次性，他の一項を参照する項を二次性，他の二項を参照する項を三次性を持つ項という．パースによると，四つ以上の項関係は一次性，二次性，三次性の項の関係に分解され，項にはこの三種類のものしかない．また，一次性，二次性，三次性は本質的に異なるものである．ここで，項とは「事柄一つ一つ」（『広辞苑』）を指し，これには実世界対象や概念上の抽象的な対象まで含めて抽象的な意味での全対象を個々に表す（6.4節，第7章）．

分節： ある記号が表すひとまとまりの意味を切り出し，記号の単位を構成することを言う．このような単位の構成は，実世界に基礎付けられて行うこともあるが，記号表現として行うこともある（第 4 章）．

メタ言語： 記号論上のメタ言語は，対象言語と対となる概念である．記号は記号系を抽象化した系の上でも捉えることができる．考察の対象とする記号系を対象言語，抽象化された記号系をメタ言語という．たとえば，品詞体系は自然言語を抽象化した系であり，自然言語を対象言語とした時のメタ言語である．イェルムスレウのグロセマティクスにおいては，指示子と内容は再帰的に記号を形成すると考えられており，ある記号 A の内容がさらに記号 B を為すときには，対象言語記号 B に対し，A はメタ言語記号となる（6.3 節）．

類似記号： パースの記号分類においては，記号と記号の三つの要素それぞれ（表意体，対象，解釈項）との関係を，普遍的範疇で分類する．類似記号とは，パースの用語で，記号とその対象との関係が一次性である記号をいう（6.4 節）．

プログラミング

値： 識別子に対応するアドレスの場所に格納されたビット列のことを指す．通常はプログラムに従って計算され得られたビット列を表す．また，プログラム中でこのビット列に対応するものを識別子の「値」ということもある．たとえば，x = 32 において，32 は x の値である．

アドレス： コンピュータの記憶領域の場所のことである．識別子の実体はアドレスであり，これは，プログラムの実行時あるいはコンパイル時に OS または言語システムにより割り当てられるものである（第 2 章，第 6 章）．

インスタンス： クラスとして規定された集合の一要素をいう．インスタンスは本来はオブジェクト指向言語上の用語であるが，他のプログラミング言語で用いられることもある（第 3 章，第 5 章，第 8 章）．

インターフェース： 本書では 2 つの意味で用いられる．第一は，オブジェクト指向言語上の抽象データ型を表す．インターフェースは，インスタンスに適用される関数群を定義する．この用法は第 5 章においてのみ現れる．第二は，ユーザインターフェース，すなわち，人間がコンピュータに様々な操作をする際に用いるシステムの意味である．本書では第 8 章において現れる．

オブジェクト： 複合的な計算対象をひとまとめにしたもののことをいう．複合的なデータを生成するためのプログラム上のモジュールをいうこともある．本書では「オブジェクト」はオブジェクト指向言語におけるオブジェクトを一貫

して表す．Java においてはオブジェクトはクラスにより記述され，インスタンスとして実現される（第 5 章）．

解釈： プログラミング言語システムにおいて事前に定められた構文・意味的な法則に基づいて，プログラム中の文や式を処理することをいう（第 11 章）．

型： データや関数の種類のことをいう．たとえば，形の一種として長方形や三角形が考えられるが，「形」「長方形」「三角形」は型を作ると考えることができる．たとえば，図 2.2 において，Shape, Rectangle, Ellipse, Circle などは型を表す．他に，整数，文字，真偽値などの型がある．通常は，言語システム中でもともと定められている基本型と，基本型の複合としてユーザが独自に定義する複合型がある．プログラミング言語でデータや関数の型が明示的に示されるときには，その言語は型付き言語であるという．オブジェクト指向言語，関数型言語の多くも型付きである．型付きのオブジェクト指向言語ではクラスが型を定める（2.2 節）．

関数： 数学上の関数とは，ある集合 X（定義域）の要素 x から別の集合 Y（値域）の要素 y への対応をいう．プログラミング言語における関数とは，計算や処理を行うためのプログラムにおける単位である．プログラム中から呼び出すことにより計算を行うもので，このことを**関数呼び出し**という．関数を呼び出す際に与えるデータを引数といい，このときの関数呼び出しを**引数**に対する**関数適用**ということもある．

簡約： 式の値を求める計算の一ステップのこと（第 4 章，第 7 章）．

クラス： 狭義には，オブジェクト指向言語上の単位であり，同じデータ構造や関数を持つ複数のインスタンスを生成し制御するものである．たとえば，図 2.2 において，Shape, Rectangle, Ellipse, Circle などのクラスが定義される．広義には，同じデータ構造と機能を持つ要素の集合を表すことがあり，その場合にはオブジェクト指向の範囲を超えて，他のプログラミングパラダイムでも用いられることがある．

計算対象： **対象**とは，計算を目的とし，プログラムとして記述される事物のことをいう．**計算対象**とは，対象を計算の目的のためにプログラムとして記述した上で，それにより生成される記憶領域内に格納されたひとまとまりのビット列を抽象的な意味でいう（第 2 章）．

コード： プログラムコード．プログラムの文面あるいはその断片のこと．

再帰： 狭義には，定義する記号自身に即して記号を定義することを言う．本書においては記号の再帰はこの意味で用いる．ここから派生し，本書では自身に即して自身を規定することを広く再帰という．また，系の再帰とは，系の出力

を再び入力することをいい，それの繰り返しとして系が規定されることを表す．

式： 式とは，プログラミング言語の計算上の要素である．情報記号は定義され，式の中で使用される．すべての式は値を持つ．式はリテラル（定数），変数，複数の式が関数あるいは演算によって結合された複合的な式を含む．複合的な式は再帰的にその内に式を含むため，式は再帰的に定義される．その例を 4.2 節で導入した LG の定義に見ることができる（第 2 章も参照）．

識別子： プログラミングに用いる基本的な単位で，計算対象を識別し，特定するために用いる記号である．識別子の定義は第 2 章に示されている．

システム： ハードウエアの部分あるいは一式，あるいはコンピュータ上で動作するソフトウエアをいう．情報システムであっても，記号論の観点から，あるいはより広く分野を超えて記号の連関とその解釈を表す時には「系」を用いる（前節**記号論**の**系**の項目参照）．

情報記号： 広義にはコンピュータ上に現れる全記号のことを情報記号という．多くの情報記号は原初的には，プログラムにおいて，識別子により表現され実現される．このことより狭義には，プログラム中の識別子を指す．

宣言： 文の一種で，識別子をプログラムで用いることを言明する．その一環で識別子の型を言明することもある．たとえば，図 2.2 の 2 行目では，double 型で width, height を用いることを宣言している．また，21～23 行目ではそれぞれ Rectangle, Ellipse, Circle 型の識別子 r, u, v を用いることを宣言している（第 2 章）．

対象： **計算対象**参照．

代入： 代入とはプログラム中の文の一種であり，識別子の値を別のものに置き換えることをいう．本書では代入を代入として明言しなければならない時には := により示され，たとえば，A:=B と記述される．代入においては := の右辺がまず計算され，それを左側の識別子で表す．代入に近い概念として定義があり，これも文の一種である．定義は = を用いて A=B などと表現される．定義は数学的な意味で成り立たなければならないのに対し，代入は必ずしもそうではない．定義において左辺で定義される記号が右辺にも含まれる時は再帰的定義となるが，代入文ではそれは再帰ではない．左辺で定義される記号が右辺に含まれない場合，また，識別子に一回しか値が定義されない場合は，定義文と代入文のその文限りの効果は同じである（6.1 節）．なお，= を用いた再帰的定義を許さない言語では，代入においても := の代わりに = を使うことが多い．

定義： 定義とは文の一種で，プログラムの中で識別子の内容を定める．本書の上では，定義は = により記述され，A を識別子，B を式として A=B の形式をと

る．定義文の左辺で定められる識別子が右辺でも用いられるとき，それは再帰的な定義である．定義文は，それが数学的な意味で成立しうるものでなければならない．**代入**も参照（第 4 章，第 7 章）．

停止性問題：　プログラムとその入力が与えられた時，プログラムが停止するかどうかをプログラムを用いて判定する問題である．チューリングは，任意のプログラムと入力に対して停止性を判定することは，プログラムを用いてはできないことを証明した．チューリングマシンの上では停止性問題は決定不可能である（第 9 章）．

適用：　関数適用の意味で用いる．**関数**参照．

引数：　関数や演算が実行される時に必要となるデータや関数を引数という．たとえば，整数の足し算を実行する際，整数のそれぞれは足し算の演算の引数である．より一般的には，関数表現 f x$_1$ ⋯ x$_n$ があるとき，f の引数は x$_1$, ..., x$_n$ である（**関数**参照）．

不動点：　集合 X の要素を X 自身の要素に対応させる関数 f がある時，X の要素 x のうち $x = fx$ が成り立つ時に，x は関数 f の不動点であるという．これは数学上の定義となるが，プログラミングにおいても同様であり，関数 f に対して x = f x が成り立つ x を関数 f の不動点という（第 4 章，第 7 章）．

文：　プログラムの要素の一つで，宣言，定義，代入を含む（第 2 章）．

無限ループ：　計算が停止しない状態をいう．不用意な再帰が原因であることが多い（第 9 章，第 11 章）．

メタ言語：　プログラムに埋め込まれ，プログラムの実行中にプログラムを生成・実行するための言語中言語のことをいう（第 11 章）．これを用いて，プログラムの実行中に自身の動作を変更することができる．

参考文献

[1] Harold Abelson, Gerald J. Sussman, and Julie Sussman. *Structure and Interpretation of Computer Programs*. MIT Press, 1998.

[2] Alfred V. Aho, Ravi Sethi, and Jeffrey D. Ullman. *Compilers: Principles, Techniques, and Tools*. Addison-Wesley, 1986.

[3] Jane Aitchison. *Words in the Mind*. Blackwell, 1994.

[4] Pierre America and Frank van der Linden. A parallel object-oriented language with inheritance and subtyping. In *ECOOP/OOPSLA*, pp. 161–168, 1990.

[5] Peter B. Andersen. *A Theory of Computer Semiotics*. Cambridge University Press, 1997.

[6] Peter B. Andersen, Berit Holmqvist, and Jens F. Jensen. *The Computer as Medium*. Cambridge Universtiy Press, 1993.

[7] Elizabeth André, Kim Binstead, Kumiko Tanaka-Ishii, Sean Luke, Gerd Herzog, and Thomas Rist. Three RoboCup simulation league commentator systems. *Artificial Intelligence Magazine*, Vol. 21, No. 1, pp. 73–85, 2000.

[8] Ken Arnold, James Gosling, and David Holmes. *The Java Programming Language*. Pearson Education, 2000.

[9] John Backus, et al. Revised report on the algorithmic language Algol 60. *Communications of the ACM*, Vol. 6, No. 1, pp. 1–17, 1963.

[10] Hendrik P. Barendregt. *The Lambda Calculus: Its Syntax and Semantics*. North Holland, 1984. 2nd edition.

[11] Michael Barr and Charles Wells. *Category Theory for Computing Science*. Prentice Hall, 1995. 2nd edition.

[12] Roland Barthes. *Mythologies*. Seuil, 1970.

[13] Roland Barthes. *Système de la Mode*. Seuil, 1983.

[14] Michael Ben-Chaim. *Experimental Philosophy and the Birth of Empirical Science*. Ashgate Publishing, 2004.

参考文献

[15] Richard Bird. *Introduction to Functional Programming Using Haskell*. Prentice Hall, 1998.

[16] Richard Bird and Philip Wadler. *Introduction to Functional Programming*. Prentice Hall, 1988.

[17] Errett Bishop. *Foundations of Constructive Analysis*. Academic Press, 1967.

[18] Errett Bishop and Douglas Bridges. *Constructive Analysis*. Springer, 1985.

[19] Paul Bratley and Jean Millo. Computer Recreations: Self-Reproducing Automata, *Software — Practice & Experience*, Vol. 2, Issue 4, pp. 397–400, 1972.

[20] Luitzen E.J. Brouwer. On the significance of the principle of excluded middle in mathematics, especially in function theory. In *From Frege to Gödel, A Source Book in Mathematical Logic, 1879-1931*, pp. 334–345. Harvard University Press, 1923.

[21] Luitzen E.J. Brouwer. Intuitionistic reflections on formalism. In *From Frege to Gödel, A Source Book in Mathematical Logic,1879-1931*, pp. 490–492. Harvard University Press, 1927.

[22] John Burger, David Brill, and Filip Machi. Self-reproducing programs. *Byte*, pp. 72–74, 1980.

[23] Ronnie Cann. *Formal Semantics: An Introduction*. Cambridge Textbooks in Linguistics, 1993.

[24] Noam Chomsky. Three models for the description of language. *IRE Transactions on Information Theory*, Vol. 2, No. 2, pp. 113–123, 1956.

[25] Alonzo Church. An unsolvable problem of elementary number theory. *American Journal of Mathematics*, Vol. 58, pp. 345–363, 1936.

[26] Alonzo Church. *The Calculi of Lambda-Conversion*. Princeton University Press, 1941.

[27] Alonzo Church and J. Barkley Rosser. Some properties of conversion. *Transactions of the American Mathematical Society*, vol. 39, No. 3, pp. 472–482, 1936.

[28] William D. Clinger. Proper tail recursion and space efficiency. In *ACM SIGPLAN Conference on Programming Language Design and Implementation*, pp. 174–185, 1998.

[29] Haskell B. Curry and Robert Feys. *Combinatory Logic*, Vol. I, North-Holland Publishing Company, 1968.

参考文献

[30] Nigel J. Cutland. *Computability: An Introduction to Recursive Function Theory*. Cambridge University Press, 1980.

[31] Krysztof Czarnecki and Ulrich W. Eisenecker. *Generative Programming: Methods, Tools, and Applications*. Addison-Wesley Professional, 2000.

[32] Ole-Johan Dahl, Bjørn Myhrhaug, and Kristen Nygaard. *Simula 67: Common Base Language*. Norwegian Computing Center, 1970. Publication N. S-22, Norsk Rgnesentral. Revised version, published in 1984.

[33] Ole-Johan Dahl and Kristen Nygaard. SIMULA: An Algol-based simulation language. *Communications of the ACM*, Vol. 9, No. 9, pp. 671–678, 1966.

[34] Martin Davis, editor. *The Undecidable, Basic Papers on Undecidable Propositions, Unsolvable Problems and Computable Functions*. Raven Press, 1965.

[35] Ferdinand de Saussure. *Cours de Linguistique Générale*. Payot, 1916. Published in 1986, Charles Bally and Albert Sechehaye, editors.

[36] Ferdinand de Saussure. *Cours de Linguistique Générale*. Otto Harrassowitz Wiesbaden, 1968. Rudolf Engler, editor.

[37] Bart de Smit and Hendrik W. Lenstra. The mathematical structure of Escher's print gallery. *Notices of the American Society of Mathematics*, Vol. 50, No. 4, pp. 446–451, 2003.

[38] Clarisse S. de Souza. *The Semiotic Engineering of Human-Computer Interaction*. MIT Press, 2006.

[39] Gérard Deledalle. *Théorie et Pratique du Signe: Introduction à la Sémiotique de Charles S. Peirce*. Payot, 1979.

[40] Réunion des musées nationaux, 2002. Lubin Baugin: Catalogue of an exhibition held at Musée des Beaux-Arts d'Orléans.

[41] Hubert L. Dreyfus. *What Computers Can't Do: A Critique of Artificial Intelligence*. MIT Press, 1972.

[42] Umberto Eco. *The Theory of Semiotics*. Indiana University Press, 1979.

[43] Umberto Eco. *Le Signe: Histoire et Analyse d'un Concept*. Editions Labor, 1988.

[44] Thomas S. Eliot. Burnt Norton. In *Four Quartets*, p. 13. Harvest Books, 1968.

[45] Margaret A. Ellis and Bjarne Stroustrup. *The Annotated C++ Reference Manual*. Addison-Wesley Publishing Company, 1992.

[46] Luciano Floridi. *Philosophy and Computing*. Routledge, 1999.

[47] Luciano Floridi, editor. *Philosophy of Computing and Information*. Blackwell, 2004.

[48] Adele Goldberg and Alan Kay. *Smalltalk-72 Instruction Manual*. Technical Report SSL-76-6, Xerox Palo Alto Research Center, 1976.

[49] Carl A. Gunter. *Semantics of Programming Languages: Structures and Techniques*. MIT Press, 1962.

[50] Peter Harder. *Functional Semantics*. Mouton de Gruyter, 1996.

[51] Roger Hindley and Jonathan P. Seldin. *Lambda Calculus and Combinators: An Introduction*. Cambridge University Press, 2008. 2nd edition.

[52] Jesper Hoffmeyer and Favareau Donald. *Biosemiotics: An Examination into the Signs of Life and the Life of Signs*. University of Scranton Press, 2009.

[53] Paul Hudak. Conception, evolution, and application of functional programming languages. *ACM Computing Surveys*, Vol. 21, No. 3, pp. 359–411, 1989.

[54] Paul Hudak. *The Haskell School of Expression: Learning Functional Programming through Multimedia*. Cambridge University Press, 2000.

[55] Paul Hudak and R.S. Sundaresh. On the expressiveness of purely functional languages, 1988. Technical Report YALEU/DCS/RR-665,Department of Computer Science, Yale University.

[56] Paul Hudak, Philip Wadler et al. Report on the programming language Haskell, a non-strict purely functional language. Version 1, 2 *SIGPLAN Notices, Haskell Special Issue*, Vol. 27, No. 5, pp. 1–164, 1992.

[57] Simon Peyton Jones and David Lester. *Implementing Functional Languages: A Tutorial*. Prentice Hall, 1992.

[58] Simon Peyton Jones and Philip Wadler. Imperative functional programming. *Principles of Programming Languages*, pp. 71–84, 1993.

[59] Brian W. Kernighan and Dennis M. Ritchie. *The C Programming Language*. Prentice Hall, 1978. 2nd edition, 1988.

[60] Hiroaki Kitano, editor. *RoboCup-97: Robot Soccer World Cup I*. Springer, 1997.

[61] Stephen C. Kleene. On notation for ordinal numbers. *The Journal of Symbolic Logic*, Vol. 3, No. 4, pp. 150–155, 1938.

[62] Gottfried Leibniz. *The philosophical works of Leibniz*. Tuttle, Morehouse & Taylor, 1908 [1712].

[63] John R. Levine. *Linkers and Loaders*. Morgan Kaufmann, 2001.

[64] Kechang Liu. *Semiotics in Information Systems Engineering*. Cambridge University Press, 2000.

[65] John Locke. *An Essay Concerning Human Understanding*. Penguin Books Ltd., Roger Woolhouse. This edition was first published in 1997, reprinted with a chronology and revised further in 2004, 1690.

[66] Birte Lönneker, Jan C. Meister, Pablo. Gervas, Federico Peinado, and Michael Mateas. Story generators: Models and approaches for the generation of literary artefacts. In *the 17th Joint International Conference of the Association for Computers and the Humanities and the Association for Literary and Linguistic Computing*, pp. 126–133, 2005.

[67] William G. Lycan. *Philosophy of Language: A Contemporary Introduction*. Routledge, 1999.

[68] Scott MacKenzie and Kumiko Tanaka-Ishii, editors. *Text Entry Systems: Accessibility, Mobility, Universality*. Morgan Kaufmann, 2007.

[69] Saunders MacLane. *Categories for the Working Mathematician*. Springer, 1998. 2nd edition.

[70] Sky Marsen. Against heritage: Invented identities in science fiction film. *Semiotica*, Vol. 152, pp. 141–157, 2004.

[71] John R. Martin. *Baroque*. Westview Press, 1977.

[72] Humberto Maturana and Francisco Varela. *Autopoiesis and Cognition*. Reidel Publishing, 1980.

[73] M. Douglas McIlroy. Macro instruction extensions of compiler languages. *Communications of the ACM*, Vol. 3, pp. 214–220, 1960.

[74] Bertrand Meyer. *Object-oriented Software Construction*. Prentice Hall, 1988. 2nd edition published in 2000.

[75] Richard Montague. *Formal Philosophy: Selected Papers of Richard Montague*. Yale University Press, 1974.

[76] Charles W. Morris. *Signs, Language, and Behavior*. Mouton, 1946. Reprint in 1971.

[77] Winfred Nöth. *Handbook of Semiotics*. Indiana University Press, 1990.

[78] Herman Parret. *Semiotics and Pragmatics: An Evaluative Comparison*

of Conceptual Frameworks. John Benjamins, 1983.

[79] Barbara Partee and Herman Hendriks. Montague grammar. In *Handbook of Logic and Language*, pp. 5–93. Academic Press, 1997.

[80] Charles S. Peirce. *Collected Papers*. Harvard University Press, 1931.

[81] Rob J. Pooley. *An Introduction to Programming in SIMULA*. Blackwell Scientific, 1986.

[82] Karl R. Popper. *The Logic of Scientific Discovery*. Routeledge, 1943. New edition published in 2002.

[83] Vladimir Propp. *Morphology of Folktale*. University of Texas Press, 1968.

[84] Vladimir Propp. *Theory and History of Folklore*. University of Minnesota Press, 1984.

[85] Russell Rector and George Alexy. *The 8086 Book*. Osborne Publishing, 1982.

[86] Hartley Rogers. *Theory of Recursive Functions and Effective Computability*. MIT Press, 1987.

[87] Michael Sipser. *Introduction to the Theory of Computation*. Course Technology, 2005. 2nd edition.

[88] Brian C. Smith. Reflection and semantics in a procedural language. Technical report, Massachusetts Institute of Technology, 1982. Technical Report MIT-LCS-TR-272.

[89] Brian C. Smith. Reflection and semantics in Lisp. In *Conference Record of the Eleventh Annual ACM Symposium on Principles of Programming Languages*, pp. 23–35. ACM Press, 1984.

[90] Raymond M. Smullyan. *To Mock a Mockingbird and Other Logic Puzzles: Including an Amazing Adventure in Combinatory Logic*. Alfred A. Knopf, 1985.

[91] Edward Snow. *A Study of Vermeer*. University of California Press, 1979.

[92] Alan Snyder. Encapsulation and inheritance in object-oriented programming languages. In *OOPSLA '86 Proceedings*, pp. 38–45, 1986.

[93] Bjarne Stroustrup. *The C++ Programming Language*. Addison-Wesley, 1986.

[94] Bjarne Stroustrup. *The Design and Evolution of C++*. Addison-Wesley, 1994.

[95] Bjarne Stroustrup. *Lvalue vs. Rvalue*. Addison-Wesley Professional, 1994.

参考文献

[96] John Sturrock and Jean-Michel Rabaté. *Structuralism*. Wiley-Blackwell, 2003.

[97] Kumiko Tanaka-Ishii. Dyadic and triadic sign models. *Semiotica*, Vol. 158, pp. 213–232, 2006.

[98] Kumiko Tanaka-Ishii. Narcissus in language: A semiotic contrast of natural and computer language through self-reference. *Semiotica*, Vol. 172, pp. 299–311, 2008.

[99] Kumiko Tanaka-Ishii. An instance vs. the instance. *Journal of Minds and Machines*, Vol. 19, No. 1, pp. 117–128, 2009.

[100] Kumiko Tanaka-Ishii. Reflexivity and self-augmentation. *Semiotica*, Vol. 180, pp. 1–17, 2010.

[101] Kumiko Tanaka-Ishii. *Semiotics of Programming*. Cambridge University Press, 2010.

[102] Kumiko Tanaka-Ishii, Ian Frank, and Koiti Hasida. Multi-agent explanation strategies in real-time domains. In *the 36th Annual Meeting for Association of Computational Linguistics*, pp. 158–165, 2000.

[103] Kumiko Tanaka-Ishii and Yuichiro Ishii. Thirdness as self-reference in computing. *Semiotica*, Vol. 160, pp. 327–343, 2006.

[104] Kumiko Tanaka-Ishii and Yuichiro Ishii. Icon, index, symbol and denotation, connotation, metasign. *Semiotica*, Vol. 166, pp. 393–408, 2007.

[105] Kumiko Tanaka-Ishii and Yuichiro Ishii. Being and doing as ontological constructs in object-oriented programming. *Journal of Applied Semiotics*, Vol. 20, 2008. Online journal.

[106] Kumiko Tanaka-Ishii and Yuichiro Ishii. Sign and the lambda-term. *Semiotica*, Vol. 169, pp. 197–220, 2008.

[107] Kumiko Tanaka-Ishii, Itsuki Noda, Ian Frank, Hideyuki Nakashima, Koiti Hasida, and Hitoshi Matsubara. MIKE: An automatic commentary system for soccer: System design and control. In *International Conference on Multi-Agent Systems*, pp. 285–292. IEEE Computer Society, 1998.

[108] Robert D. Tennent. *Semantics of Programming Languages*. Prentice Hall, 1991.

[109] Ken Thompson. Reflections on trusting trust. *Communications of the ACM*, pp. 761–763, 1984. Turing Award Lecture.

[110] Tzvetan Todorov. *The Poetics of Prose*. Cornell University Press, 1977.

[111] Alan M. Turing. On computable numbers, with an application to the

Entscheidungsproblem. In *Proceedings of the London Mathematical Society, Series 2*, Vol. 42, pp. 230–265, 1936–1937.

[112] David Ungar and Randall Smith. Self: The power of simplicity. In *ACM SGPLAN Notices*, Vol. 22, pp. 227–242, 1987.

[113] Philip Wadler. Comprehending monads. *Mathematical Structures in Computer Science*, Vol. 2, pp. 461–493, 1992.

[114] Songhua Xu, Francis C. Lau, William Cheung, and Yunhe Pan. Automatic generation of artistic Chinese calligraphy. *Journal of Intelligent Systems*, Vol. 20, pp. 32–39, 2005.

[115] Heinz Zemanek. Semiotics and programming languages. *Communications of the ACM*, Vol. 9, No. 3, pp. 139–143, 1966.

[116] ルイ・イェルムスレウ. 言語理論序説. 研究社出版, 1943. 林栄一訳, 1953年出版. Louis Hjelmslev. *Omkring Sprogteoriens Grundlaggelse*. Ejnar Munksgaard, 1943. (The original was translated by Whitfield, F. J., published by Indiana University publications in 1953.)

[117] 石田英敬. 記号の知／メディアの知. 東京大学出版会, 2003.

[118] ルートヴィヒ・ウィトゲンシュタイン. 『哲学的探求』読解. 産業図書, 1997. 黒崎宏訳・解説. Ludwig Wittgenstein. *Philosophical Investigations, 3rd ed.* Wiley-Blackwell, 1953.

[119] トマス・エリオット. バーント・ノートン. エリオット全集第一巻「四つの四重奏」, p. 357. 中央公論社, 1960. 二宮尊道訳.

[120] チャールズ・オグデン, イヴォール・リチャーズ. 意味の意味. 新泉社, 1936. 石橋幸太郎訳, 1992年出版. Charles K. Ogden and Ivor A. Richards. *The Meaning of Meaning: A Study of the Influence of Language upon Thought and of the Science of Symbolism*. Harcourt, 1989.

[121] ジョナサン・カラー. ディコンストラクション. 岩波書店, 1985. 富山太佳夫, 折島正司訳. Jonathan Culler. *On Deconstruction: Theory and Criticism After Structuralism*. Cornell University Press, 1982.

[122] ウィラード・ヴァン・オーマン・クワイン. ことばと対象. 勁草書房, 1984. 大出晃, 宮館恵訳. Willard van Orman Quine. *Word and Object*. MIT Press, 1960.

[123] マイケル・ゲルヴェン. ハイデッガー『存在と時間』註解. 筑摩書房, 2000. 長谷川西涯訳. Michael Gelven. *A Commentary on Heidegger's* Being and Time. Northern Illinois University Press, 1989.

[124] フェルディナン・ド・ソシュール. 第三回一般言語学講義: コンスタンタンのノー

ト. 東京大学出版会, 2007. 影浦峡・田中久美子訳. Ferdinand de Saussure. *3ème Cours de Linguistique Générale: Notes taken by E. Constantin.* Pergamon, 1911.

[125] エフヘーニオ・ドールス. プラド美術館の三時間. 美術出版社, 1973. 神吉敬三訳.

[126] パース著作集 1～3. 勁草書房, 第 1 巻 米盛裕二編訳, 1985. 第 2 巻 内田種臣編訳, 1986. 第 3 巻 遠藤 弘編訳, 1986.

[127] マルティン・ハイデッガー. 存在と時間. 筑摩書房, 1994. 細谷貞雄訳. Martin Heidegger. *Being and Time.* Blackwell Publishing, 1927.

[128] エルウィン・パノフスキー. イコノロジー研究. 筑摩書房, 2002. 浅野徹, 阿天坊耀, 塚田孝雄, 永澤峻, 福部信敏訳. Erwin Panofsky. *Studies in Iconology.* Oxford University Press, 1939.

[129] ミシェル・フーコー. 言葉と物. 新潮社, 1974. 渡辺一民・佐々木明訳. Michel Foucault. *Les Mots et les Choses.* Editions Gallimard, 1966.

[130] ミシェル・フーコー. 知の考古学. 河出書房新社, 1981. 中村雄二郎訳. Michel Foucault. *Archéologie du Savoir.* Editions Gallimard, 1969.

[131] ゴットロープ・フレーゲ. 意義と意味について [1892 年]. フレーゲ著作集 4. 勁草書房, 1999. 土屋俊訳. Gottlob Frege. *The Frege Reader.* Wiley-Blackwell, 1997.

[132] アンドレ・ブルトン. すべてを捨てよ. ブルトン集成第 6 巻「失われた足跡」, pp. 114–117. 人文書院, 1974. 巖谷國士訳. André Breton. *The Lost Steps.* University of Nebraska Press, 1924.

[133] ヴァルター・ベンヤミン. 複製技術時代の芸術作品. ベンヤミンコレクション 1, pp. 585–640. 筑摩書房, 1995. 久保哲司訳. Walter Benjamin. *The Work of Art in the Age of Its Technological Reproducibility and Other Writings on Media.* The Belknap Press of Harvard University Press, 1935–1936.

[134] ダグラス・ホフスタッター. ゲーデル, エッシャー, バッハ. 白揚社, 1985. 野崎昭弘, はやしはじめ, 柳瀬尚紀訳. Douglas H. Hofstadter. *Gödel, Escher, Bach, an Eternal Golden Braid.* Basic Books, 1979.

[135] ジェスパー・ホフマイヤー. 生命記号論. 青土社, 2005. 松野孝一郎, 高橋美規訳. Jesper Hoffmeyer and Favareau Donald. *Biosemiotics: An Examination into the Signs of Life and the Life of Signs.* University of Scranton Press, 2009.

[136] ジャン・ボードリヤール. シミュラークルの三つの領域. 『象徴交換と死』, p. 118. 筑摩書房, 1992. 今村仁司, 塚原史訳. Jean Baudrillard. The Three Orders of Simulacra. *Symbolic Exchange and Death.* Sage Publications,

1976.

[137] まつもとゆきひろ, 石塚圭樹. オブジェクト指向スクリプト言語 Ruby. アスキー出版局, 1999.

[138] リチャード・ローティ. 哲学と自然の鏡. 産業図書, 1993. 野家啓一監訳. Richard Rorty. *Philosophy and the Mirror of Nature*. Princeton University Press, 1979.

[139] ジョン・ロック. 人間悟性論 [1690 年]. 岩波書店, 1940. 加藤卯一郎訳.

[140] 丸山真男. 「である」ことと「する」こと. 『日本の思想』, pp. 153–180. 岩波書店, 1961.

[141] 山内志朗. 普遍論争: 近代の源流としての. 平凡社, 2008.

[142] 聖アウグゥスティヌス. 告白. 岩波書店, 397. 服部英次郎訳, 1976 年出版.

[143] 田中久美子. ナルキッソスの柵: 自己参照をめぐる自然言語とプログラミング言語の記号論的試論. 言語, Vol. 35, No. 11, pp. 36–43, 2006. 大修館.

[144] 田中久美子, 橋田浩一, 野田五十樹. サッカー自動実況システム MIKE における実時間文章生成. 言語処理学会大会論文集, pp. 654–657, 1998.

[145] 米盛裕二. パースの記号学. 勁草書房, 1981.

索　引

あ　行

曖昧性　111, 112, 114, 118, 122, 126, 228
アウラ　158
アクションペインティング　189
アクセス制限　223, 226
アセンブリ言語　113, 219
値　17, 24, 109, 111, 113, 114, 116–118, 122, 125, 127, 128, 205, 228, 240
　——の変化　189, 190, 194, 200
アドレス　22, 25, 111, 113, 114, 116, 118, 121, 125, 127, 128, 200, 228, 240
アリストテレス　34, 157, 213
安全性　224, 226
イェルムスレウ　34, 112, 119, 128, 237, 239
異質　189, 203
委譲　223
一引数関数　137, 139, 145
一次性　123, 133, 145, 146, 149, 165, 228, 240
イデア　34, 157
伊藤若冲　109, 110
意味　36, 228, 237
　——論　52, 79, 227, 228
入れ子構造　17, 137
引数　42, 117, 143, 241, 243
インスタンス　89, 97, 109, 152, 156, 163, 164, 167, 168, 228, 240
インターフェース　87, 89, 94, 95, 240
　ユーザ——　162
インタープリタ　17, 20, 218, 219

インタラクション　161–164, 187, 189, 194, 205, 207, 229
ウィトゲンシュタイン　207, 210, 214
ヴァザルリ　172
右辺値　115
エーコ　36–38
エッシャー　209
エピメニデス　174
エリオット　187
演繹　152, 153, 157, 166, 203
演算子　21
オグデン　35, 39
オートポイエーシス　210
オプアート　183
オブジェクト　43, 86, 240
オブジェクト指向
　——言語　13, 43, 44, 99, 152, 227, 240
　——パラダイム　46, 86
　——プログラミング　43, 89
親クラス　90

か　行

外界　187
外在　4, 42, 227
解釈　13, 52, 55, 237, 241
　——系　227
　——項　35, 36, 40, 46, 48, 51, 99, 124, 147, 148, 237
　——層　23
　パースの——　40
階乗　71, 72, 141, 174
概念　37, 40
核　178
学習データ　159

255

拡張　90, 98, 212, 214
仮説推論　166
仮想化　39, 157
型　15, 19, 24, 77, 111, 117, 118, 122, 125, 127, 128, 180, 228, 241
　——付き言語　24, 77, 136, 140, 241
価値　41, 48, 167, 237
画中画　207, 209
可能世界　63
カプセル化　86
ガーベージ・コレクション　199
紙の表裏　57
カリー　135
　——化　137–140, 143, 145, 149
カルナップ　63
環境　195, 197
関係構造　83, 87, 100, 101, 105, 228
還元　181, 183
　——論　171
頑健性　183
関数　16, 24, 43, 99, 241
関数型
　——言語　13, 43, 135, 153, 201, 227
　——パラダイム　45, 140, 192
　——プログラミング　43
間接指示記号　120, 126, 128, 129, 237
簡約　61, 63, 66, 70, 241
記憶領域　22, 69, 93, 111, 113, 114, 116, 117, 119, 121, 189, 190, 193, 195, 196, 199–201, 204, 222, 240
機械語　218
記号　1, 64, 72, 73, 81, 203, 237
　——過程　40, 42, 48, 237, 238
　——系　1, 173, 187, 212
　——の単位　58
　——モデル　33, 100
　——論　2, 227
擬似命令　114
帰納　153, 157, 166
基本型　15, 117, 241
逆説　58, 73
局所的　68, 69

近似解　159
空間的側面　200
組み合わせ探索問題　159
クラス　19, 86, 87, 89, 104, 152, 163, 164, 168, 241
　親——　90
　子——　90
繰り返し　4, 74, 138, 163
クリーネ　59
クリプキ　63
クレー　132
グロセマティクス　119, 237
クワイン　210, 217
　——プログラム　217, 218, 222
系　173, 211, 212, 238
　——の系　213, 222–224
　——の再帰　163, 207, 210, 211, 214, 225, 230
計算
　——可能性　59, 70, 218
　——コスト　74
　——対象　14, 241
継承　19, 90, 92, 94
ゲルヴェン　102
言語　8, 212
　——系　212
検証　191, 192
圏論　197
項　123, 133, 179
合成　160
構成子　19, 118
構成的　179, 181, 182, 184
　——数学　182
　——な系　179, 185, 210, 229
構造主義　178
構造的　176, 178, 179, 182, 184
　——な系　176, 185, 229
子クラス　90
個性原理　157, 165, 166
コード　87, 241
　——の共有　87, 88
コピー　151, 158, 229

索　引

個物　151, 152, 154, 166
ごみ集め　199
コミュニケーション　187
コメント　25, 113, 115
コンパイラ　20, 218–220
コンパイル　13, 219–220
コンビネータ論理　146
コンピュータ
　――ウィルス　222
　――ゲーム　156, 161–162

さ　行

差異　41, 48, 58, 80, 82
再帰　1, 60, 71, 79, 82, 139, 140, 142, 143, 148, 149, 163, 174–176, 179, 183, 198, 205, 209, 210, 212, 219, 222, 226, 227, 229, 231, 241
再帰関数　140–141
再帰的定義　70–75, 77, 111, 144, 174, 175, 178, 181, 242
最適化　13, 23, 159–161, 163, 220, 225, 229
最適性　159
作業の共有　87, 88
左辺値　115
三元的識別子　44, 94, 99
三元論　33, 34, 36, 44, 46, 48, 51, 78, 79, 82, 85, 99–101, 104, 105, 112, 123, 126, 128, 176, 227, 228
三次性　123, 133, 145, 146, 149, 165, 228, 239
参照　36, 124, 125
参照透明性　135, 190, 192, 205
恣意的　26, 57, 61, 69, 70, 73, 77, 82, 191
ジェネリック言語　215
視覚表現　52
時間性　202
時間的側面　200
式　17, 60, 61, 136–139, 242
識別子　21, 60, 113, 190, 242
自己適用　82, 227

指示子　51, 52, 55, 65, 72, 77, 81, 82, 99, 119, 200, 237, 238
辞書　214
システム　211, 242
自然言語　25
　――系　209
自然の鏡　159, 161, 162, 220
実行　13, 22
　――順序　191
実装　95, 98
実用論　52, 79, 114, 227, 228
シニフィアン　34, 36, 45, 48, 51, 55, 119, 238
シニフィエ　34, 36, 40, 45, 48, 51, 55, 119, 238
指標記号　124, 125, 127–129, 136, 147, 238
事物的　102, 204
社会的慣習　57, 58, 191
シャルダン　32, 49, 80
集合　19, 83, 89, 90, 118, 152
主記憶　22, 190, 200
主題　52, 55, 131
順序　191, 199, 200
使用　17, 22, 24, 45, 46, 48, 51, 52, 55, 73, 77, 78, 82, 85, 99, 100, 102, 104, 173, 175, 177, 178, 227–229, 237, 238
小数　15, 19
状態遷移機械　60, 113, 190
象徴記号　124, 125, 127–129, 238
情報記号　23, 242
　――系　210
　――論　7
進化　207, 209, 212, 225
推論　157, 166
数学　137, 157, 214
スコープ　60, 180
スコラ派　33, 157, 165, 166
鈴木其一　132
ストア派　34
スパム　177, 191
「する」　85, 88, 94, 98–100, 104, 228

257

聖アウグスティヌス　26, 33, 55
静的　68, 221
生物記号　3
　——論　210
世界　195, 197, 198, 203, 204
セキュリティソフトウエア　223
是態　151, 157, 164, 167
設計　98
絶対的な恣意性　57
宣言　20, 242, 243
全体論的　41, 173, 178, 182, 183
　——価値　41, 42, 51, 101, 229, 237
相対的な恣意性　57
副島種臣　188, 189
束縛　57, 192
ソシュール　26, 34, 35, 51, 55, 64, 100, 112, 119, 178, 182, 192
そのもの性　151
存在　205

　　　　　た　行

ダイアローグ　196
大域的　68
退化　126, 148, 165
対象　14, 33–35, 86, 148, 237–239, 241, 242
　　パースの——　36, 99, 124
対象言語　121, 239
　——記号　120, 126, 129
代入　111, 115, 190, 242, 243
多引数関数　137, 139, 145
他者性　214
多重継承　92
脱構築　166, 167, 229
ターナー　56
置換　4, 60, 63, 64, 216
地図　53, 54
チャーチ　59, 74, 135
　——数　62, 141
　——の変換　75, 137, 140–143, 145, 149
　——・ロッサーの定理　62, 192

抽象データ型　86, 87, 89, 94, 97, 98, 102, 105, 240
チューリング　60, 243
　——マシン　59, 63, 190, 216
直接指示記号　120, 128, 129, 237, 239
直接対象　38–40, 46, 48, 51, 239
直観主義論理学　182
チョムスキー　60
使い捨て　195–199, 202
「である」　84, 85, 87, 89, 94, 98, 99, 104, 228
定義　17, 20, 22, 24, 70, 77, 139, 173–175, 177, 190, 227, 242, 243
停止性　180, 183, 201, 210, 226, 229, 243
適応　162–164, 223, 224, 226
適用　43, 243
データ　24
　——構造　15, 99
テニールス　208
手前にある　102, 204
手元にある　102, 204
デュシャン　151, 152
デリダ　166
同一性　80, 82, 137
等価　71, 74, 76, 79, 82, 138, 176, 228, 230
投機的　72, 73, 77, 82, 174, 176, 203, 205, 229
　——媒体　201, 204
同質　189, 203
動的　68, 69, 221, 222
　——対象　39, 239
ドゥンス・スコトゥス　157
独我論　214
閉じられた系　213
トドロフ　85
トリガー　178
ドールス　207
トロイの木馬　222

258

索　引

な 行

内在　42
内容　51, 52, 55, 72, 82, 85, 99, 100, 102, 104, 119, 131, 136, 174, 200, 227, 237, 239
名前　33
　——付与　64–66, 68, 77, 81, 82
二元的識別子　44, 94, 100
二元論　33, 35, 44, 45, 48, 51, 64, 78, 79, 82, 100, 101, 105, 112, 119, 126, 128, 176, 227, 228
二次記憶　22, 190, 200
二次性　123, 133, 145, 146, 149, 165, 228, 238
ネットワーク　223
ノイラートの船　210
ノス　36–38

は 行

媒介　27, 80, 187
　——項　36, 239
媒体　1, 52, 80, 201, 237
排他的　200
ハイデッガー　101, 204
背理法　182
配列　20, 115
破壊　213, 222
バグ　86, 183, 191, 194, 220
パース　26, 34, 36, 51, 85, 99, 101, 112, 124, 128, 133, 143, 147–149, 165, 228
派生　121, 177
長谷川等伯　56
ハーダー　79, 102, 177
バッカス–ナウアー形式　60
ハードウエア　23, 24, 112, 117, 190, 200, 201, 204, 205, 219
パノフスキー　109
パラドックス　1, 174
パラメータ　224
バルト　120
汎記号主義　26, 39, 65, 85, 136, 171, 187
非再帰的な言語系　217
非時間的　203
ビショップ　182
ビット列　22, 113, 114, 119, 121, 125, 190, 240
百科事典　214
表意体　34, 36, 46, 48, 51, 99, 124, 237, 239
評価関数　159–162, 220, 224, 225
表現　17, 239
　イェルムスレウの——　119
表示的意味　137
開かれた系　213, 215, 222, 226
品詞　121, 240
フェルメール　208
フォンタナ　83, 84, 103
複合型　16, 117, 241
副作用　194, 202
フーコー　39, 151
不動点　75–76, 142, 168, 180, 243
　——関数　74, 75, 140, 142, 149, 181
部分集合　90
部分問題　71, 179
普遍　157, 166
　——的範疇　123–124, 133–135, 143, 147, 149, 165, 228, 238–240
　——論争　157
ブラウワー　182
プラトン　34, 157
ブランクーシ　109, 110
フリードリヒ　83, 84, 103
プリプロセス　221
　——言語　215
ブルトン　131
フレーゲ　63
プログラミング言語　13, 227
プログラム　13
プロップ　154, 156
文　17, 20, 109, 111, 243
分節　64, 65, 69, 73, 77, 81, 82, 174, 227, 229, 240

259

文脈　114
並列処理　194
ヘーゲル　135
弁証法　135
ベンヤミン　158, 161
包含関係　19, 83, 90
ボージャン　32, 49, 80
ボードリヤール　157
ホフスタッター　171
ホフマイヤー　210
ホモアイコニシティ　210, 211
ポロック　188

ま 行

マークアップ言語　215
マグリット　109, 110
マクロ　215
円山応挙　83, 84, 103
丸山真男　83, 103
マレーヴィチ　172, 184
未定義　201–203
無限に再帰的な言語系　218
無限ループ　179, 217, 243
矛盾　180
無窓性　213
無防備　213, 222, 226
名称のリスト　65
メタ言語　221, 222, 240, 243
　　イェルムスレウの——　121, 122
メタ言語記号　120, 127–129
メタプログラミング　221, 223
メンバー　90
モデル化　14, 85, 86, 159, 190
モナド　196–199
　　ライプニッツの——　213
モナドロジー　213
もの　37, 40
物語
　　——構文　154, 155
　　——素　154, 155
　　——論　85
モリス　35

モンテギュー文法　64

や 行

唯一無二　151, 157, 158, 163, 229
有限回再帰的な言語系　217
有効範囲　60, 66, 68, 69, 81, 180
ユーザインターフェース　162, 224, 240
ユニバーサルプログラミング言語　59
用具的　204
予約語　21, 114

ら 行

ライプニッツ　34, 213
ライブラリ　21, 88, 180
ラッセル　63
ラベル　33, 34, 69
ラムダ計算　59–64, 81, 140, 146, 227
ラムダ項　60, 81, 141
リスト　16, 141, 196
リチャーズ　35, 39
リテラル　21, 121, 125, 136, 242
リフレクション　221, 224
類似記号　124–126, 128, 129, 136, 240
例外処理　194
レジスタ　22, 114, 190, 200
連関　1, 8, 58, 173, 238
レンブラント　132
ロシア構成主義　184
ロック　33, 134
ロボカップ　155
ロールプレイングゲーム　156, 162
論理学　157, 214

A～Z

aliquid stat pro aliquo　33

C++　88, 215
C言語　219
Cコンパイラ　219
Cマクロ　215
CPU　113, 190, 222

索 引

`deferred` クラス　88

`eval`　221
`extends`　19, 90, 91, 98

`fix`　142, 145, 147

Haskell　13–18, 42, 135, 149, 192, 217
　——インタープリタ　17
`how`　52, 85
HTML　215

`implements`　95, 98
Intel8086　113

Java　13, 18–21, 42, 87, 88, 115, 215
Java VM　20

`let` 式　16, 70, 77, 138, 196
LG　60, 74, 76
LG-let　70, 74, 76
Lisp　211, 221

`map`　141, 143, 196

OS　194

Ruby　118

S 式　211
Simula　88, 118
SKI コンビネータ　147
Smalltalk　88

`what`　52, 84
`where` 式　138

`x = f x`　142, 163, 165, 179, 217, 243

記 号

⊥　201–205
::=　60
→　61, 142
:=　111, 190, 242
=　111, 115, 190, 242, 243
=>　138

著者略歴

田中久美子（たなか・くみこ）

早稲田大学理工学術院基幹理工学部教授．東京大学大学院工学系研究科情報工学専攻博士課程修了，博士（工学）．工業技術院電子技術総合研究所，東京大学大学院情報学環講師，東京大学大学院情報理工学系研究科准教授，九州大学大学院システム情報科学研究院教授，東京大学先端科学技術研究センター教授を経て現職．本書（初版）で第 32 回サントリー学芸賞，第 19 回大川出版賞受賞．

主要著書

Semiotics of Programming (Cambridge University Press, 2010), *Text Entry Systems: Mobility, Accessibility, Universality* (Scott MacKenzie と共編, Morgan Kaufmann, 2007),『こころと言葉』(長谷川寿一ほか編，分担執筆，東京大学出版会，2008)，ソシュール『一般言語学講義：コンスタンタンのノート』(影浦峡と共訳，東京大学出版会，2007)，『言語とフラクタル：使用の集積の中にある偶然と必然』(東京大学出版会，2021 年，第 75 回毎日出版文化賞受賞) ほか．

記号と再帰　新装版
　　記号論の形式・プログラムの必然

　　　　　2010 年　6 月 23 日　初　　版第 1 刷
　　　　　2017 年　4 月 28 日　新装版第 1 刷
　　　　　2024 年　5 月 27 日　新装版第 4 刷

　　　　　　　　［検印廃止］

著　者　　田中久美子

発行所　　一般財団法人　東京大学出版会

代表者　　吉見俊哉
153–0041 東京都目黒区駒場 4-5-29
https://www.utp.or.jp
電話 03-6407-1069　　Fax 03-6407-1991
振替 00160-6-59964

印刷所　　三美印刷株式会社
製本所　　牧製本印刷株式会社

Ⓒ2010 & 2017 Kumiko Tanaka-Ishii
ISBN 978-4-13-080256-7　　Printed in Japan

JCOPY 〈出版者著作権管理機構　委託出版物〉
本書の無断複写は著作権法上での例外を除き禁じられています．複写される場合は，そのつど事前に，出版者著作権管理機構（電話 03-5244-5088, FAX 03-5244-5089, e-mail: info@jcopy.or.jp）の許諾を得てください．

言語とフラクタル	田中久美子	A5・4400 円
こころと言葉	長谷川・ラマール・伊藤編	A5・3200 円
科学と文化をつなぐ	春日直樹編	A5・4200 円
言語と計算 5　情報処理と言語処理	徳永健伸	A5・3800 円

ここに表示された価格は本体価格です．ご購入の際には消費税が加算されますのでご了承ください．